卓越学术文库

企业社会责任和企业战略发展研究

QIYE SHEHUI ZEREN HE QIYE ZHANLÜE FAZHAN YANJIU

河南省高等学校哲学社会科学优秀著作资助项目

张颢瀚 著

郑州大学出版社

图书在版编目(CIP)数据

企业社会责任和企业战略发展研究 / 张颢瀚著.
郑州：郑州大学出版社，2025.6. --（卓越学术文库）.
ISBN 978-7-5773-0964-4

Ⅰ. F272-05;F272.1

中国国家版本馆 CIP 数据核字第 2025NT0572 号

企业社会责任和企业战略发展研究
QIYE SHEHUI ZEREN HE QIYE ZHANLÜE FAZHAN YANJIU

策划编辑	成振珂	封面设计	苏永生
责任编辑	王孟一	版式设计	苏永生
责任校对	邰 毅	责任监制	朱亚君

出版发行	郑州大学出版社	地　　址	河南省郑州市高新技术开发区
经　　销	全国新华书店		长椿路11号（450001）
发行电话	0371-66966070	网　　址	http://www.zzup.cn
印　　刷	河南文华印务有限公司		
开　　本	710 mm×1 010 mm　1 / 16		
印　　张	16.5	字　　数	262 千字
版　　次	2025 年 6 月第 1 版	印　　次	2025 年 6 月第 1 次印刷
书　　号	ISBN 978-7-5773-0964-4	定　　价	86.00 元

本书如有印装质量问题，请与本社联系调换。

前言

企业社会责任(CSR)是20世纪初在学术界开始探讨的重要问题,具有较高的学术价值和实践意义,现已成为经济学、管理学、社会学、法学等学科共同研究的热点问题。企业是社会中的市场主体,也是我国经济发展中最为活跃的动力来源,同样企业的发展也离开社会的进步,企业与社会的关系是相互的。当前,企业的发展存在一些问题,不利于企业战略的管理,出现了企业社会责任与企业战略管理不相融的情况,进而会影响企业在各类市场中的竞争力。

本书从企业社会责任与企业战略发展的视角,利用利益相关者和博弈论等的理论原理,试图对中国现代化过程中企业面临的社会责任和企业战略发展中的关键问题进行剖析,力求回答我国社会责任建设何以滞后、社会责任为何缺失、如何加强企业社会责任建设,并从政府、企业和消费者层面提出一系列建议,以期促使企业能够全面地履行社会责任,推动企业高质量发展。

在中国式现代化的背景下,本书聚焦以下几个方面:第一,对企业社会责任的内涵和理论进行了深入分析,旨在为企业发展战略提供扎实的理论基础。不仅有助于理解企业社会责任的本质,还能为企业制定可持续发展的战略提供指导和支持。第二,探讨了企业战略管理的概念和相关理论,特别关注如何将企业社会责任有效融入战略目标管理的研究,有助于明确企业的战略方向。此外,还要考虑企业社会责任在其中的角色和价值,以实现长期的商业成功和社会责任的兼顾。第三,综合梳理了国内外企业社会责任发展的历程,旨在为中国企业提供可靠的经验和案例。这有助于加深对企业社会责任实践的认识,并从中吸取、借鉴,促进中国企业在全球舞台上更积极地承担社会责任。第四,针对我国战略性企业在社会责任方面存在的问题进行了深入研究,并提出相应的解决方案。包括从政策、管理和实践等多个角度出发,寻找可行的路径,推动企业在社会责任方面的改进和提升。第五,分析了企业履行社会责任的影响因素,着重探讨了在战略层面下的行为选择问题。包括考虑市场竞争、利益相关者的期望、法律法规等方面的因素,以全面评估企业在社会责任方面的决策和行动。第六,通过运用博弈论研究了企业上下游系统中的最优定价和回收决策,为企业社会责任战略的实施提供了理论支持。第七,提出了政府、企业和消费者等多方面的策略建议,包括建立相关政策法规、加强企业内部管理、引导消费者的消费行为等措施,以促进企业全面履行社会责任。

  本书就企业社会责任进行了初步的研究,关于企业社会责任与企业战略发展还有不同层面的诸多问题需要探讨,核心命题需要更科学的方法加以证明,研究的领域和调查对象还可扩大,策略与建议要在应用推广中验证并完善。

目 录

第一章　绪论 ········· 001
　一、研究背景 ········· 001
　二、研究目的 ········· 004
　三、国内外研究现状和发展动态 ········· 004
　四、框架及主要内容 ········· 013

第二章　企业社会责任内涵及相关理论 ········· 017
　一、企业社会责任概述 ········· 017
　二、企业社会责任相关理论 ········· 042

第三章　企业战略管理及相关理论 ········· 048
　一、企业战略管理概述 ········· 048
　二、企业战略管理相关理论 ········· 059
　三、企业社会责任与企业战略发展的有效融合：企业社会责任战略
　　　········· 073

第四章　企业社会责任在国内外的推行及其现状 ········· 079
　一、中国企业社会责任的演变过程 ········· 079
　二、企业社会责任在国外的推行 ········· 083
　三、企业社会责任的国际经验总结 ········· 094
　四、国内企业社会责任履行现状的主要成就 ········· 096

第五章　我国战略性企业社会责任存在的问题及策略 ········· 116
　一、中国推行企业社会责任的主要问题 ········· 118
　二、中国企业社会责任建设滞后的原因 ········· 126

三、我国战略型企业社会责任缺失原因分析 …………… 131
　　四、中国推行企业社会责任的对策建议 ……………… 136

第六章　战略视角下企业社会责任的主要影响要素 …… 142
　　一、利益相关者压力对企业社会责任的影响 …………… 142
　　二、经济环境对企业社会责任的影响 …………………… 147
　　三、法律与规制环境对于企业社会责任的影响 ………… 148
　　四、战略目标与管理理念对企业社会责任的影响 ……… 153
　　五、品牌形象与声誉是企业社会责任的体现 …………… 159

第七章　考虑企业社会责任战略的上下游企业博弈模型研究
　　………………………………………………………… 163
　　一、考虑企业社会责任战略的上下游企业系统分析及研究框架设计
　　………………………………………………………… 163
　　二、考虑企业社会责任战略的制造商回收博弈模型 …… 179
　　三、考虑企业社会责任战略的零售商企业回收博弈模型 … 214

第八章　对策建议及管理启示 ……………………………… 235
　　一、政府层面 ……………………………………………… 235
　　二、企业层面 ……………………………………………… 236
　　三、消费者层面 …………………………………………… 236

参考文献 …………………………………………………… 238

第一章
绪论

　　企业是社会中的市场主体,也是我国经济发展中最为活跃的动力来源,同样企业的发展也离不开社会的进步,企业与社会的关系是相互的。当前,企业的发展存在一些问题,不利于企业战略的管理,出现了企业社会责任与企业战略管理不相融的情况,进而会影响企业在各类市场中的竞争力。本章首先交代了企业社会责任与企业发展战略的研究背景是中国式现代化、共同富裕、乡村振兴与绿色发展;其次提出了研究的目的是为企业社会责任与企业发展战略研究提供理论基础、经验证据,以有效促进企业社会责任与企业战略管理之间的有效融合,从而提升企业竞争力;然后梳理了企业社会责任的国外研究动态和国内研究的现状、内容以及研究趋势;最后介绍了本书的研究对象、内容结构和逻辑关系。本书利用管理学、经济学、会计学、金融学等多学科的理论原理,试图对中国现代化过程中企业面临的社会责任和企业战略发展中的关键问题进行剖析,力求回答我国如何加强企业社会责任建设等问题,并从政府、企业和消费者层面提出一系列建议,以期促使企业能够全面地履行社会责任,推动企业高质量发展。

一、研究背景

　　党的二十大报告指出,中华民族伟大复兴要以全面的推进中国式现代化为抓手,中国式现代化具有五个方面的内涵特征:一是人口规模巨大的现代化;二是全体人民共同富裕的现代化;三是物质文明和精神文明相协调的现代化;四是人与自然和谐共生的现代化;五是走和平发展道路的现代化。

企业是社会中的市场主体,也是我国经济发展中最为活跃的动力来源,但是企业的发展不能离开社会单独存在,企业与社会的关系是相互的。企业实现最大化的经济利益是企业发展的首要条件,但基于利益相关者理论的视角,企业必须在法律和制度许可范围内从事生产经营活动。在获取经济利益外,必须考虑其他利益相关者的利益,对劳动者、消费者、环境、社区等利益相关方负有相应责任,也就是说企业需要承担非经济责任的社会责任。

在中国式现代化背景下,中国企业社会责任的内容和方向有了新的变化,即要符合中国式现代化的内涵特征。

其一,由于中国式现代化是人口规模巨大的,在迈向现代化的过程中,艰巨性和复杂性前所未有,如此大规模的人口必然会形成不同类型的需求特征,如何满足我国大规模人口对美好生活的需求是现代化过程中需要解决的问题,但是仅仅由政府进行宏观调控并不能满足人民群众的差异化需求。这就要求企业这个微观的市场经济主体发挥作用,企业是产品的提供者更是要素的需求者。当前,我国的经济已经得到空前的发展,人民群众的需求层次也进一步得到了提升,对企业的要求不仅是能提供满足基本生活需求的物质产品,也希望企业能够对社会做出贡献,能够积极地履行企业的社会责任。

其二,中国式现代化要求全体人民共同富裕,共同富裕的实现必须依靠分配效率与公平性的提高,第三次分配机制则是影响分配效率与公平的关键因素。然而,当前第三次分配机制运作囿于道德约束依赖性强、主体参与自主性激发不全面和运作机理丰富性不足等局限,无法充分发挥其优势。企业是市场和社会的重要主体,其对社会责任的承担可以促进第三次分配拓展法律约束、激活主体参与自主性和丰富运作机理。因此,企业社会责任与共同富裕之间具有内涵和目标的一致性。企业在履行社会责任的过程中,通过使命决定的社会性、资源整合的社会性、利润来源的社会性、利润回归的社会性,将企业的有形资产与无形资产相互转化,实现企业永续发展和共同富裕的正向循环。在共同富裕战略目标下,厘清企业社会责任与企业绩效之间的内在逻辑非常有必要。企业应充分认识履行社会责任的战略意义,积极履行社会责任,同时努力获取关键资源培育自身动态能力,以增强其在社会责任与经营绩效之间的传导作用。

其三,中国式现代化要求物质文明和精神文明相协调,物质富足、精神富有是社会主义现代化的根本要求。在中国式现代化要求下,企业要以履行企业社会责任去满足人民日益增长的精神文化的需要。中国式现代化在不断推进中,社会物质文明和精神文明也是要协调发展的,企业社会责任正在经历从经济、法律责任和慈善责任向伦理责任拓展转型,伦理责任成为企业社会责任的核心和高阶阶段,而经济、法律和慈善责任则是企业伦理责任的前期铺垫和发展基础。

其四,人与自然和谐共生。党的十八届五中全会把绿色发展作为我国今后经济社会发展的重要引领,同时也对企业经营行为提出了新的更高的要求。随着人与自然和谐共生理念的形成,环境利益与经营目标趋于一致,企业必须将生态环境利益放在更加重要的地位,全面实施绿色管理。近年来,我国的环保政策在不断完善,使企业环境成本有所降低,这也对企业形成竞争优势提出新的要求,即必须强化绿色管理理念,自觉地全面实施绿色管理,增强生态环境保护的主动性。

其五,走和平发展道路。既是在坚定维护世界和平与发展中谋求自身发展,又是以自身发展更好地维护世界和平与发展。"一带一路"倡议是我国走和平发展道路最成功的实践。企业作为"一带一路"建设的主力军和生力军,企业履行社会责任是其参与共建"一带一路"的重要方式和重要内容。当然,我国企业在共建"一带一路"的过程中要重视外部因素的影响,例如,外部环境中的劳动力特征和配套产业特征、风险因素驱动企业履行社会责任,在企业战略发展的同时推动实现走和平发展道路的现代化。

值得注意的是,全面推进社会主义现代化国家,需要解决最小空间单元但最为重要的乡村现代化建设问题。由于自然条件、经济发展和历史的因素,我国地区之间的经济发展极为不平衡,城乡差距依旧是亟待解决的问题,企业将社会责任的实行内容转向农村建设是极为重要的,也是符合中国企业社会责任的特色。在乡村振兴中,企业大多是以帮扶的形式履行社会责任,这有利于巩固拓展脱贫攻坚成果同乡村振兴有效衔接。

二、研究目的

基于中国式现代化的背景,本书的主要目的集中在以下几个方面:一是分析并界定企业社会责任的内涵及相关理论,以期能够为企业社会责任与企业发展战略研究提供理论基础;二是探索企业战略管理的概念和相关理论基础,从企业社会责任与企业战略目标管理的角度,研究企业社会责任与企业战略目标之间如何有效地融合;三是总结国内外企业社会责任发展的演化过程,通过国际经验比较和企业案例分析,为中国企业社会责任发展提供经验证据;四是研究我国战略性企业社会责任存在的问题及策略,分析问题原因并提出相应解决方案;五是分析企业社会责任履行的主要影响因素,并在战略视角下探讨企业社会责任行为选择问题;六是运用博弈理论研究企业上下游系统的最优定价、回收决策以及利润与效用,提供 CSR 实施策略和回收决策的理论参考;七是从政府、企业和消费者等层面提出策略建议,促使企业全面履行社会责任。

三、国内外研究现状和发展动态

(一)国外研究现状

1. 国外企业社会责任研究

Carson(1993)是企业社会责任理论的先驱,具有极其重要的地位和影响力,认为企业社会责任是企业在不欺骗、欺诈公开或者自由竞争的同时实现利润最大化的义务。Herzig 等(2013)认为企业社会责任通常与企业对社会的正负外部性有关。Hill 等(2007)认为企业社会责任是企业影响相关利益者生活质量的经济、法律、道德和慈善行为。同样,Smith(2007)认为公司有明显的义务为其股东服务,但企业社会责任定义了对多个利益相关者和全球影响的组织考虑,而不仅仅是简单地关注股东财富的最大化。企业社会责任(CSR)从一开始就很大程度上受到弗里德曼思想的影响,弗里德曼(Friedman,1970)认为企业对利益相关者的主要责任是经济责任。后来,弗里曼(Freeman,2010)对弗里德曼的企业社会责任社会维度概念提出质疑,弗里曼认为公司的运作是为了为整体社会利益做出贡献。弗里德曼和弗里曼分别倡导的企业社会责任的经济与社会二分法有助于建立对企业社会责任的理解,认为企业社会责任超越了盈利举措,包括社会资本举措(Afsar 等,2020;Fieseler,2011)。Elkington(1999)认为企业应该对创造利润、保护人类和维护环境负责。卡罗尔(1999)在重新定义企业社会责任领域时揭示了企业社会责任的伦理、慈善、经济和社会维度,但欧盟委员会扩展了他的定义,将企业社会责任概念化为企业承诺整合社会责任的一种实践。

良好的公司治理对企业价值具有显著的积极影响。其一,企业社会责任通过增加销售和提高价格利润来增加收入;其二,由于税收优惠、政府促进企业社会责任活动的关税减少、环境友好型技术的效率提高以及资本成本的降低,企业社会责任导致成本下降。Singh 等表示企业社会责任与组织绩效相关,并且企业社会责任的这种联系在声誉高和差的公司之间往往有所不同。发展中国家和发达国家报告了不同的结果。企业社会责任也可以通过良好的控制和监控系统建立更好的企业形象,从而提高公司绩效。

气候变化是一个全球性问题,影响生活和社会。应对气候变化要求企业重新审视企业社会责任的认知及其对改善个人环保行为的影响。环境和社会问题唤醒了利益相关者,要求企业为环境和社会行为提供理由。这种现象被称为公司合法性。公司合法性是一种普遍的看法,即实体的行为在某些社会构建的规范、价值观、信仰和定义体系中是可取的、适当的。这种看法使企业比以前更加意识到自己对环境的责任。这有助于采取有利于环境的行为来履行环境责任。

McGuire 等(1988)利用《财富》杂志对企业声誉的评级,分析了对企业社会责任的看法与其财务业绩衡量之间的关系。结果表明,与以前的研究相比,风险测量与社会责任的关系更密切。Frederick(1994)概述了商业和社会学术的概念转变,从企业社会责任的哲学伦理概念(公司有义务为社会改善而工作)到以行动为导向的企业社会响应性管理概念(公司应对社会压力的能力)。这一变革产生了多方面的影响:一是商业防御性减少,公司更倾向采取积极主动的方式来履行社会责任;二是管理社会响应的技术得到了更大的提升,企业需要具备更为灵活、创新的方法来有效应对社会的需求和期望;三是出现了更多实证研究,深入探讨商业和社会关系的动态,为实际操作提供了更为具体的指导。然而,这种变革也带来了一些挑战,即企业响应能力受到限制,需要更好地理解和应对社会的复杂性。未来,为了更好地履行社会责任,需要对商业责任进行调整,同时努力建立更具前瞻性的社会变革理论。这样的努力将有助于企业更全面地融入社会,实现可持续发展。Mohr 等(2001)报告了对消费者进行深入访谈的结果,以确定他们对公司社会责任的看法。从分析中得出了消费者的类型学,其购买行为范围从对企业社会责任的反应迟钝到高度反应。Mohr 等(2001)从实践和文献中回顾了公司社会责任的定义,并研究解释了为什么会发生这种行为的理论。Schwartz 等(2003)基于卡罗尔的四个企业社会责任领域和企业社会责任金字塔推断,提出了一种概念化企业社会责任(CSR)的替代方法。

2. 国外企业发展战略研究

企业战略管理既是企业工作的重要组成部分,也是深化管理体制改革、促进企业集中统一管理的重要因素。现代企业社会责任模式认为,企业应当对其直接或间接的利益相关者承担多元的社会责任。基于利益相关者的满意度和贡献,Zhang 等从这种模式出发,构建一个包括战略设定、战略规划和战略实施在内的战略管理框架,认为人力资源战略管理与企业战略管理是一致的,人力资源需求预测对企业的长远发展非常重要。Jia 等引入多元回归分析,基于人力资源需求特征,结合企业战略管理理论,将理论与实践相结合,研究企业管理人力资源的需求预测。随着以信息技术为核心的知识经济时代的到来,企业之间的竞争越来越激烈,产品的生命周期也相应缩短。为了使许多传统商业模式适应社会发展的需要,并应用于现代信息技术环境,Chen 等探讨了利用信息条件进行企业战略管理模式的创新。Zakharova(2015)概述了基于工程企业战略管理专业知识的相关模型和决策支持方法的复杂性。多用途模型的应用提高了战略分析,选择和控制阶段战略决策的质量和合理性。

Murray 等(1986)研究社会责任公司的整合管理与营销理论等战略理论,提出了使用营销导向整合了社会责任的内容和过程的一种模型,其目的是增加公司的相对竞争优势,并增强社会响应行为的好处。Filho 等(2010)提出了一个理论综述,通过制定社会战略来证明社会战略与竞争优势之间的联系,这些战略影响机会、资源、技能、公司优点、行业结构和利益相关者,旨在丰富关于社会责任战略管理的讨论,并为研究企业社会责任以及战略和竞争优势的文献做出贡献。Hahn(2013)研究了ISO 26000对不同类型公司战略管理流程的贡献。Maqbool等(2018)研究了战略背景下企业社会责任与财务绩效之间的关系。

(二)国内研究现状

1. 企业社会责任发文量

发文量是某个学术研究领域是否受学者们关注最直接的体现,也在一定程度上反映了研究主题的内容以及发展趋势。从企业社会责任研究领域的发文量来看:1998—2003年,我国对于企业社会责任的高水平的研究文献基本上都维持在个位数,高水平的文章数量相对较少;2004—2009年,我国对企业社会责任的文献研究逐渐增多,2009年高水平的文献数量达到了最高,为255篇,说明这段时间是我国学术界较为关注企业社会责任的时期,也说明这段时间是我国对企业社会责任研究的发展期;此后,我国学术界对于企业社会责任的研究发文量呈现出退步的趋势;2023年的发文量为112篇,总体上这一时期,高水平的文献数量在100篇以上的,说明我国学术界对于企业社会责任的研究逐渐成熟,对于企业社会责任的研究也具有持续性(见图1-1)。

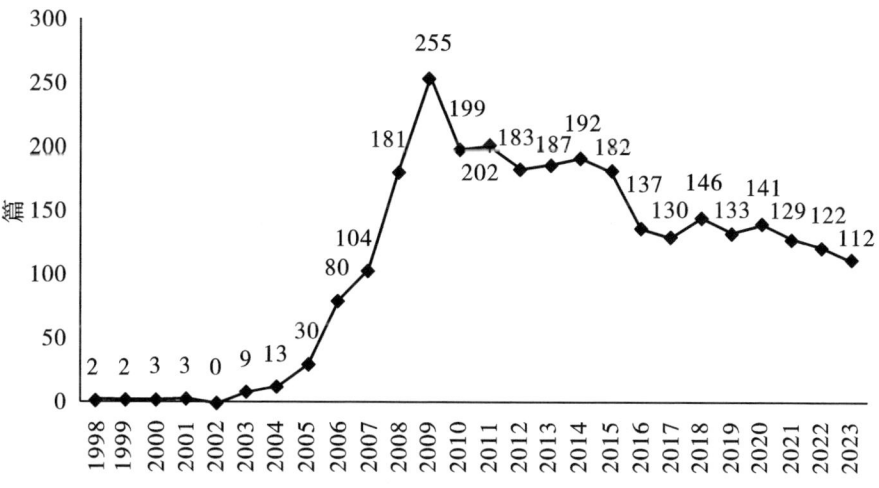

图1-1 1998—2023年企业社会责任领域CSSCI发文量变化

2. 企业社会责任主要作者合作分析

(1) 以肖红军、阳镇为核心,以凌鸿程、商慧辰、姜倍宁为团队成员的合作关系。其研究内容主要集中在公益企业、混合组织;平台型企业、平台经济、平台治理;企业绿色创新、企业社会责任演变等方面。肖红军和阳镇(2018)认为作为新型混合组织,共益企业实现了对商业企业和社会企业等已有组织范式的再变革,成为内生型企业社会责任实践的合意性组织范式。共益企业强调均衡型企业使命的建构、共益型企业家的责任领导力、多重制度逻辑的融合共生、构建可持续的价值共创共享商业生态圈以及社会治理的重要补充机制。进一步地,肖红军等构建了一个创新性的框架,被称为"元素特征组合—混合度"。这一框架能够更精确地确定混合型组织的类型和特征,为进一步研究和理解混合型组织提供了有力的工具,但学界对混合型组织如何生成缺乏理论范式解构,对混合型组织构建方式与实现路径依然相对模糊。因此,基于"生成方式—生成机制—混合度"的组合构思混合型组织生成的范式全景,提出创生式与转化式下混合型组织的11条生成路径(肖红军等,2022)。

此外,在产业政策、企业绿色技术创新等方面开展广泛的研究。产业政策是有效激励产业绿色发展与企业绿色创新的重要抓手,企业绿色技术创新又是企业响应新发展理念与实现高质量发展的重要战略导向。肖红军等选取中国沪深A股上市公司作为研究样本,探讨了央地产业政策协同对企业绿色技术创新绩效的影响。研究发现,这种产业政策对企业的绿色技术创新起到了明显的促进作用。肖红军等以2010—2019年中国A股上市公司为研究样本,考察了媒体关注作为绿色治理环境中的外部规制与规范合法性压力在企业社会责任与企业绿色技术创新之间的调节效应,得出媒体关注在企业社会责任与企业绿色技术创新之间产生显著的正向调节效应。

(2) 以肖翔、赵天骄为代表的合作关系。其研究内容主要集中以上市公司为研究对象,以利益相关者理论、代理理论和社会网络理论为理论基础,探讨企业社会责任对企业绩效的影响。研究结果是发展企业社会责任可以显著提升企业的投资水平;降低融资成本是企业自愿披露社会责任信息的动机之一；企业的利益相关者网络区位优势能够显著促进企业承担社会责任；企业社会责任信息披露对资本配置效率的影响存在滞后效应,短期内对企业资本配置效率无明显影响,长期则可以提升资本配置效率。

（3）以宋献中、刘建秋为代表的合作关系。刘建秋和宋献中（2012）利用契约理论分析了企业社会责任的层次、范围、动因和效率边界,认为企业社会责任的履行存在合理的层次和范围,这取决于企业要素主体整体契约利益最大化的社会责任履行模式,并且这种模式也决定了企业社会责任的效率边界。同时,企业履行社会责任的动因主要是基于企业自身利益的运筹后的决策。因此,加强企业社会责任履行的监督管理具有现实紧迫性。

3. 企业社会责任的主要研究内容

当前,学术界对企业社会责任的研究集中在以下方面：

（1）企业社会责任与利益相关者理论、利益相关者理论。姚梦迪等认为在"新发展理念"下,履行社会责任是企业实现高质量发展的重要途径,从社会学视角对企业社会责任的"内容"与"层次"进行研究,构建企业社会责任"新金字塔"概念框架。吴畏等认为现有研究普遍强调利益相关者对企业社会责任实践的推动作用,但忽视了不同利益相关者针对企业社会责任的可能冲突。基于在企业资源方面的潜在竞争,当企业外部利益相关者（分析师）与内部利益相关者（员工）对企业捐赠持有矛盾态度时,企业该如何决策？曾润喜等基于利益相关者理论和资源依赖理论,阐释我国文化传媒企业利益相关者的多样性和复杂性、资源互动性以及文化传媒企业社会责任要素的异质性和耦合关系,提出企业社会责任助推文化传媒企业经济价值提升的作用机制关键在于责任要素的互动协同效应。舒欢等基于利益相关者理论,使用跨层次模型,以66家A股上市房地产企业为样本,研究了房地产企业社会责任如何作用于企业价值,并考察了财务柔性的中介效应以及产权性质的跨层次调节效应,研究发现组织中的社会责任与企业价值之间存在显著的倒"U"形关系。

（2）企业社会责任与信息披露的关系。刘刚等利用机器学习与文本分析方法,专注于分析企业社会责任披露和行为对证券分析师关注度的影响。

研究得出结论,企业的社会责任披露和行为对证券分析师的关注度产生了显著的影响。这表明,企业在展示其社会责任时,需要关注信息的传达方式、报告的全面性以及在行业中的位置,以更好地吸引证券分析师的关注。周梓洵等利用2016年企业扶贫工作信息披露形成的准自然实验环境,构建多期双重差分模型,实证分析了企业结对帮扶对县域经济增长的影响,研究发现,企业结对帮扶能显著推动对口县域经济增长。姚海鑫等以2013—2020年A股上市公司为观测对象,基于信息披露的监督治理效应,研究发现社会责任信息披露对高管薪酬契约有效性具有提升作用,高管薪酬契约有效性随信息披露程度的提高而增强。

(3)企业社会责任与企业绩效、财务绩效。刘刚等重点探讨了企业社会责任(CSR)在言行两个方面如何影响企业绩效的内在机理。结果显示,证券分析师的关注度不仅对企业的短期绩效有正向影响,也对长期绩效产生积极作用。进一步分析确认,证券分析师的关注度在这一关系中起到了中介作用,将企业社会责任对绩效的正向影响传递出去。周翔等基于利益相关者理论和战略管理理论,以我国油气行业的企业社会责任履行与企业绩效关系为研究对象,实证研究发现短期内油气企业绩效水平与企业社会责任表现情况呈现显著正相关。张雪等利用我国A股342家上市企业2010—2017年的面板数据,发现企业社会责任可以显著提升企业绩效,并且技术创新也在两者的互动关系中起部分中介作用,市场竞争正向调节企业社会责任,通过技术创新影响企业绩效的中介效应。

(4)企业社会责任与可持续发展。可持续发展中企业环境责任和社会责任是企业向各利益相关主体做出的积极承诺和行动。陈景岭实证研究中国企业环境责任和社会责任行为的跨期特征,结果发现随着时间的推移,各企业的社会责任行为朝向中等及以上水平发展,企业环境责任行为则出现或高或低水平的分化。肖红军等认为可持续性商业模式创新是企业以可持续发展为导向,从三重底线、利益相关方、企业战略、组织管理与资源整合等视角揭示了可持续性商业模式对传统商业模式的内涵深化与拓展,全面梳理了可持续性商业模式创新的概念理解、设计场景、驱动因素和实现过程。为该领域的进一步发展提供了深入的洞察和指导。

4. 企业发展战略发文量分析

从企业发展战略发文量分析,我国学术界对企业发展战略的研究在总体上呈现下降的特征(见图1-2)。从发文数量的时间线分析来看,我国企业发展战略相关文献发表数量均可划分为三个阶段:1998—2008年,我国企业发展战略的研究数量相对较多,说明企业战略发展是当时研究的热点内容,发文数量虽然在各年有增有降,但总体上发文数量是增加的,2008年发文量达到了所有年份中的最高,为90篇;2008年是我国企业发展战略研究的重要转折点,在该年份之后,企业发展战略领域研究呈现出快速下滑特征;我国在该领域的研究从2019年后稍有回升,但总体上来看,我国企业发展战略领域相关的研究有所退步,而对于企业发展战略的研究仍然在持续,预计2024年企业发展战略的研究会呈现上升的特征。

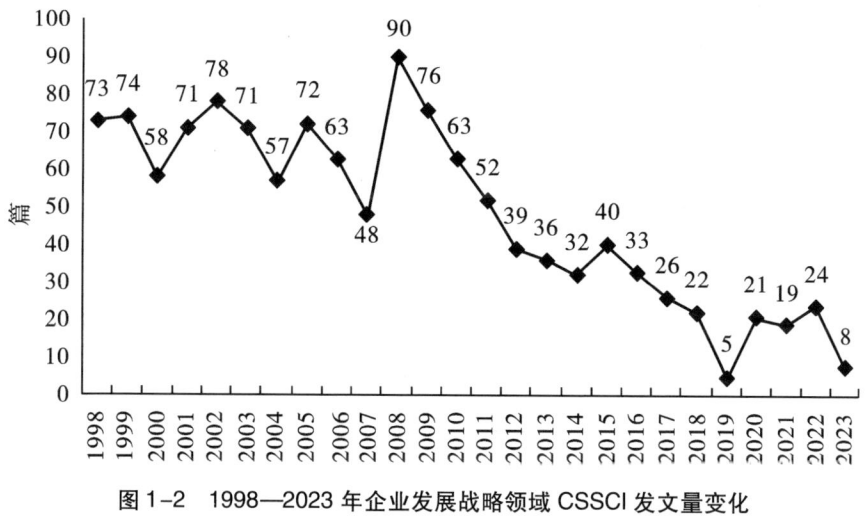

图1-2 1998—2023年企业发展战略领域CSSCI发文量变化

5. 企业发展战略主要作者及合作分析

(1)以吴满意为代表的研究。从研究的内容来看,主要集中在对美国生物技术企业的市场定价以及对我国企业(战略)管理进行启示,通过对美国生物技术行业主要上市公司的数据分析,探索了该类企业在证券市场定价的一般规律,为经营和管理生物技术公司提供了参考,解决了企业进入证券市场需要解决的实际困难。

(2)以赵曙明为核心的研究。其研究主要集中在我国融入世界经济后,在经营环境将发生巨大的变化情况下,我国企业如何通过战略管理在世界市场中形成企业的竞争力。刘泱和赵曙明(2015)从价值观、文化管理与企业领导行为对企业发展战略进行研究,发现以价值观为基础的领导行为从文化管理、愿景沟通等方式对员工进行心理激励,使得所有成员发挥最大效能,从而达成组织目标,并认为文化管理是在经验管理、科学管理之后企业管理理论发展的一个新阶段,是一种以人为中心、以塑造共同价值观为手段的管理思想和模式。

(3)以张新民为核心的研究内容。其研究内容主要集中在企业资产的部分结构性或整体性的能力或者质量如何影响企业战略发展。在企业的竞争中,不仅现有资源及运用状况对竞争优势和发展潜力有重要影响,还有融资环境、资本结构和公司治理等因素的关联。这项研究从利润结构特征的角度深入探讨了利润质量的认识问题。结论表明,企业的竞争优势和发展潜力是多元因素综合影响的结果,其中利润结构特征对于利润质量的维护至关重要。确保高质量的利润结构需要与企业的发展战略紧密契合,这有助于提升企业在竞争中的持续竞争力和长期发展潜力(张新民,2015;王秀丽,张新民,2005)。

(4)祈大伟、郭砚君之间的合作研究。其研究主要集中在外部环境变化的情况下,企业如何转变企业发展战略。郭砚君等认为企业发展战略的制定需要对外部环境的变迁做出回应,而外部环境包含内容繁杂,原有的领导模式已不能适应现代企业的发展需要,创新、转型与可持续已成为企业发展战略的核心(郭砚君等,2015;郭砚君等,2016)。

6. 企业发展战略的主要研究内容

当前,我国企业的战略管理研究还有待继续与完善,尤其是我国企业发展战略管理还处于初级阶段,很多文章研究局限于企业战略的基本概念,还需要从实践的角度深度探讨具体问题,并进行具体分析(刘胜男,张健,2021)。具体来看,我国企业战略管理主要集中在三个方面。

(1)战略管理与战略规划。现代企业目前面临着生存环境多变、速变以及诸多不确定因素的冲击和制约,迫使企业不得不改变现有的经营管理模式和战略选择。目前,我国在企业战略管理与战略规划研究中,大多以民营企业作为研究对象。例如,马新智等以问卷实验方法,研究了民营企业战略规划过程、战略体系完整性和战略实施过程,发现民营企业的战略发展都是较为基础的。

(2)战略管理与竞争优势、核心竞争力。杨娟等以核心竞争力为导向,提出了企业知识战略的框架模型,认为核心知识是知识资源管理应当重点规划的内容,核心知识、企业知识力和核心竞争力之间存在着递进关系。丁玲等采用案例研究方法,以联想跨国复杂嵌套型研发组织为研究对象,探索企业生态位演化的规律。姜忠辉等着眼于企业竞争优势的多个层面。首先,通过从企业竞争优势的基础、种类和分析方法等方面入手,详细论述了波特的企业竞争优势理论。其次,研究引入了两种新的企业竞争优势研究范式,拓展了对该领域的研究视野。最后,进行了对这两种新研究范式与波特理论的比较分析,以更全面地理解企业竞争优势的不同理论和方法。总体而言,该研究为企业竞争优势领域提供了深入理解的机会。朱廷柏等从契约、资本、价值、文化四个层面对公司治理与战略二者之间的互动作用机制进行考察,探讨了公司治理与战略管理之间的互动作用机制,分析了企业竞争优势的来源及其影响因素,并进一步提出了针对性的建议。

(3)战略管理与战略实施。战略管理包括战略规划、战略实施和战略评估。战略管理的实质是使组织能够适应、利用环境的变化,提高组织整体优化程度,注重长期、稳定发展。但是,战略不能实现,并非都是战略本身的问题,多数情况下是战略实施不好。因此,我国学术界开始研究企业战略实施问题。王是等认为企业战略实施应是使企业系统与外部环境相适应,这样才可以提高企业的核心竞争力和使企业实现目标的战略。徐鸣雷等分析了企业战略实施过程中的传统控制指标体系的不足之处,基于平衡计分卡(BSC)的先进思想,为企业科学地构建企业战略实施控制指标体系提供了新思路。

四、框架及主要内容

本书由八章构成,研究逻辑思路如图1-3。

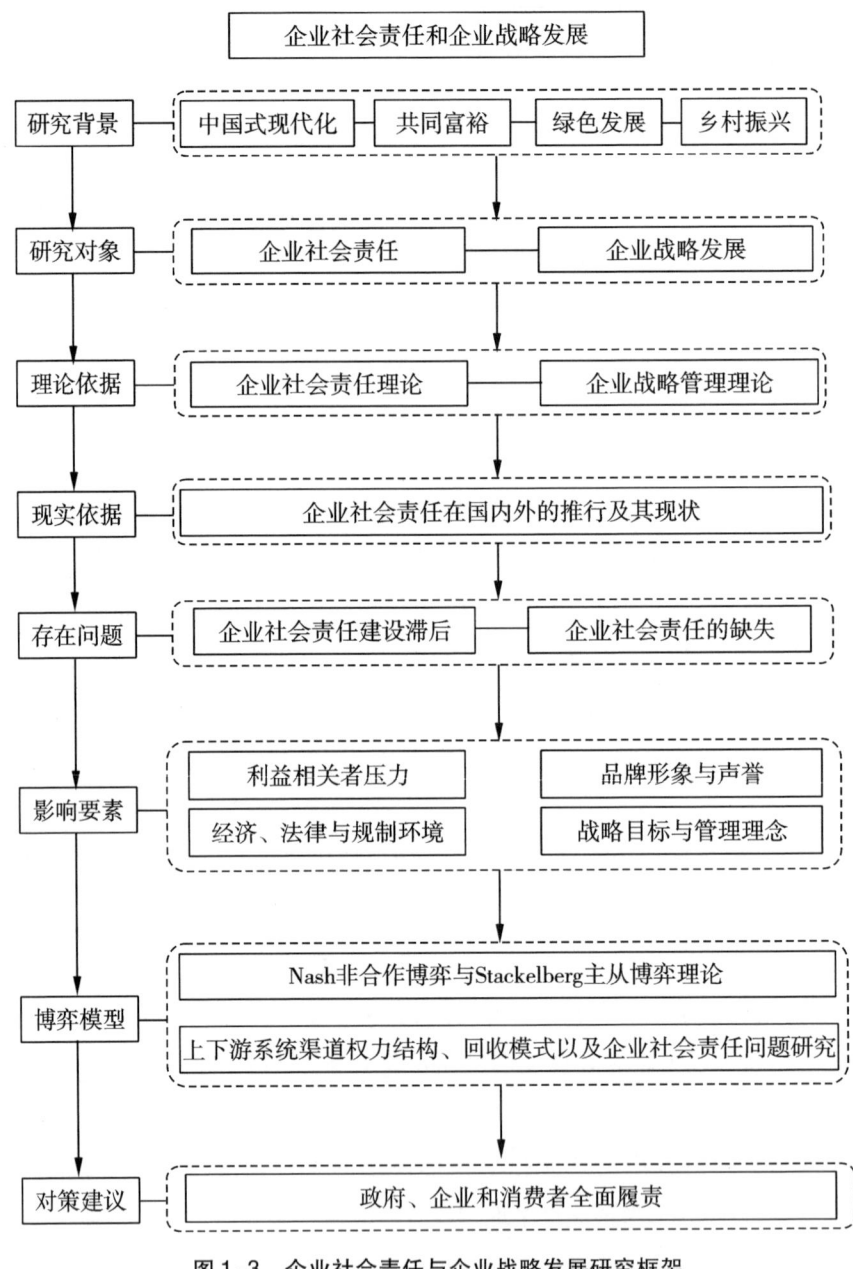

图 1-3 企业社会责任与企业战略发展研究框架

第一章为绪论。首先,本章阐述了全书的研究背景、研究目的、国内外研究现状与发展动态以及框架和主要内容,介绍了中国式现代化、共同富裕、乡村振兴、绿色发展背景下,中国企业社会责任的研究内涵、意义以及研究目的,从国外视角梳理了企业社会责任与战略管理的研究现状以及发展动态,并从发文量、主要作者合作、主要内容方面对我国企业社会责任和企业发展战略现状和研究动态进行分析,最后交代了全书的总体框架。

第二章为企业社会责任内涵及相关理论。本章详细界定了企业社会责任(CSR)的概念,从不同角度探讨了其定义、履行的重要性以及在中国和国外的发展情况。其次,对CSR的研究是基于多个理论基础,其中包括制度理论、利益相关者理论、金字塔理论和社会契约理论等。这些理论为我们提供了深入探讨CSR的框架和方法。

第三章为企业战略管理及相关理论。首先,本章从企业战略的竞争性、根本目的、战略定位三个方面对企业战略管理定义进行解释,进一步地强调企业战略管理的重要性,为此梳理了中国企业战略管理概念发展历程和特征,对企业战略管理进行全面的概述。其次,阐述了企业战略管理中的七个理论基础,即SWOT分析、竞争分析模型、波士顿矩阵、价值链分析、资源基础理论、战略定位理论以及文化战略理论。最后,从企业社会责任与企业战略目标管理融合分析、设计、执行、控制四个方面,探索企业战略发展和企业社会责任之间的有效融合。

第四章为企业社会责任在国内外的推行及其现状。首先,本章对中国企业社会责任的演化过程进行了详细梳理,将其分为企业社会责任调整期、企业社会责任分化期、企业社会责任规范期、企业社会责任深入期、企业社会责任创新期五个发展阶段。其次,通过比较分析美国、日本等企业社会责任发展较为完善的国家相关的企业社会责任概念特征、企业社会责任的理论与实践产生发展以及企业案例分析,为中国企业社会责任发展的研究提供经验。然后,总结了国际经验,包括政府对社会责任积极作为、企业对自身社会责任的追求、国外企业注重员工的权益、本地非政府组织的推动力、慈善税收激励政策的推动、媒体关注对社会责任推进六个方面。最后,进一步地对中国企业社会责任的履行现状进行定性分析,以期对中国企业社会责任的发展事实进行深层次的刻画。

第五章为我国战略性企业社会责任存在的问题及策略。本章首先对我国战略性企业社会责任存在的问题和建设滞后的原因进行研究,发现主要存在六大方面的社会责任建设问题以及四大方面企业社会责任建设的滞后原因。其次是在此基础上分析了中国企业社会责任缺失的原因,并将其归纳为外部环境因素、企业自身因素、个体行为及背景因素三个方面。最后提出了中国推行企业社会责任要发挥政府引导作用、培养企业主观能动性、重视社会力量的培育和监督。

第六章为战略视角下企业社会责任的主要影响要素。企业社会责任履行受诸多因素影响,本章拟选取利益相关者压力、经济环境、法律与规制环境、战略目标与管理理念以及品牌形象与声誉等主要影响因素进行分析,通过对各相关的影响因素概念界定和其对企业社会责任影响的作用机制两个方面,探究在战略视角下,企业社会责任行为选择问题。

第七章为考虑企业社会责任战略的上下游企业博弈模型研究。本章建立在对现有文献的深入分析之上,运用了 Nash 博弈和 Stackelberg 博弈理论,对企业上下游系统的最优定价和回收决策进行了探讨。结合企业现实发展情况,旨在为企业的 CSR 实施和废旧产品回收策略提供理论上的支持和指导。本章研究框架有望为企业在实践中更有效地实施 CSR 战略以及废旧产品回收方面提供实用性和可操作性的指导。

第八章为对策建议及管理启示。本章在企业社会责任战略的上下游企业博弈模型研究的基础上,对政府、企业和消费者层面提出一系列建议,以期促使企业能够全面履行社会责任。

第二章
企业社会责任内涵及相关理论

一、企业社会责任概述

(一)企业社会责任的定义

在当今全球化和信息化的背景下,企业社会责任(CSR)的概念日益受关注。然而,尽管CSR已成为企业和学术界讨论的热点,但对于CSR的定义和内涵仍存在广泛分歧。这种分歧不仅存在于学术界,也在企业实践中广泛存在。学术界的研究者对CSR的理解多种多样,从强调社会责任的伦理层面到将CSR视为企业长期发展战略的一部分,各有不同。在企业界,不同行业、不同国家和地区的企业对CSR的认识和实践也存在差异,有些企业将CSR仅视为一种形式的慈善活动,而另一些企业则将其视为与利益相关者合作以实现可持续发展的重要途径。因此,对CSR概念的模糊和定义的分歧成为制约CSR发展的重要因素之一。

为了深入理解和明确CSR的内涵和实践,学术界需要加强对CSR的研究。首先,学者们可以通过对CSR相关理论的梳理和整合,形成更加系统和完整的理论框架。这包括从伦理学、经济学、社会学等多个学科角度对CSR进行深入探讨,以便更好地理解其内在机制和逻辑。其次,学者们可以开展跨学科研究,结合不同学科的方法和理论,探索CSR在实践中的运作机制和影响效应。最后,学术界还应该注重对CSR实践的案例研究,通过分析不同企业的CSR战略、实践和效果,总结成功的经验和教训,为企业实践提供理论指导和实践启示。

企业作为社会的一部分,承担着一定的社会责任。在当前社会对企业责任要求日益增加的背景下,企业需要明确自身的社会责任定位。首先,企业需要认识社会责任是其长期发展的基础和保障,而不是简单的外部压力来源。其次,企业应该根据自身的行业特点、经营理念和核心价值观,确定与其业务相适应的社会责任定位。例如,对于环境敏感型行业,企业可以将环保作为核心社会责任,积极推动节能减排和资源循环利用。最后,企业还应该将社会责任融入企业战略和日常经营管理中,形成与企业发展战略相一致的社会责任战略,通过创新管理模式和商业模式,实现经济效益和社会效益的双赢。

企业社会责任的核心内涵包括经济、社会和环境三个方面。首先,在经济层面,企业社会责任意味着企业要以盈利为目标,但不是唯一的目标,还要考虑对员工、消费者、供应商等利益相关者的责任,以及对社会和环境的责任。其次,在社会层面,企业社会责任要求企业履行其社会角色,为社会创造价值,促进社会公正和公平,关注员工权益,支持社会公益事业。最后,在环境层面,企业社会责任要求企业在生产经营过程中最大限度地减少对环境的负面影响,积极推动环境保护和可持续发展。这三个方面相互交织,共同构成了企业社会责任的核心内涵。

1. 企业社会责任的行为

(1)企业社会责任可被理解为企业在其商业经营过程中所承担的社会和环境责任。这种责任涵盖了企业对社会和自然环境的积极和负面影响的认知和管理。

在这一概念中,企业被要求不仅要关注经济利益的追求,还要考虑其行为对社会公众和自然环境的影响,并采取相应措施以最大程度地减少负面影响并促进积极影响的发展。企业社会责任的实践需要企业对其经营活动的各个方面进行全面评估,并在这种基础上制订战略性的管理计划,以确保企业在追求经济利益的同时也尊重和维护社会公众的权益以及保护自然环境的可持续性。

(2)企业社会责任要求企业在经济活动中更广泛地考虑社会、环境和利益相关方的利益,以实现综合价值最大化。

传统观念中,企业的首要责任是为股东创造价值,即通过盈利最大化来实现这一目标。然而,在 CSR 理念下,企业的责任不仅仅局限于股东利益,还包括员工、顾客、供应商、社区等利益相关方。这意味着企业需要考虑到这些相关方的需求和利益,并通过其经营活动来创造对他们有益的价值,而不仅仅是为了追求股东的财务回报。在 CSR 框架下,企业的成功不再仅仅用财务业绩来衡量,还需要考虑其对社会和环境的影响。这意味着企业需要积极采取措施减少其对环境的负面影响,如减少污染、节约资源、推动可持续发展等。同时,企业也应该承担起社会责任,积极参与社会公益事业,为社会发展做出贡献。

CSR 要求企业不仅仅考虑眼前的短期利益,还要关注其行为对长期发展的影响。这意味着企业需要制定长远的战略规划,考虑经济、社会和环境方面的长期影响,并在经营决策中充分考虑这些因素。通过注重长期价值与影响,企业可以更好地实现综合价值最大化,促进可持续发展。

(3)企业社会责任是企业在实践经营活动时遵循法律法规、社会规范和商业道德的行为准则,关注员工、顾客、社会和环境,以促进可持续经营和社会发展为核心价值。

一是企业的基本使命在于为社会提供特定产品或服务,其对社会的贡献直接关联于所提供的产品或服务。二是企业与利益相关方的关系是企业最基本的社会关系之一。三是企业作为社会的一员,需要充分认识到"企业是社会的公民"的理念。

(4)企业社会责任是企业在其经营活动中与社会可持续发展之间实现协调推进的一种行为准则。

这一概念强调了企业与其内部和外部的利益相关方之间的互动与合作,以及企业与社会之间的密切关系。企业社会责任的实践不仅仅是履行法律法规的要求,更是企业对社会承担的一种主动责任。在实践中,企业社会责任的核心在于企业对社会和环境的影响进行有效管理和控制。在实践企业社会责任时,企业应以最大的决心和努力来减少其经营活动对环境和社会的潜在负面影响。这包括采用环保技术、资源高效利用和减少废弃物等手段,以确保企业在实现经济目标的同时,积极地履行环境保护的责任。企业的社会责任远非单一实体的责任,而是需要与各利益相关方共同努力的结果。通过与供应商、客户、社区等形成紧密的合作关系，企业能够更全面地理解和回应各方的需求和期望，从而建立起互信与共赢的伙伴关系。

2. 企业社会责任外延不仅仅涵盖了责任的对象还包含了责任的性质

企业社会责任的范畴涵盖了广泛的利益相关者，股东是企业的投资者，他们期望企业创造财务回报。员工则是企业最重要的资产之一，企业应提供良好的工作环境和福利，同时提供培训和职业发展机会以满足员工的成长需求。用户是企业产品和服务的主要受益者，因此企业有责任提供安全、高质量的产品和服务，以满足用户的需求和期望。与供应商、合作伙伴和其他利益相关者建立公平、诚信的合作关系是企业的伙伴责任。社区责任要求企业积极回馈社会，支持当地社区的发展和改善社会福利，体现了企业对社会的承诺和责任感。企业社会责任不仅仅是经济责任，还包括社会和环境责任。经济责任是企业的基本责任，即创造经济价值和回报股东投资，但这并不是唯一的责任。社会责任要求企业在经营活动中考虑社会利益，包括关注员工福祉、支持社区发展和维护公共利益。

3. 企业社会责任的内容、方式和动力三维模型分析

企业社会责任的内容、方式和动力三维模型分析（见图2-1）体现了对企业在社会责任履行中涉及的方方面面进行综合考量的重要性，并在理论上提供了一个多维度的分析框架。

（1）定义企业在社会责任履行中所应承担的范围和内容，明确指出了企业应当履行的社会责任包括对各方利益相关者和环境的责任。这一定义强调了企业在社会责任履行中需要综合考虑多方利益，并在实践中实现多方共赢的目标。责任对象的范围包括股东、员工、用户、合作伙伴、社区、整个社会以及环境，这体现了企业社会责任的广泛性和复杂性，需要企业在经营过程中平衡和满足不同利益相关者的需求与利益。对股东的责任包括为股东创造经济回报，员工责任则涉及提供良好的工作环境和员工福利，用户责任包括提供安全、高质量的产品和服务，伙伴责任包括建立公平、诚信的合作关系，社区责任要求企业积极回馈社会，支持当地社区的发展和改善社会福利，社会责任包括遵守劳工法规、纳税和遵守商业道德，环境责任涉及减少对自然环境的负面影响，如节能减排、资源有效利用和环境保护。

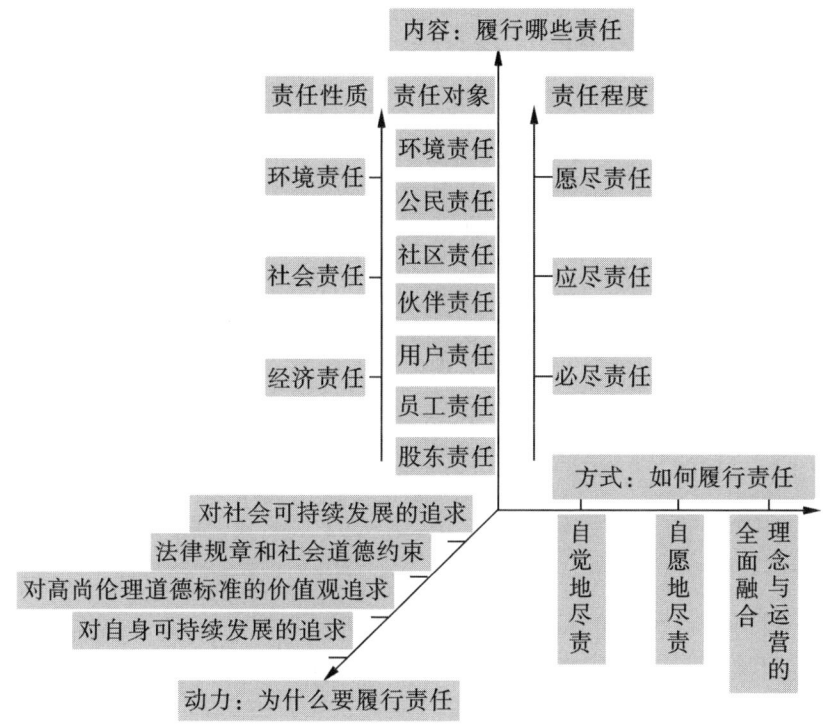

图2-1　企业社会责任的内容、方式和动力三维模型分析

另外,企业履行社会责任的内容还包括经济责任、社会责任和环境责任。经济责任是企业的基本责任,即创造经济价值和回报股东投资。社会责任要求企业在经营活动中考虑社会利益,关注员工福祉、社区发展和公共利益。环境责任涉及企业减少对环境的负影响,包括减少污染、节约资源和保护生态系统。

此外,企业在履行社会责任的过程中,可以根据其责任的履行程度分为不同类型,包括必须履行的责任、应当履行的责任和愿意履行的责任。其中,必须履行的责任主要包括经济责任和法律责任。经济责任被视为企业的生存基础,企业需要创造利润以维持运营和发展。法律责任的履行是企业的基本义务,企业必须遵守国家法律法规。应当履行的责任是道德责任,企业应遵循商业道德和社会规范,做出符合社会期望的行为。愿意履行的责任是自愿或慈善责任,企业在满足法律和道德责任的基础上,自愿为社会做出更多的奉献,超越法定要求,追求更高的社会责任。

(2)企业社会责任明确了履行责任的方式。在当今全球化和信息化的时代,企业不仅是经济增长的引擎,更是社会进步的重要力量。企业应当以自觉和自愿的态度履行社会责任,这不仅是对社会的一种回馈,也是维护企业自身声誉和可持续发展的重要举措。企业的社会责任不仅仅是一种法律义务,更是道德责任和经济责任的体现。它要求企业在经营过程中充分考虑社会的利益,尊重人权、环境和道德价值,积极履行对各方利益相关者的义务。企业履行社会责任的过程需要全面融入企业的运营过程,而不仅仅是作为一项独立的活动。这意味着企业需要将社会责任理念渗透到企业的战略规划、运营决策、产品设计等方方面面。同时,企业在履行社会责任时应追求高尚的商业伦理标准,不仅要求企业遵守法律法规,更要求企业在商业活动中充分考虑道德和社会价值,维护公平正义,促进社会的和谐与稳定。

企业在履行社会责任时不应满足于符合法规要求,而应该积极超越最低标准,主动参与社会公益事业。这包括但不限于慈善捐助、环境保护、教育支持等方面。企业的社会责任应当是持续性的、全方位的,注重长期效应和可持续性发展。只有这样,企业才能与社会共同进步,实现共赢的局面,树立良好的企业形象,赢得社会各界的尊重和信任。企业履行社会责任的内在动力主要体现在对自身可持续发展的追求。社会责任不仅是企业的一种外在约束,更是企业实现长期繁荣的内在需要和基础条件。只有将社会责任融入企业的战略发展,才能确保企业在市场竞争中立于不败之地。同时,企业对高尚伦理道德标准的价值追求也是内在动力的一部分,它体现了企业的社会担当和文化底蕴,对于提升企业的核心竞争力具有重要意义。

(3)在履行企业社会责任的动力方面,追求可持续发展。企业社会责任的追求源于对社会可持续发展的关注和认识。这一动力驱使着企业积极参与社会事务,促进经济、社会和环境的协调发展。从长远角度看,企业在履行社会责任的过程中,不仅能够增强自身的竞争力和可持续发展能力,也能够为社会的长期繁荣与稳定做出贡献。企业追求可持续发展的理念不仅体现了企业的社会担当,更是适应当今全球经济发展的必然趋势。

在履行社会责任的过程中,企业需要遵守各项法律法规和道德规范,以确保自身的合法性。这一外在动力使得企业不仅要关注经济效益,更要注重社会责任履行的合规性。通过遵守法律法规和行业准则,企业不仅能够降低经营风险,还能够提升自身的公信力和形象,为企业的长期发展奠定坚实的基础。因此,合规性不仅是企业社会责任履行的前提条件,也是企业可持续发展的重要保障。

企业通过履行社会责任,可以提升自身在社会中的声誉和形象。积极回馈社会、关注员工福祉、保护环境等举措,将有助于树立企业的良好形象,增强社会对企业的认可和信任度。良好的社会声誉不仅能够吸引更多的消费者和投资者,还能够减少潜在的法律诉讼风险,从而降低企业的经营成本。因此,提升社会声誉与形象是企业履行社会责任的重要目标之一,也是实现企业可持续发展的有效途径。

企业在履行社会责任方面的方式强调自觉和自愿,要求将责任理念全面融入企业运营,而履行责任的动力既来自对自身可持续发展的追求,也来自对社会可持续发展的追求,这两者相互促进,推动企业履行社会责任。

(二)企业履行社会责任的必要性

1. 持续变化的商业规则

企业履行社会责任的必要性在于适应和回应不断变化的商业规则,这是建立可持续和成功商业模式的关键之一。随着时间的推移,商业环境一直在不断变化,这包括技术的进步、社会期望的演变、法规的调整以及全球性挑战的出现。在这种动态的环境中,企业履行社会责任成为确保长期成功的关键因素。

一项研究指出,大多数消费者更愿意支持那些积极履行社会责任的企业。在当今信息丰富的社交媒体时代,消费者对企业的行为更加关注,他们会通过社交媒体分享自己对企业社会责任的看法,从而影响更多人的消费决策。企业如果能够建立良好的社会责任形象,将有助于树立在消费者心中的良好声誉,提升市场竞争力。

此外,建立良好声誉还可以吸引和留住人才。在竞争激烈的人才市场中,有着积极社会责任形象的企业更容易吸引到优秀的人才。研究表明,员工更愿意为那些对社会责任有所贡献的企业工作,因为这能够满足他们对于参与有意义的工作和社会价值的追求。因此,通过履行社会责任,企业不仅可以塑造良好的外部形象,还可以提升内部凝聚力和员工满意度。

另外,社会责任还能够提高企业的创新能力。在关注可持续性和社会责任的前提下,企业通常被激励寻找创新性的解决方案,以解决社会和环境方面的挑战。这种创新努力不仅有助于企业在市场上保持竞争力,还有助于推动整个行业的进步。

总的来说,企业履行社会责任不仅是一种道德选择,更是应对商业规则持续变化的战略决策。通过积极响应社会期望、建立良好的声誉、遵守法规和推动创新,企业能够更好地适应并引领不断演变的商业环境。这种长远的视角有助于确保企业在变化中保持可持续性和长期成功。

2. 减少不必要的开支

企业履行社会责任的必要性在于,尽管在短期内可能需要承担额外的成本,但在长期内,这实际上可以帮助企业减少不必要的开支,并实现更加可持续的经营。

(1)品牌价值提升:通过积极履行社会责任,企业可以树立积极的品牌形象,赢得消费者的信任和忠诚度。这将带来更高的销售额和市场份额,降低市场推广和广告开支,因为忠实的消费者更可能通过口碑传播品牌价值,减少企业在宣传上的开支。

(2)降低法律风险:遵守社会责任要求和法规,有助于降低企业面临的法律诉讼和罚款风险。通过合规经营,企业可以避免因违规行为而产生的额外开支,如诉讼费用、赔偿金等,从而节省成本。

(3)提高员工满意度和生产力:积极履行社会责任可以提升员工对企业的认同感和归属感,激励他们更加努力地工作。高度满意的员工更倾向于保持忠诚度和稳定性,减少招聘、培训和离职导致的成本,同时提高生产力和工作效率,从而降低人力资源管理方面的开支。

(4)资源有效利用:社会责任要求企业更加环保和可持续地管理资源,例如减少能源消耗、降低废物产生、采用可再生资源等。这不仅有助于保护环境,还可以降低企业的能源和原材料成本,节约生产和运营的费用。

(5)投资者和股东价值:越来越多的投资者和股东更加关注企业的社会

责任表现。通过履行社会责任,企业可以提高其可持续发展的吸引力,吸引更多的投资和资金,降低融资成本,并为股东创造更高的价值和回报。

尽管企业在履行社会责任的过程中可能会增加一些成本,但这些成本通常可以通过提升品牌价值、降低风险、提高员工生产力和资源有效利用等方式来弥补,最终实现长期经济效益和可持续发展。

3. 赢得良好社会信誉

企业通过积极履行社会责任,得以树立良好的企业形象和声誉,从而赢得社会各界的信任和尊重。这种信任的建立不仅来自消费者、员工和供应商,同时也涵盖了政府、非政府组织以及其他利益相关者。研究表明,这种广泛的信任不仅可以增强企业与其利益相关者之间的关系,还能够为企业赢得更多的支持和合作机会(Porter and Kramer,2011)。

积极履行社会责任不仅是企业品牌的一部分,更是塑造积极品牌形象的关键因素。消费者更倾向选择那些具有社会责任感的企业的产品和服务,因为他们认为这些企业更值得信赖,更加可靠。这种消费者行为的改变不仅提高了企业在市场中的竞争力,也显著提升了企业的品牌价值(Sen and Bhattacharya,2001)。

随着社会对企业社会责任的要求不断增加,企业需要积极回应公众的关切。通过积极履行社会责任,企业能够向公众展现其对社会、环境和利益相关者的关心和承诺。这种积极回应不仅有助于赢得公众的支持和认可,也能够增强企业与公众之间的信任关系(Bhattacharya等,2008)。

良好的社会信誉可以帮助企业降低声誉风险,减少潜在的负面影响,保护企业品牌的价值和形象。研究表明,如果企业没有履行社会责任,或者因不当行为受到指责,可能会面临严重的声誉损害,从而影响企业的长期发展(Fombrun,1996)。

拥有良好的社会信誉不仅能够帮助企业吸引优秀的人才,还能够吸引更多的投资。研究表明,人才更愿意加入那些具有社会责任感的企业,因为他们认为这些企业能够为他们提供更有意义的工作。此外,投资者也更倾向于投资那些在社会责任方面表现优秀的企业,因为他们认为这些企业更具有长期的可持续性和发展潜力(Margolis and Walsh,2003)。

(三) 中国企业社会责任的发展历程

中国企业社会责任的发展历程是多方共同推动的结果。政府在引导企业社会责任方面发挥着重要作用,通过制定政策、法规和标准,推动企业履行社会责任。行业组织和协会也积极推动企业社会责任的发展,通过行业自律、行业标准和行业培训等方式引导企业实践社会责任。企业在实践中不断探索,加强社会责任管理,推动企业社会责任的深化发展。同时,社会各界也积极参与,通过监督、评价和参与,推动企业可以更好地履行社会责任。

2006年之前,中国的企业社会责任发展处于一个初步阶段,集中在理念产生与辩论阶段。这一阶段的发展主要体现在以下几个方面:①法律政策环境的初步形成:在2006年之前,尽管中国的企业社会责任政策还没有形成,但是中国政府开始着手制定相关政策法规。这些初步的措施为企业社会责任的实践奠定了基础。②学术研究的兴起:中国的学术界开始对企业社会责任进行系统性的研究与探讨,促进了这一理念的普及与发展。这些研究成果在一定程度上启发了企业实践。③企业社会责任实践的初步开展:一些企业在这个时期开始意识到企业社会责任的重要性,开始在一些方面进行初步的实践。这一阶段主要集中在基础设施的改善、劳工条件的改善等方面。④企业社会责任运动的兴起:这一时期见证了一些企业社会责任组织的兴起,他们通过举办活动、发表声明等形式促进企业履行社会责任。这些运动为企业社会责任的普及起到了一定的促进作用。

2006年之后,中国企业社会责任进入了一个快速发展阶段。具体体现在以下几个方面:①政府引导:中国政府意识到企业社会责任的重要性,并开始加强政策引导,推动企业履行社会责任。这一阶段的政府引导主要集中在政策法规的制定与宣传等方面。②行业推动:一些行业协会、商会等组织开始积极推动企业履行社会责任。这些组织通过举办研讨会、发布指导文件等方式,为企业履行社会责任提供了指导和支持。③企业实践:越来越多的中国企业开始意识到企业社会责任的重要性,并开始积极履行社会责任。这些企业通过改善员工福利、开展公益活动等方式履行社会责任,赢得了社会的认可。④社会参与:在这一阶段,越来越多的社会组织、NGO等开始参与到企业社会责任的推进中来,他们通过监督、评估等方式促进了企业履行社会责任。⑤国际合作:在这一阶段,中国与国际社会进行了更多的交流与合作,通过吸收国际先进经验与技术,促进了企业社会责任的快速发展。

1. 中国企业社会责任履责主体和基本环境形成阶段(1978—1999年)

1978—1999年,中国企业社会责任的履责主体和基本环境逐渐形成,这一阶段的发展主要表现在以下几个方面:

(1)改革开放初期。中国在这一时期进行了经济体制改革和开放政策,企业开始面临新的经营环境和社会责任要求。在这个阶段,企业社会责任的概念还比较模糊,企业更多地关注于经济效益和生产管理。

(2)社会主义市场经济体制初步建立。随着社会主义市场经济体制的初步建立,企业在经济效益的同时开始关注社会责任。在这一时期,中国的企业开始出现一些关注环境保护、职工福利等社会责任的倡议和实践。

(3)企业社会责任主体形成。在这一时期,中国的企业社会责任主体逐渐形成,包括国有企业、集体企业和民营企业等不同所有制形式的企业。这些企业在实践中逐渐认识到了自身的社会责任,并开始采取相应的措施。

(4)基本环境形成。中国在这一时期逐步建立了一些相关的法律法规和政策文件,如《中华人民共和国环境保护法》《中华人民共和国企业所得税法》等,为企业履行社会责任提供了法律保障和政策支持。

(5)国际合作加强。随着中国对外开放的进一步推进,国际合作也逐渐加强。中国的企业开始接触到国际上先进的企业社会责任理念和实践经验,这对中国企业社会责任的发展起到了积极的推动作用。

综上所述,1978—1999年,中国企业社会责任的履责主体和基本环境逐步形成,企业开始意识到自身的社会责任,并开始在实践中积极履行社会责任。

2. 以劳工为关注起点和中心的理念辩论发展阶段(1999—2005年)

(1)法律政策环境层面。中国政府在1999—2005年展示了加强劳动法规的决心,这是维护工人权利的关键一步。这一努力涉及制定和修订关键立法,特别是劳动法和劳动合同法。这些法规为基本劳动权利,包括工资、工作时间和休息日提供了明确的指导。通过建立这样的法律框架,政府旨在为企业在受监管的环境中运作提供坚实基础,确保保护工人的权利。

针对有效执行劳动法律的需求,政府机构在指定时期加强了监管和执法力度。加强检查和打击违法行为是推动企业遵守规定的关键策略。通过增加监管力度并对不合规行为处以处罚,当局旨在制止非法劳动实践。这种积极的做法不仅有助于维护劳动法规的完整性,还培养了企业部门遵守文化,从而加强了对员工权利的保护。

除了监管措施外,政府还推出了旨在鼓励企业关注劳工权益的政策激励措施。税收优惠、有利的贷款条件和其他财务福利被提供给那些表现出对社会责任和员工福利承诺的企业。通过利用经济激励措施,政策制定者旨在将企业利益与更广泛的社会目标相一致,从而激励积极参与促进劳工权利和社会福利的倡议。这种做法凸显了政府对企业在推动社会经济发展和确保劳动力福祉方面发挥关键作用的认识。

总的来说,1999—2005 年,中国在围绕加强劳工权利和企业社会责任的法律和政策环境方面取得了重大进展。通过立法改革、严格的执法机制和有针对性的政策激励措施,政府为促进更具公平性和负责任的商业环境奠定了基础,其特点是保护劳工权利和履行社会责任。

(2)学术研究层面。在中国企业社会责任发展历程中,特别是 1999—2005 年,以劳工为关注起点和中心的理念辩论阶段,学术研究层面也发挥了重要作用。在这一时期,学者们对企业社会责任(CSR)中的劳工权益问题进行了深入研究和探讨,推动了理论的深化和发展。首先,学者们开始从不同的学科角度研究劳工权益与企业社会责任的关系。经济学家、社会学家、法学家等学者纷纷加入这一研究领域,探讨企业应如何平衡经济效益和劳工权益保护,以及如何通过企业社会责任来实现可持续发展。其次,学者们对企业社会责任在劳工领域的实践进行了案例分析和评估。他们通过调查研究、访谈和实地考察等方法,深入剖析了企业在劳工权益保护方面的做法和效果,探讨了存在的问题和挑战,并提出了相应的改进建议。最后,学者们还积极参与国际交流与合作,借鉴国际先进理念和实践经验,丰富了中国企业社会责任研究的视野和方法论。他们通过参加国际学术会议、合作研究项目等方式,促进了中国企业社会责任理论与实践的国际化进程。

(3)实践层面。企业在中国社会发展历程中表现出对员工权益的强烈的关注和积极的保障。这一趋势在于通过提高工资水平、改善工作环境以及提供全面福利待遇等手段,提升员工的生活质量和工作满意度。这种员工权益保障不仅是对劳动力的合理回报,更是企业社会责任的一项基本体现。通过这些措施,企业期望构建积极向上的员工关系,为员工创造更为宽松、和谐的工作氛围。

劳动关系协调成为企业实践中的另一显著特点。为维护劳动关系的和谐,企业积极参与劳资协商,与工会紧密合作,建立了劳资合作机制。这种积极参与劳动关系的做法有助于解决潜在的劳动争议,提高劳动力管理的效能。劳资合作机制的建立不仅体现了企业的社会责任,也为构建稳定的劳动力资源环境提供了实质性支持。

在培训与职业发展方面,企业着眼于提升员工的职业技能和发展机会。通过注重员工培训,企业为员工提供更多的职业发展路径,旨在提高员工的职业满意度和忠诚度。这种关注职业发展的实践不仅有助于提高企业的整体绩效水平,也符合企业在社会责任层面的可持续发展战略。

社会责任报告和透明度成为企业社会责任发展的重要一环。一些企业开始发布社会责任报告,通过公开企业在劳工权益保护方面的政策、实践和成效,增加了企业的透明度。这种透明度不仅使社会公众更好地了解企业的社会责任实践,也有助于建立企业良好的社会形象,提升企业在社会中的认可度。

公益项目和社区投资成为企业参与社会发展的重要手段之一。特别是那些与劳工相关的社区发展项目,企业积极参与并投入资源。通过这种实践,企业不仅为社区带来实际的福祉,还与当地社区建立了更为紧密的联系。这种参与有助于促进社会的可持续发展,体现了企业在社会责任层面的深远影响。

在供应链管理方面,企业关注劳工权益在整个供应链中的保障问题。要求供应商遵循相应的社会责任标准,以确保从源头到终端的劳工权益得到有效保障。这种关注供应链中的劳工权益实践不仅有助于构建公正、负责任的供应链体系,也使得企业在全球化背景下更好地履行社会责任,维护了全球供应链的稳定和可持续性。

3. 企业社会责任概念研究的快速发展阶段(2006年至今)

(1)政府层面。自2006年以来,中国政府在推动企业社会责任概念研究和实践方面取得了显著进展。这一时期,政府在多个层面积极倡导和支持企业履行社会责任,以促进经济可持续发展和社会和谐稳定。

首先,中国政府在政策层面加强了对企业社会责任的引导和监管。2006年,中国政府发布了《企业社会责任绿皮书》,明确了企业社会责任的重要性,并提出了政府、企业和社会三方共同推动企业社会责任的指导意见。随后,政府相继颁布了一系列相关法律法规和政策文件,如《企业社会责任报告编制指南》等,规范了企业社会责任的内容和报告要求,推动了企业社会责任实践的规范化和标准化。

其次,政府通过激励政策和奖励机制鼓励企业积极履行社会责任。政府设立了一系列奖项和荣誉称号,如"中国企业社会责任奖"等,对在环境保护、公益慈善、劳工权益保护等方面表现突出的企业进行表彰和奖励,倡导企业树立正确的社会责任观念,并推动企业向社会贡献更多。

再次,政府还加强了对企业社会责任信息公开和披露的监管。制定了一系列规范企业社会责任报告的指导文件,要求上市公司和大型企业定期发布企业社会责任报告,并鼓励企业公开相关信息,接受社会监督。政府还建立了企业社会责任信息公开平台,提供企业社会责任信息查询服务,促进企业信息公开和透明度,增强社会信任。

最后,政府加强了对企业社会责任实践的宣传和培训。通过举办企业社会责任研讨会、论坛和培训班等活动,推动企业社会责任理念的传播和普及,提升企业和社会各界对企业社会责任的认识和重视程度。政府还支持高校和科研机构开展企业社会责任研究,促进理论研究与实践相结合,为企业社会责任的发展提供理论支撑和智力支持。

综上所述,自2006年以来,中国政府在企业社会责任概念研究和实践方面取得了显著进展,通过政策引导、奖励激励、信息公开和宣传培训等手段,推动了企业社会责任的全面发展,为构建和谐稳定的社会环境做出了积极贡献。

(2)企业层面。2006年至今,中国企业在社会责任方面经历了快速的发展阶段。企业社会责任的概念研究在这段时间内得到了广泛的关注和实践,反映了企业对社会和环境更加积极地关注和承担。

1)社会责任理念的深入树立:从2006年开始,越来越多的中国企业认识到社会责任不仅仅是法规遵从和符合规范的问题,更是企业可持续发展的关键因素。企业逐渐从单纯的经济角度思考,转向注重社会、环境和经济三方面共同发展的理念。

2)企业社会责任报告的大量发布:许多大型企业开始主动发布企业社会责任报告,详细描述他们在环境保护、社会公益、员工福利等方面的实践和成果。这种透明度的提高有助于社会了解企业的社会责任实践,也促使企业更加注重自身的社会形象。

3)参与公益慈善活动:中国企业积极参与各种公益慈善活动,包括捐赠、志愿者服务、社区建设等。一些企业设立了专门的公益基金,用于支持教育、医疗、扶贫等公益事业,展现了企业对社会的责任心和担当。

4)绿色环保倡议:企业开始更加注重环保问题,采取绿色生产、资源循环利用、减少排放等措施。一些企业在产品设计、生产流程中考虑环境友好性,以减少对环境的负面影响。

5)员工权益和福利的提升:企业开始关注员工的权益和福利,推动员工培训、提高工资水平、改善工作环境,同时关注员工的工作生活平衡和职业发展。

6)供应链责任:企业对其供应链的社会责任也变得更加重视。通过推动供应商合规、劳工权益保护等措施,企业努力确保整个价值链的可持续性和社会责任。

总体而言,自2006年以来,中国企业在社会责任方面的快速发展体现了企业对可持续发展的认识逐渐深化,社会责任已经渐渐融入企业的经营战略和文化中。企业社会责任的实践不仅有助于企业形象的提升,还为社会的可持续发展做出了积极的贡献。

(3) 社会层面。2006 年至今,中国企业社会责任概念的快速发展阶段在社会层面表现出了几个重要特征:

1) 社会认知提升:随着信息技术的普及和社交媒体的发展,公众对企业社会责任的关注度不断提升。人们越来越关心企业在社会、环境和经济方面的表现,呼吁企业承担更多的社会责任,促进社会公平和环境可持续发展。

2) 舆论监督加强:社会对企业的行为更加关注,舆论监督力度增强。一些企业因为社会责任行为不当而受到公众批评和舆论压力,这促使更多企业意识到社会责任的重要性,并采取积极的措施改善其社会形象和品牌声誉。

3) 政府政策引导:中国政府逐步加强了对企业社会责任的政策引导和监管,推动企业更加积极地履行社会责任。例如,政府鼓励企业参与扶贫、环境保护、社会公益等领域,通过税收优惠、奖励措施等激励企业履行社会责任。

4) 公益慈善活动增多:在社会层面,越来越多的企业积极参与各种公益慈善活动,包括捐款捐物、志愿服务、社区建设等。一些大型企业成立了专门的公益基金会,通过资助教育、支持贫困地区发展等方式回馈社会。

5) 企业与非政府组织(Non-Governmental Organizations,NGO)合作加强:一些企业开始与 NGO 合作,共同推动社会责任项目的实施。通过与 NGO 合作,企业可以更好地了解社会需求,设计和实施符合社会期待的社会责任项目。

6) 环保倡议持续推进:随着环境污染和资源浪费问题的日益突出,企业开始更加重视环保问题,采取一系列措施减少环境污染,提高资源利用效率。一些企业还积极参与环境保护项目,推动生态文明建设。

综上所述,2006 年至今,中国企业社会责任概念在社会层面的快速发展表现为社会认知的提升、舆论监督的加强、政府政策引导、公益慈善活动增多、企业与 NGO 合作加强以及环保倡议持续推进等方面的变化。这些变化促使企业更加积极地履行社会责任,为社会可持续发展做出更大的贡献。

4. 中国企业发布社会责任报告

党的二十大报告提出,从现在起,中国共产党的中心任务是团结带领全国各族人民全面建成社会主义现代化强国、实现第二个百年奋斗目标,以中国式现代化全面推进中华民族伟大复兴。

在新时代新征程上,企业对社会责任的履行被广泛关注,那么目前我国企业社会责任履行情况如何？中国企业社会责任报告又有哪些进展？

自2009年以来,我们持续监测并评估国内发布的社会责任报告,探索我国企业社会责任发展趋势。我们从《金蜜蜂中国企业社会责任报告研究(2022)》中精选了部分数据内容,概述2009—2022年中国企业社会责任报告的基本情况与趋势,如图2-2所示。

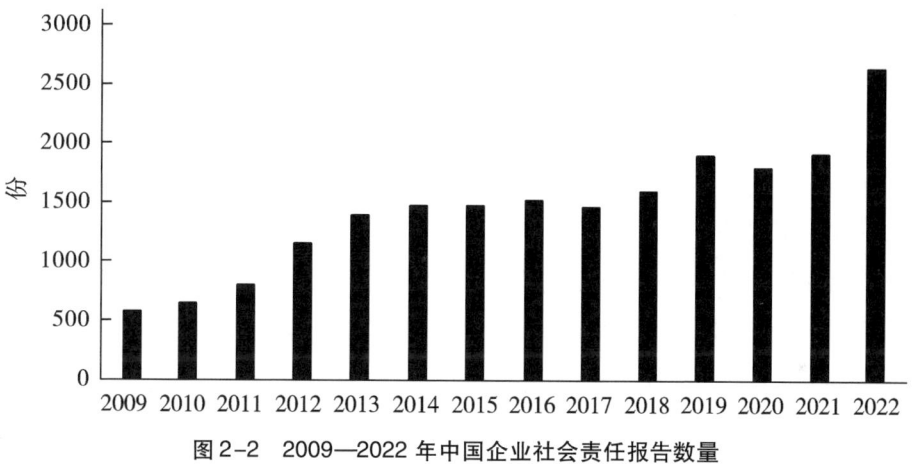

图2-2　2009—2022年中国企业社会责任报告数量

(四)国外企业社会责任的发展历程

在欧美国家,企业社会责任(CSR)的概念经历的演进过程,根据社会关注的范围和程度来划分,可以大致分为三个阶段。首先是20世纪20年代至60年代的个别研究阶段,接着是20世纪70年代至20世纪末的广泛关注阶段,最后是21世纪至今的全球发展阶段。

1. 企业社会责任概念的个别研究阶段(20世纪20—60年代)

在20世纪20—60年代,国外企业社会责任(CSR)的发展处于一个相对初级的阶段,其关注主要集中在个别研究上。这个时期的背景是工业化和资本主义的迅速发展,企业开始成为社会生活中不可或缺的角色,但对其社会责任的认知还处于初级阶段。以下将详细探讨这一时期CSR发展的特点、影响因素以及相关研究的主要内容。

首先,20世纪20—60年代的企业社会责任发展处于一个相对较为原始的阶段,这段时期的社会和政治环境对CSR的关注程度并不高。大萧条和两次世界大战等事件使得人们更加关注经济和政治的问题,对企业社会责任的关注相对较少。企业主要关注的是利润最大化和生产效率,对社会和环境的责任感较为淡漠。

其次,这一时期的CSR研究主要集中在一些个别案例和零星的实证研究上。学者和研究者对一些企业在特定社会问题上的行为进行了观察和分析,如员工福利、劳工关系、环境污染等。然而,这些研究往往是零散的、局部的,缺乏系统性和深度,没有形成统一的理论框架和方法论。

再次,企业社会责任在这一时期的发展受到了一些社会和政治因素的制约。例如,当时的政府政策更多地关注经济增长和国家安全,对企业社会责任的监管和促进相对较少。同时,企业主要面对的竞争压力和市场需求也导致它们更加关注利润和竞争力,而不是社会责任。

最后,20世纪20—60年代的社会文化背景也对企业社会责任的发展产生了影响。当时的社会价值观念相对保守,强调个体主义和经济自由,企业被视为盈利机构,其社会责任并没有得到足够的重视。此外,信息传播和社会组织相对不发达,使得企业的行为更加难以被社会监督和公众知晓。

尽管20世纪20—60年代的企业社会责任发展相对缓慢,但这一时期的研究为后续CSR理论的建立和发展奠定了基础。通过对个别案例和实证研究的分析,学者们开始意识到企业在社会中的行为对社会和环境产生的影响,为后来CSR理论的形成提供了重要的经验和案例。

综上所述,20世纪20—60年代的国外企业社会责任发展处于一个相对初级的阶段,其关注主要集中在个别研究上。这一时期的CSR研究零散而局部,受到社会政治因素的制约,但为后续CSR理论的发展提供了重要的经验和案例。

2. 企业社会责任概念的广泛关注阶段(20世纪70年代—20世纪末)

20世纪70年代到20世纪末,国外企业社会责任(CSR)经历了一段广泛关注的阶段。这一时期标志着CSR从边缘议题逐渐成为商业界和学术界的主流关注点。在这段时间里,社会、政治和经济环境的变化,以及对企业在社会中的角色和责任的认识不断演进,推动了 CSR 概念和实践的发展。以下将探讨这一时期 CSR 的主要特点、影响因素以及相关研究。

首先,20 世纪 70 年代至 20 世纪末的 CSR 发展阶段呈现出多个特点。一是企业社会责任逐渐从单一的慈善捐赠和慈善活动扩展到更为综合和系统的理念,涵盖了企业对社会、环境和利益相关者的广泛关注。二是企业社会责任开始被视为企业成功的重要组成部分,不再仅仅是道德义务,而是与企业的长期利益和可持续发展密切相关。此外,CSR 的实践逐渐从单一的公共关系活动转为内部管理的一部分,影响了企业的战略规划、运营管理和企业文化。

其次,20 世纪 70 年代至 20 世纪末期间 CSR 发展的影响因素包括社会运动、政府政策和国际组织的倡导。社会运动,如环境保护、人权、劳工权益等,引起了公众对企业行为的关注,推动了企业更加积极地承担社会责任。政府的法律法规和政策也开始要求企业履行更多的社会责任,鼓励或强制企业考虑社会和环境影响。国际组织,如联合国和世界银行等,通过制定标准和指导方针,促进了跨国企业在全球范围内的社会责任实践。

最后,20 世纪 70 年代至 20 世纪末的 CSR 研究呈现出日益丰富和多样化的特点。学者们开始从不同的学科领域和方法论角度研究 CSR,如经济学、管理学、社会学、哲学等,形成了多元的理论框架和研究方法。研究内容也逐渐扩展到企业的各个方面,包括战略管理、企业治理、利益相关者关系、环境管理、社会投资等。此外,对 CSR 实践的评估和跟踪也成为研究的重要内容,以便更好地理解企业的社会责任行为对企业绩效和社会的影响。

在这一时期,一些重要的理论和概念逐渐形成,如企业的社会责任理论、利益相关者理论、可持续发展理论等,为 CSR 研究提供了重要的理论支持和指导。此外,一些著名的 CSR 框架和指南相继问世,如《社会责任报告准则》、ISO 26000 社会责任指南等,为企业实践提供了参考和指导。

综上所述,20 世纪 70 年代至 20 世纪末的国外企业社会责任发展阶段是一个充满活力和探索的时期。在社会、政治和经济环境的推动下,CSR 概念和实践得到了广泛关注和发展,相关研究也呈现出丰富多样的特点。这一时期的 CSR 发展为企业在社会中的角色和责任的认识提供了重要的理论和实证基础,为未来 CSR 研究和实践奠定了坚实的基础。

3. 企业社会责任概念的全球发展阶段(21 世纪至今)

21 世纪至今,国外企业社会责任(CSR)经历了一个全球性的发展阶段,这一时期见证了 CSR 从边缘议题逐渐崛起为企业管理和社会发展的核心议题。在这段时期内,全球范围内的企业逐渐认识到,仅仅专注于经济层面的成功是不够的,而要在不断变化的社会和环境中取得长期成功,必须积极履行社会责任。以下将深入探讨这一时期 CSR 全球发展的主要特点、影响因素以及相关研究的要点。

第一,21 世纪至今的 CSR 全球发展阶段呈现出日益增长的国际关注。随着全球化的加速推进,企业跨足不同国家和地区,面临着不同文化、法律、社会体制的挑战。这促使企业认识到,仅仅以盈利为目标是不够的,还需要考虑对不同社会和文化背景的适应性,以及在全球范围内建立可持续的商业模式。

第二,国际组织和政府在推动 CSR 方面发挥了关键作用。联合国、国际劳工组织(International Lobour Organization,ILO)等国际组织在 20 世纪 70—80 年代制定了一系列关于企业社会责任的准则和原则,推动了企业在全球范围内履行社会责任的进程。一些国家的政府也通过立法和政策鼓励企业更加积极地履行社会责任,例如,瑞典和丹麦等国家在这方面走在了前列。

第三,全球 CSR 发展的影响因素中,社会运动和消费者的觉醒起到了积极的推动作用。20 世纪 70—80 年代是社会运动兴起的时期,环保、反核运动、人权等问题引起了广泛关注。这些社会运动使得企业不得不更加重视社会和环境的问题,以回应公众的关切。同时,消费者开始更加关注企业的社会责任行为,通过购买行为表达对企业道德和责任的立场,从而推动企业积极履行社会责任。

第四,全球 CSR 研究逐渐从国家层面扩展到国际层面,形成了更为综合和全面的研究体系。学者们在跨国企业、全球供应链、全球价值链等方面进行了深入研究,探讨企业在全球范围内的社会责任实践和影响。同时,一些全球性的 CSR 框架和标准也逐渐得以建立,如联合国全球契约组织(United

Nations Global Campact, UN Global Compact)等,为企业在全球范围内履行社会责任提供了指导。

第五,全球CSR的发展也推动了跨国企业在全球范围内建立合作伙伴关系,共同应对社会和环境的挑战。企业开始认识到,单一企业的努力无法解决复杂的全球性问题,需要与政府、非政府组织、其他企业等各利益相关者合作,形成多方参与的合作机制。

在这一时期,企业社会责任的全球发展不仅是企业成功的战略选择,更是全球社会可持续发展的一部分。通过更加积极地履行社会责任,企业不仅可以提高其在全球范围内的声誉和形象,还能够为社会和环境做出积极贡献,实现共同繁荣的目标。这一时期的CSR全球发展奠定了企业社会责任在21世纪的基础,为未来的CSR实践和研究提供了重要的经验和启示。

4. 全球企业社会责任发展时间轴(具体见图2-3、图2-4)

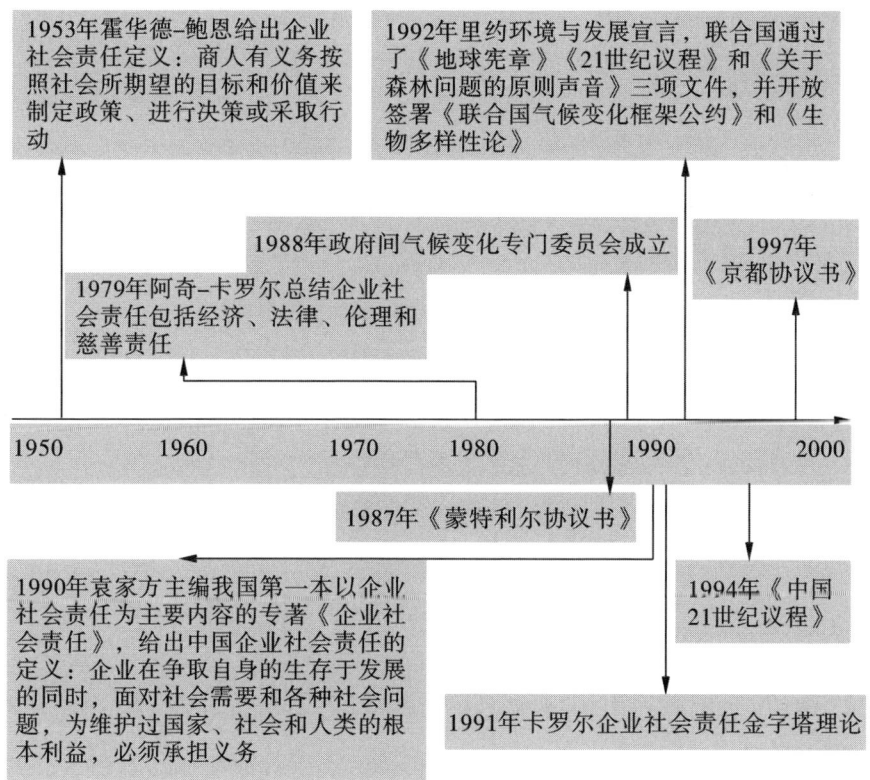

图2-3　1950—2000年企业社会责任发展概览

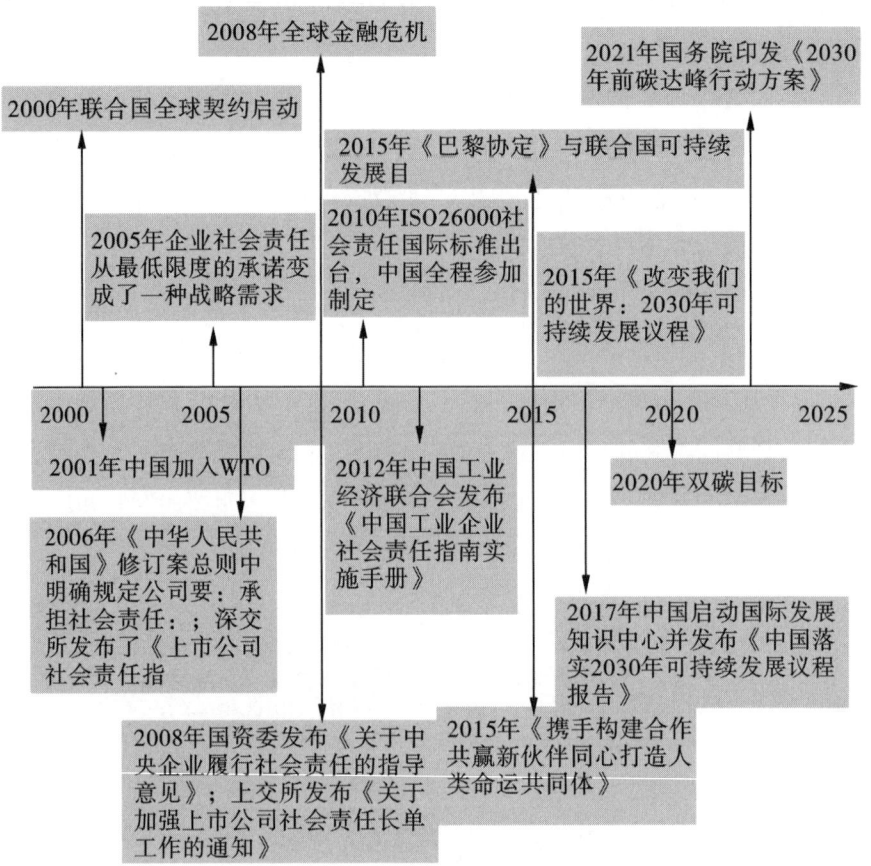

图 2-4　2000 年至今企业社会责任发展概览

(1)早期阶段(19 世纪末至 20 世纪初):工业革命带来社会问题,引发劳工运动,社会开始关注工作条件和工人权益。

(2)20 世纪初至中期:出现社会负责任企业的概念,包括对员工福利、社区和环境的关注。

(3)20 世纪 50—60 年代:CSR 概念在学术和商业界逐渐引起关注,开始探讨企业在社会和环境方面的责任。

(4)20 世纪 70 年代:社会和环境问题引起广泛关注,企业开始制定道德准则以应对社会期望。

(5)20 世纪 80 年代:国际企业制定行为准则,确保业务活动符合一定的道德和社会标准。

(6)20世纪90年代:企业采取更积极的CSR举措,包括捐赠、志愿者活动和环境管理。

(7)21世纪:CSR成为商业策略的一部分,越来越多的公司将其纳入核心业务战略,展示其社会责任成果。

(8)21世纪10年代至今:对企业社会责任的要求逐渐提高,企业需要积极参与解决全球性问题,如气候变化、社会不平等和人权问题。

(五)企业社会责任的范围

企业社会责任的范围涵盖了广泛的领域,包括但不限于员工权益与福利、消费者权益保护、环境保护与可持续发展、社区参与与发展、股东权益与透明度、供应链管理与合作伙伴关系等方面。以下将详细介绍这些方面,以展现企业社会责任的多样性与复杂性。

1. 员工权益与福利

在员工权益与福利方面,企业应确保提供安全、健康的工作环境,保障员工的人身安全。此外,企业还应提供具有竞争力的薪酬和福利待遇,包括但不限于合理的工资、健康保险、退休福利等。同时,企业应提供平等的机会和公正的待遇,避免歧视和不公平对待。此外,为了促进员工的个人和职业发展,企业还应提供培训和职业发展机会,帮助员工提升能力和技能,从而增强其就业竞争力和生活质量。

2. 消费者权益保护

在消费者权益保护方面,企业应确保提供安全、优质的产品和服务,保障消费者的健康和权益。为此,企业应提供真实、准确的产品信息,避免误导和欺诈行为。此外,企业应积极响应消费者的反馈和投诉,及时解决问题,提高服务质量,建立良好的消费者关系。另外,为了保护消费者的隐私和个人信息,企业还应遵守相关法律和法规,保障消费者的合法权益。

3. 环境保护与可持续发展

在环境保护与可持续发展方面,企业应积极采取措施减少污染和排放,节约能源和资源,降低对环境的负面影响。为此,企业可以推动清洁生产和循环经济,减少废物和污染物的产生,从而实现资源的有效利用和环境的可持续发展。此外,企业还应支持环境保护项目和倡议,积极参与生态恢复和保护活动,为环境保护事业做出贡献。

4. 社区参与与发展

在社区参与与发展方面,企业应积极尊重和理解当地社区的文化和价值观,与社区建立良好关系。同时,企业还应支持当地经济发展,提供就业机会和商业机会,促进社区繁荣。此外,企业还可以开展社会公益活动和慈善事业,回馈社区,改善当地居民的生活条件。另外,为了促进社区发展,企业还应听取社区意见和建议,充分考虑社区利益,在决策过程中进行社区参与。

5. 股东权益与透明度

在股东权益与透明度方面,企业应保护股东的合法权益,提供准确、及时的财务信息和业绩报告。为此,企业可以提高公司治理水平,建立健全的决策机制和监督机制,确保公司运作的透明度和合规性。同时,企业还应平衡各利益相关者的利益,不以牺牲股东利益为代价去追求短期经济利益。此外,企业还应与股东保持沟通和互动,倾听他们的意见和建议,共同促进企业长期稳健发展。

6. 供应链管理与合作伙伴关系

在供应链管理与合作伙伴关系方面,企业应促进供应链的可持续发展,要求供应商遵守道德准则和环境标准。为此,企业可以建立良好的合作伙伴关系,与供应商、合作伙伴共同努力,实现共同发展。同时,企业还应对供应链进行审计和监督,确保供应链的合规性和透明度。另外,企业还可以支持本地企业和社会企业发展,促进产业链的良性循环和社会经济的可持续发展。

(六)企业社会责任的特质

企业社会责任(CSR)是指企业在经营过程中自觉承担起对社会、环境和利益相关方负责的义务,超越了仅仅谋求经济利润的范畴。CSR 不仅仅是一种道德义务,也是企业可持续发展的重要组成部分,是企业与社会、环境之间建立良好关系的关键。

1. 道德取向

企业社会责任的首要特质是其道德取向。在面对各种商业决策时,企业应该将道德价值置于首位,考虑到其对社会和环境的影响,而不仅仅是经济利益的最大化。这意味着企业应该遵守法律法规,尊重人权、劳工权益和环境保护原则,远离任何可能危害社会利益的行为,倡导诚信、公正和透明的经营理念。

2. 可持续发展

企业社会责任的另一个重要特质是可持续发展。企业社会责任的实践应当致力于确保不仅当前的利益可以得到满足,还要考虑未来世代的需要。这意味着企业在进行经济活动时应当采取可持续的经营模式,避免对资源的过度消耗和环境的破坏,以及对社会造成的不可逆转的影响。通过平衡经济、社会和环境的利益,企业可以实现长期的可持续发展。

3. 透明度与责任追究

企业社会责任的实践需要具备透明度与责任追究的特质。透明度意味着企业应当公开其经营活动和社会责任的履行情况,向利益相关方提供真实、准确的信息。同时,企业还应当承担起对其行为和决策的责任,接受社会的监督和评价。这意味着在违反道德准则或者社会责任的情况下,企业应当为其行为承担后果,并采取必要的纠正措施,以避免类似问题再次发生。

4. 利益相关方参与

企业社会责任的实践还应当具备利益相关方参与的特质。利益相关方包括了所有与企业相关并可能受到企业行为影响的个人、组织和社会群体。企业应当积极倾听并尊重利益相关方的声音,考虑到他们的利益和需求,在决策过程中进行广泛地参与和协商。这有助于建立起企业与利益相关方之间的信任关系,促进共赢的合作关系,提高企业的社会认同感和可持续性。

5. 创新与变革

创新与变革是企业社会责任的另一个重要特质。企业在履行社会责任的过程中应当持续地寻求创新和改进,采取更有效的方式和方法来解决社会和环境问题。这可能涉及创新的技术、管理模式、产品设计等方面,以提高企业的社会责任水平,并为可持续发展做出更大的贡献。同时,企业还应当愿意接受变革,调整自身的经营策略和行为,以适应不断变化的社会和环境需求。

6. 全球视野与跨界合作

企业社会责任的实践应当具备全球视野与跨界合作的特质。由于社会和环境问题通常具有全球性的影响和挑战,企业应当超越国界和地域限制,积极参与全球性的合作与倡议,共同解决全球性的挑战,为构建人类命运共同体做出贡献。这意味着企业需要与各种利益相关方、行业组织、非政府组织等开展合作,共同制定并实施解决方案,以实现全球可持续发展的目标。

二、企业社会责任相关理论

(一) 制度理论

制度理论关注社会规范、价值观念和制度安排对组织行为的塑造作用。它强调了企业行为受内外部制度环境的影响,认为企业并非孤立存在,而是处于一个复杂的社会和文化网络中。在企业社会责任的研究中,制度理论突出了外部制度对企业社会行为的影响,从而拓展了 CSR 研究的理论视野。

1. 外部制度环境的塑造作用

制度理论强调了外部制度环境对企业社会责任的塑造作用。这包括政府法规、行业标准、文化价值观等。企业的社会责任实践往往受制于这些外部制度的规范和要求。

2. 内外部制度的互动

制度理论认为,企业不仅是外部制度的被动接受者,也可以是制度变革的推动者和参与者。企业通过自身的社会责任实践,也可以对外部制度环境产生影响,推动社会制度的变革与进步。

3. 制度变迁与企业行为

随着社会的发展和变迁,制度环境也在不断演进。企业在适应和应对制度变迁的过程中,需要不断调整自身的社会责任实践,以适应新的制度要求和社会期待。

在面对复杂多变的社会环境时,企业应该深入理解外部制度对其行为的影响,积极适应和塑造制度环境,以促进企业的可持续发展和社会的共同进步。制度理论的进一步研究和应用将为企业社会责任实践提供更加深入的指导和支持。

(二)制度逻辑

制度逻辑作为一个关键的理论框架,对于理解企业社会责任的实践与影响具有重要意义。企业社会责任作为一种企业行为的伦理理念,已成为全球范围内的重要议题。在 CSR 的研究和实践中,制度逻辑作为一个重要的理论框架,为我们提供了深入的思考途径,帮助理解企业行为与社会制度之间的相互关系。

1. 制度逻辑是指社会制度对于个体行为的逻辑或规范

它强调了社会制度对企业行为的塑造作用,企业行为往往受制于社会、文化、政治等多种制度因素的影响。在 CSR 的研究中,制度逻辑被视为一个重要的分析框架,帮助我们理解企业社会责任实践背后的深层次逻辑。制度逻辑不仅关注制度对企业行为的约束作用,还强调了企业作为制度变革的推动者和参与者的角色。

2. 制度逻辑与企业社会责任之间存在着密切的关联

首先,外部制度环境对企业社会责任的实践产生重要影响。这包括政府法律法规、行业行为准则、社会价值观念等方面的制度因素。企业在进行社会责任实践时,需要考虑并遵守这些外部制度的要求和期望,从而实现与社会制度的协调与一致。

其次,内外部制度之间存在着相互作用与互动。企业不仅是外部制度的被动接受者,也可以通过自身的行为实践,对外部制度环境产生积极的影响。企业通过社会责任实践,不仅能够改善其自身形象和声誉,还可以促进外部制度的变革与进步,推动整个社会的可持续发展。

最后,制度逻辑强调了企业在社会责任实践中的适应与创新。企业需要在遵守现有制度规范的基础上,不断探索创新的方式和途径,以满足不断变化的社会需求和制度要求。企业通过适应和创新,可以更好地发挥社会责任的作用,促进经济、环境和社会的可持续发展。

3. 多元制度逻辑对组织理论和实践的影响

首先,制度逻辑方法的兴起标志着对传统组织理论的一种超越与完善。这一方法强调了个体和组织在特定制度逻辑中的嵌入与互动,推动了对组织内外环境更为深刻的理解。

其次,竞争逻辑与组织实践研究聚焦于不同制度逻辑之间的相互作用与演化。这种关注使我们能够更好地理解制度逻辑对组织行为和决策的影响,以及在竞争激烈的环境中组织如何应对、演进和创新。

再次,制度逻辑的多样性与动态性表现为在组织内外部的不同逻辑可能呈现出冲突与竞争,也可能呈现出共存与混合的模式。这意味着组织管理者需要更加灵活地应对多元制度逻辑的挑战,同时寻求促进不同逻辑之间协同与协调的途径。

最后,多元制度逻辑的影响因素与分类包括制度逻辑兼容性和制度逻辑中心性程度(见图2-5)。这些因素在一定程度上决定了特定场域内的制度逻辑数量、关系以及行动者特征。了解这些因素有助于更全面地理解组织所处的制度环境,为制定灵活的管理策略提供有力支持。

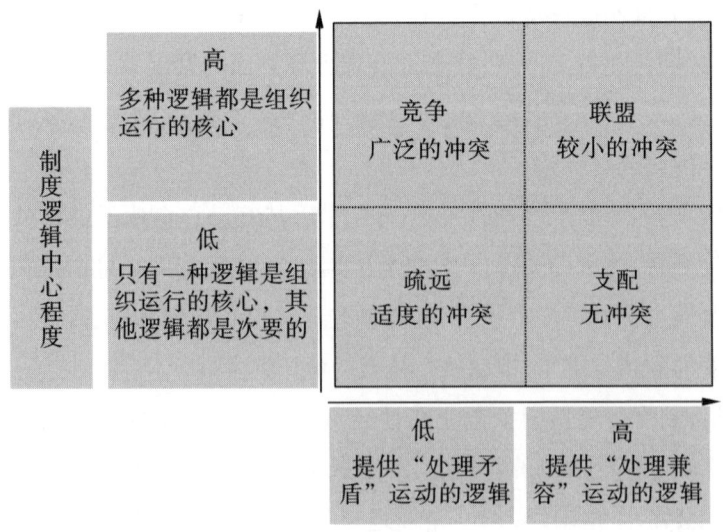

图2-5 组织多重制度逻辑兼容和中心性的矩阵

(三) 利益相关者理论

利益相关者理论（Stakeholder Theory）是一种管理理论，强调企业不仅要考虑股东利益，还要同时考虑其他与企业相关的利益相关者的利益。这个理论认为，企业的成功不仅取决于股东的利益，还取决于满足其他相关方的利益，如员工、客户、供应商、社区等。利益相关者指对企业决策和行动有利害关系的各方，包括但不限于股东、员工、客户、供应商、政府、社区等。利益相关者分析通过识别和评估各种利益相关者的利益和影响力，帮助企业了解其所面临的外部环境，做出更合适的决策。利益相关者权衡企业需要在满足各个利益相关者利益的基础上做出权衡和决策，以实现长期的可持续发展。利益相关者对话企业应积极与各个利益相关者进行沟通和合作，了解其关切并寻求共识，以建立良好的关系和信任。社会责任利益相关者理论认为企业不仅应该追求经济利益，还应该承担社会责任，满足各个利益相关者的合法诉求，为社会做出贡献。

利益相关者理论的核心观点是企业应该以一种广泛的视角来思考经营和决策，认识到不同利益相关者之间的相互依存关系，以及企业对社会和环境的影响。通过有效地管理利益相关者关系，企业可以更好地实现长期的商业目标，并为社会创造更大的价值。

尽管利益相关者理论在组织管理领域取得了显著成就，但也面临着一些挑战和问题。首先，如何有效识别和平衡各种利益相关者的利益仍然是一个亟待解决的问题。随着全球化和信息化的加剧，组织所面临的利益相关者日益多样化和复杂化，如何在这种复杂多变的环境中进行利益相关者管理成为一个新的挑战。其次，利益相关者理论在实践中的应用也面临着一些困难。一些组织可能会因为利益相关者之间的利益冲突而难以做出决策，如何在这种情况下找到合适的平衡点成为一个需要深入研究的问题。因此，未来的研究应当着重于深入探讨利益相关者管理的方法和策略，为组织管理实践提供更为有效的指导。

综上所述，利益相关者理论对组织管理产生了重要的影响。作为一种理论框架，利益相关者理论为我们理解组织与外部环境的关系提供了新的视角和方法。在实践中,利益相关者理论促进了组织建立更加开放和透明的沟通机制,实现了组织与利益相关者之间的良性互动。

(四)金字塔理论

企业社会责任金字塔理论是企业社会责任领域的重要理论之一,由卡罗尔(Archie B. Carroll)提出。该理论将企业社会责任分为四个层次,包括经济责任、法律责任、伦理责任和慈善责任。这一理论模型为企业如何履行社会责任提供了一个清晰的框架。

1. 经济责任

经济责任是企业社会责任金字塔的基础。企业需要满足其产品的生产、销售和服务等基本职能,以满足消费者的需求,并实现盈利。经济责任是企业存在的基本要求,也是其他责任的基础。

2. 法律责任

企业需要遵守法律法规,尊重各利益相关者的合法权益。企业在追求利润最大化的同时,必须确保其行为在法律范围内,并不损害其他人的合法权益。在现代社会中,宪法是一切组织活动的规范,企业必须遵守宪法规定的范围。

3. 伦理责任

伦理责任是企业社会责任金字塔的第三层次,企业应当制定可行且公正的标准和社会准则,以道德为基础,并承担尽责公平、正确、正当的义务。这意味着企业需要考虑其行为对社会和环境的影响,并采取符合道德标准的行动。

4. 慈善责任

企业应当提高自身意识,在实现自身利益的同时,主动拓展企业的社会责任,根据公司的实际能力和财力主动帮助需要的人。卡罗尔通过金字塔形象地表现出企业社会责任的不同层级,这被称为著名的企业社会责任金字塔,如图2-6所示。

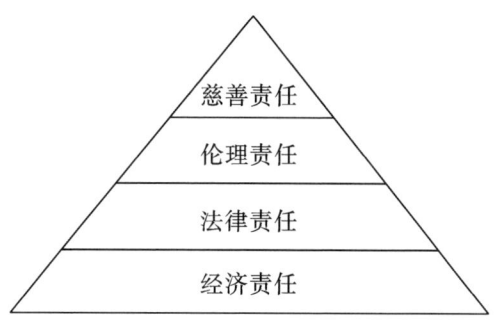

图 2-6 企业社会责任金字塔

(五)社会契约理论

社会企业理论强调企业与社会之间存在一种社会契约,这是一种自愿达成的互惠协议,旨在促进企业与各利益集团之间的和谐关系。社会契约理论认为,企业不仅要履行对内部员工和管理者的责任和承诺,还要对外部社会公众、其他企业和政府做出一系列保证和承诺。企业内部社会契约涉及企业对员工和管理者的责任和承诺。这包括保障员工的生命财产安全、追求自由和维护尊严等事项。企业应确保员工能够在没有任何歧视和偏见的前提下,实现其合法利益的自由,并公正地分配收益,保障员工的人格尊严不被侵犯。这一内部社会契约是企业与员工之间的默契,也是企业发展的基础。

企业对外部的社会契约涵盖了多个方面。首先,企业向公众承诺保障产品和服务的质量,确保其能够满足消费者的需求,并对产品和服务的质量负责。其次,企业必须确保信息发布准确无误,不得误导消费者或公众。企业还向其他企业保证诚信,秉持诚实守信的原则开展商业活动。最后,企业对政府保证按期缴纳税款,遵守法律法规,履行公民责任。这些承诺是企业对社会公众、其他企业和政府的责任和保证,是企业与外部利益相关者之间的社会契约。

第三章
企业战略管理及相关理论

一、企业战略管理概述

(一)企业战略的定义

夏文斓(2018)指出企业战略是指组织在特定时期内为实现长期目标而制订的行动方案和决策框架。这些行动方案和决策框架涵盖了企业在资源配置、市场定位、竞争优势、业务范围、增长路径等方面的选择,旨在确保企业能够在竞争激烈的市场环境中取得持续的成功和发展。

1. 强调企业战略的竞争性

强调企业战略的竞争性是指企业在制定和执行战略时特别注重在市场竞争中取得优势和领先地位。这种竞争性强调企业必须通过差异化、创新、成本领先等手段,使自己在竞争对手中脱颖而出,取得更大的市场份额并实现长期的盈利能力。

(1)差异化战略。企业通过提供独特、高品质或独特定位的产品或服务,使自己在市场上与竞争对手区分开来。这种战略侧重于满足消费者独特的需求,建立品牌认知和忠诚度。

(2)创新战略。强调在产品、服务、生产流程等方面持续创新,以获得市场上的竞争优势。创新可以帮助企业提高效率、降低成本,同时推出新产品或服务,满足不断变化的市场需求。

(3)成本领先战略。企业致力于在同类产品或服务中实现更低的生产和运营成本,从而能够以更有竞争力的价格提供产品或服务,吸引更多的客户。

（4）速度与敏捷性。竞争性战略还包括企业在市场上快速反应、迅速调整战略以适应变化的能力。这种灵活性和敏捷性使企业能够更好地把握市场机遇和迅速应对竞争威胁。

（5）合作伙伴关系。在一些情况下，企业可以通过建立战略性的合作伙伴关系来增强竞争力。这可能包括联合研发、共享资源、拓展市场渠道等形式的合作。

强调企业战略的竞争性不仅涉及战略的制定，还需要有效地执行。战略的执行力度决定了企业是否能够真正将战略计划转化为竞争优势。在竞争激烈的市场环境中，企业需要时刻保持对市场和竞争的敏感性，灵活调整战略，以确保持续保持竞争力和市场地位。

2. 企业战略的根本目的是促进企业发展

企业战略是企业长期发展的指导方针和框架，旨在确保企业能够实现其长期目标并取得持续的竞争优势。以下是企业战略的一些根本目的。

（1）提高竞争优势。企业战略的制定和执行旨在使企业能够在竞争激烈的市场环境中脱颖而出，并获得竞争优势。这可以通过差异化、创新、成本领先等手段来实现。

（2）实现长期增长。企业战略致力于确保企业在长期内实现可持续的增长，并为股东创造长期价值。这可能包括扩大市场份额、进入新市场、推出新产品或服务等。

（3）提高资源配置效率。企业战略有助于企业更有效地配置资源，使其能够更好地利用资金、人力、技术等资源，以支持企业的发展和增长。

（4）应对外部环境变化。企业战略需要考虑外部环境的变化，包括市场竞争、政治经济环境、技术进步等因素，以及如何应对这些变化并利用其机会。

（5）提高组织协调性和一致性。企业战略有助于确保企业各个部门和功能之间的协调和一致性，使整个组织朝着共同的目标努力。

总的来说，企业战略的根本目的是确保企业能够在不断变化的环境中生存和发展，并实现长期的成功和可持续的增长。通过制定和执行有效的战略，企业能够更好地适应市场的变化，抓住机遇，规避风险，从而实现其长期发展的目标。

3. 企业战略要找准战略定位

企业战略需要找准战略定位是因为战略定位直接决定了企业在市场中的竞争位置和未来的发展方向。

(1) 竞争优势。找准战略定位可以帮助企业建立和巩固竞争优势。通过深入了解市场、消费者需求和竞争对手,企业可以确定适合自身特点的差异化策略,从而在市场中占据有利地位。

(2) 资源优化。精确定位可以帮助企业更有效地配置资源。企业可以将有限的资源投入最具竞争力和增长潜力的领域,从而实现资源的最大化利用。

(3) 市场认知。定位清晰的企业更容易被市场认知和接受。消费者更容易理解企业提供的产品或服务,并且更有可能成为忠实的顾客。

(4) 品牌建设。战略定位有助于塑造企业的品牌形象和声誉。通过确定独特的市场定位,企业可以在消费者心目中建立起独特的品牌形象,提高品牌价值和忠诚度。

(5) 风险管理。找准战略定位有助于企业降低经营风险。清晰的定位可以帮助企业更好地理解市场环境和竞争态势,及时调整战略以应对外部变化,降低不确定性带来的风险。

(6) 长期发展。战略定位直接影响企业的长期发展。一个明确的定位有助于企业更好地规划未来发展方向,并在不断变化的市场环境中保持竞争优势,实现长期的可持续发展。

综上所述,找准战略定位是企业成功的关键因素之一。一个明确的战略定位可以帮助企业提高竞争力,实现长期发展目标,为企业的持续成功奠定基础。要把握好企业战略的内涵,还需实现以下几个方面的结合:

1) 目标与价值的结合。企业的使命是其存在的根本原因,是对社会所做出的承诺和贡献的体现。而目的则是指企业在追求使命的过程中所设定的具体目标和愿景。使命与目的的结合,为企业提供了前进的动力和方向。通过明确定义的使命和目的,企业能够在竞争激烈的市场中找到自己的定位,不断前行。

2) 整体与局部的结合。整体战略源自企业的高级管理层,是对企业整体发展方向和目标的规划和布局。而局部战略则是在整体战略的指导下,针对具体业务领域和市场环境所做出的具体行动方案和策略。整体战略和局部战略需要有机结合,相互支持,形成无缝对接的整体。只有整体战略和局部战略相互契合,企业才能在激烈的市场竞争中立于不败之地。

3)阶段性与长期性的统一。企业需要在不同阶段制定不同的战略,以适应外部环境和内部发展的需求。导入期需要的是快速积累市场份额和用户基础的战略,成长期需要的是巩固和拓展市场地位的战略,成熟期需要的是提高效率和控制成本的战略,而衰退期需要的是调整战略方向和转型升级的战略。这些阶段性战略的制定,都要服务于企业的长远发展目标和使命,确保企业在不同阶段都能够保持竞争优势和持续成长。

4)稳定与应变的结合。企业战略必须对变化做出调整,但稳定性和变革的适应性也同样重要。企业需要保持战略的稳定性,以确保企业在市场中有明确的定位和稳固的基础。同时,企业也需要对外部环境的变化做出应对,及时调整战略,以适应市场的变化和竞争的挑战。稳定与应变的结合,能够使企业在变化莫测的市场中保持灵活性和竞争力,实现可持续发展。

5)竞争性与风险管控的结合。竞争是市场经济的必然现象,企业需要在竞争中不断提升自身的竞争力,以赢得市场份额和用户认可。然而,竞争也伴随着各种风险和挑战,企业需要合理管控风险,以确保企业的健康发展和可持续经营。战略的价值之一是适应竞争,同时要高度重视风险管控,以保障企业的长期发展和稳健经营。竞争性与风险管控的结合,能够使企业在激烈的市场竞争中保持稳健的发展态势,避免陷入不可控的风险和危机之中。

6)经济价值和社会价值的结合。企业的经济价值体现在其盈利能力和财务表现上,而社会价值则表现在企业对社会的责任感和对环境的关注程度上。在当今社会,企业不仅要追求经济效益,还要承担起社会责任,关注环境保护和可持续发展。经济价值和社会价值的结合,不仅能够提升企业的品牌形象和社会声誉,更能够为企业带来长期的发展和持续的竞争优势。

(二)企业战略管理制定的重要性

企业战略管理是企业为实现长期目标,制定并实施一系列战略性决策的过程。在当今不断变化和竞争激烈的市场环境中,企业战略管理制定对企业的成功至关重要。

1. 企业战略管理制定对企业的长期发展具有指导作用

通过对内外环境的深入分析和评估,企业可以明确自身的优势和劣势,把握市场机遇和挑战,为企业未来的发展方向提供指导。企业战略管理制定有助于企业明确长期目标,并制定相应的战略规划和执行计划,使企业能够在竞争激烈的市场中稳步前进。

2. 企业战略管理制定有助于提高企业的竞争优势

在竞争激烈的市场环境中,企业需要通过差异化、创新、成本领先等手段来获得竞争优势。通过制定有效的战略管理,企业可以明确自身在市场中的定位,找准竞争优势,并通过不断优化和调整战略,保持竞争优势,实现市场份额的稳步增长。

3. 企业战略管理制定有助于资源的优化配置

企业在制定战略时,需要考虑资源的分配和利用效率。通过战略管理的制定,企业可以根据市场需求和自身实际情况,合理配置资源,实现资源的最大化利用,提高企业的生产效率和经营绩效。

4. 企业战略管理制定还有助于风险管理

在市场竞争中,企业面临着各种内外部的风险和挑战。通过制定有效的战略管理,企业可以及时发现和应对市场的变化和风险,从而降低企业经营的风险,保障企业的长期发展和稳定经营。

综上所述,企业战略管理制定对企业的长期发展具有重要意义。它不仅可以为企业的发展提供指导,提高企业的竞争优势,优化资源配置,还可以有效管理风险,保障企业的稳定经营。因此,企业应高度重视战略管理的制定,不断完善和优化企业战略管理体系,以实现企业长期发展的目标。

(三)中国企业战略管理的发展历程

随着改革开放的推进,中国经济体制迎来了深刻的转型,从计划经济向社会主义市场经济的演变使得企业战略管理迎来了新的发展时机。这一转型不仅催生了市场经济的发展,也推动了企业战略管理理论的产生和不断演进。根据中国经济体制转型的历程,我们将中国企业战略管理的发展划分为三个关键阶段。首先是萌芽和产生阶段(1978—1991年),这一时期企业战略管理初现端倪,随着市场经济的初步形成,企业开始关注战略规划的重要性。其次是发育和确立阶段(1992—2001年),这一时期企业战略管理理论逐渐确立,企业在面对市场竞争时开始采用更系统化的战略管理方法。最后是成长和国际化阶段(2002年至今),中国企业战略管理不仅在国内市场取得成果,在国际化进程中也展现出日益增长的活力。

在企业实践方面,中国企业战略管理在不同阶段都伴随着具体业务环境的变化而演进。起初,企业主要关注生存和发展的基本策略;随着市场竞争的加剧,企业逐渐转向更为系统和长远的战略规划。在学术研究方面,学者们在企业战略管理领域进行了深入研究,从战略规划到执行,形成了一系列理论框架和方法,为企业提供了理论指导。

1. 萌芽和产生阶段(1978—1991年)

中国企业战略管理的发展历程在1978年至1991年经历了萌芽和产生阶段,这一时期是中国经济改革开放初期,企业开始探索新的管理理念和方法,以适应市场经济体制的转型和全球化竞争的挑战。在这段时间里,中国企业战略管理的发展经历了多方面的探索和实践,奠定了后续发展的基础。

首先,在1978年改革开放政策实施之初,中国企业面临着前所未有的挑战和机遇。传统的计划经济体制已经显现出了许多弊端,企业需要寻找新的管理模式来适应市场需求的变化和外部环境的不确定性。因此,萌芽阶段的中国企业战略管理主要体现在对市场情况和竞争环境的认识上。企业开始意识到需要更加注重市场导向和竞争优势,以确保在市场经济条件下的生存和发展。在这一阶段,一些企业开始尝试制定长远发展规划和战略目标,尽管这些探索还相对零散和初级,但为后续的发展奠定了基础。

其次,中国企业战略管理的产生阶段主要集中在19世纪80年代,特别是80年代中后期。这一时期,随着改革开放的不断深化和市场经济体制的逐步建立,中国企业面临的外部环境和内部条件发生了巨大变化,促使企业更加迫切地需要有效的战略管理来应对挑战。在产生阶段,中国企业开始系统地学习和引进国际先进的管理理念和方法,如战略规划、市场营销、组织结构等,以丰富和完善自身的管理体系。同时,一些先进的国内企业也开始崭露头角,通过探索和实践形成了一些成功的战略管理案例,为整个行业树立了榜样。

最后,在这一阶段,政府的政策和支持也对中国企业战略管理的发展起到了积极的促进作用。政府逐步放开了对企业的管理和监管,鼓励企业自主创新和发展。与此同时,政府还积极推动产业结构调整和企业改革,为企业战略调整和管理提供了必要的政策支持和资源保障。这种政策环境的改善为企业战略管理的发展提供了有力保障,为中国企业走向国际市场打下了坚实的基础。

总的来说,中国企业战略管理在1978年至1991年经历了萌芽和产生阶段,从对市场情况和竞争环境的初步认识到系统学习和引进国际先进理念和方法,并得到政府政策的积极支持。这一时期的探索和实践为中国企业战略管理的后续发展奠定了基础,为中国企业走向国际市场提供了重要的管理经验和理论支持。

2. 发育和确立阶段(1992—2001年)

在1992年至2001年期间,中国企业战略管理经历了发育和确立阶段。这一时期是中国改革开放的关键时期,也是中国企业战略管理理论和实践迅速发展的阶段。在这段时间里,中国企业逐步确立了市场经济体制下的战略管理理念和方法,积极应对国内外市场竞争,取得了显著的成就。

(1)政策环境的变化。在这一阶段,中国政府继续推进市场化改革,大力发展市场经济。1992年,党的十四大提出建立社会主义市场经济体制,强调市场在资源配置中的决定性作用。这一目标的提出为企业战略管理提供了新的指导思想和政策支持。

(2)管理理念的更新。中国企业开始逐步接受并应用西方先进的管理理念,如战略规划、市场定位、核心竞争力等。企业开始意识到,要在市场竞争中取胜,必须建立以市场为导向的管理体系,注重企业战略的长远规划和实施。

(3)技术进步和知识更新。中国企业在这一时期积极引进国外先进技术和管理经验,加快了技术创新和管理创新的步伐。企业开始注重知识更新和人才培养,提高了组织的学习和适应能力。

(4)实践探索和成果积累。在这一阶段,一些中国企业开始积极探索战略管理的实践,取得了一些成功的经验和成果。例如,华为、联想等企业通过不断调整战略,不断提高核心竞争力,在国内外市场取得了巨大成功。

(5)市场竞争的加剧。随着中国市场经济的逐步完善和外部环境的变化,市场竞争日益激烈。企业面临更大的市场压力和挑战,需要更加有效的战略管理来保持竞争优势。

(6)管理体系的完善。中国企业开始逐步建立和完善战略管理体系,强调战略与执行的结合,注重战略目标的落实和评估。企业开始建立市场导向的组织结构和激励机制,提高了组织的灵活性和竞争力。

(7)国际化战略的实施。在这一阶段,一些中国企业开始积极实施国际化战略,通过跨国并购、合作等方式进入国际市场。这些企业不仅仅在国内市场取得成功,在国际市场也逐渐建立了自己的竞争优势。

(8)管理创新和人才培养。企业开始注重管理创新和人才培养,建立了一批专业化的管理团队和人才队伍。企业通过加强内部培训和外部引进,提高了员工的素质和能力,为企业的可持续发展打下了坚实基础。

1992—2001年,中国企业战略管理经历了发育和确立阶段,从对市场经济的适应到对国际化竞争的应对,中国企业在战略管理方面取得了显著的进步。这一阶段的发展为中国企业在全球市场的竞争中奠定了坚实的基础,为中国经济的快速增长提供了强大支撑。

3. 成长和国际化阶段(2002年至今)

自2002年以来,中国企业战略管理进入了成长和国际化的阶段。在这一时期,中国企业积极适应全球化市场竞争的新形势,加强战略管理,实现了从国内到国际的跨越式发展。

(1)市场化程度不断提高。中国在这一时期继续深化改革,市场化程度不断提高。企业面临更加复杂的市场环境和激烈的竞争,需要更加有效的战略管理来应对挑战。

(2)战略管理理念日趋成熟。中国企业逐步形成了适应市场经济的战略管理理念,注重以市场为导向,强调创新、协同和持续发展。企业开始将战略管理与组织变革、业务流程优化等管理方法相结合,提高了战略执行的效率和效果。

(3)企业国际化步伐加快。随着中国经济的快速增长和市场的饱和,一些中国企业开始积极寻求国际化发展机会。这些企业通过跨国并购、建立海外分支机构、开拓国际市场等方式,加快了国际化步伐,提高了国际竞争力。

(4)管理创新和人才培养。企业开始注重管理创新和人才培养,建立了更加专业化和高效的管理团队和人才队伍。企业通过引进国外先进管理经验、加强员工培训等方式,提高了组织的学习和适应能力,为持续发展打下了坚实基础。

(5)企业社会责任的重视。随着社会的进步和消费者观念的转变,企业开始更加重视社会责任,将社会责任纳入战略管理的考量范畴。企业通过开展公益活动、环保行动等方式,提升了企业形象和社会声誉,实现了经济效益和社会效益的双赢。

(6)全球化市场竞争的加剧。进入21世纪后,全球化市场竞争愈发激烈,中国企业面临更大的国际竞争压力。企业需要更加灵活和创新的战略管理来应对全球化挑战,寻求在国际市场上的立足点。

(7)创新驱动战略升级。创新成为中国企业国际化发展的重要动力。企业不仅在产品和技术上进行创新,还在战略管理模式上进行创新,探索符合国际化需求的战略路径。创新驱动使得企业能够更好地适应不断变化的国际市场环境,提高竞争力。

(8)"走出去"战略的实施。中国政府提出了"一带一路"倡议,鼓励企业走出国门,拓展国际市场。一些中国企业积极响应国家号召,通过投资海外项目、拓展国际贸易等方式,实施了"走出去"战略,加速了国际化进程。

(9)跨国并购和海外投资增多。中国企业在国际市场上通过跨国并购和海外直接投资的方式获取资源和市场,加快了国际化步伐。这些企业通过并购海外企业或建立海外生产基地,实现了资源的优化配置和风险的分散,提高了国际竞争力。

(10）加强全球化人才培养。面对全球化的竞争，中国企业开始加强全球化人才的培养和引进。企业通过建立国际化人才团队、拓展国际交流合作等方式，提高了组织的国际化水平和全球化竞争力。

(11）企业社会责任的国际化。随着企业国际化程度的提高，企业对于社会责任的要求也越来越高。中国企业在国际市场上积极履行社会责任，遵守当地法律法规，尊重当地文化习俗，注重员工福利和环境保护，提升了企业在国际舞台上的形象和声誉。

自2002年以来，中国企业战略管理经历了成长和国际化的阶段。在市场化和全球化的双重挑战下，中国企业通过不断创新和改进，提高了战略管理水平。

（四）企业战略管理的特征

1. 全局性

企业战略的全面性体现在其覆盖整个组织的方方面面。它不仅是高级管理层的决策，也渗透到每个部门、每位员工的日常工作中。这种全面性要求各个部门、各级管管理者必须清晰理解并且紧密配合企业战略的实施。举例来说，如果公司战略是通过创新来获取竞争优势，那么研发部门就必须致力于技术创新，销售部门则需要将创新的价值传递给客户。这种内外协调的要求使得企业战略不再是一纸文件，而是贯穿于组织的血脉之中，影响着每一个决策和行动。

企业战略不是一纸空谈，而是需要通过日常的经营活动来体现和实现。每一个决策、每一项业务都应当符合企业战略的方向，为实现战略目标提供支持。这就要求管理者在决策时要时刻考虑战略的导向，确保所采取的行动与公司整体战略保持一致。同时，这也意味着战略的执行需要全员参与，而不仅仅是高层管理者的责任。只有将战略贯彻到每个岗位的日常工作中，企业才能真正实现其长远目标。

企业战略的制定不应该是孤立的，而是需要与国家的宏观战略相协调一致。特别是在全球化和经济一体化的今天，企业所处的环境不再局限于国内，而是涉及全球市场和国际竞争。因此，企业战略必须与国家的发展战略相契合，既要为企业自身利益着想，也要考虑到国家整体发展的需要。例如,如果国家提出了绿色发展的目标,企业就应当调整自己的发展战略,朝着绿色低碳的方向发展,与国家的政策保持一致,共同促进经济的可持续发展。

2. 权威性

企业战略管理的特征之一是权威性。权威性指的是战略制定的过程需要由企业高层领导或管理层来主导和负责。这意味着战略制定过程需要得到高层领导的支持和批准,并且需要符合企业的愿景、使命和价值观。权威性具体表现在以下几个方面。

(1)高层领导参与。战略制定过程需要由企业的高层领导参与和主导,他们需要对最终的战略决策负责。这确保了战略的制定与企业整体发展方向一致。

(2)决策权集中。权威性的特征意味着战略制定的决策权集中在少数高级管理人员手中,他们有权对战略进行最终决定,确保战略的一致性和执行力。

(3)专业团队支持。高层领导在制定战略时通常会组建专业团队,包括战略规划师、业务分析师和其他专业人士,以确保战略的制定具有专业性和可行性。

(4)决策的权威性。战略制定需要遵循企业的权威性结构和程序,确保决策的合法性和有效性。

3. 长远性

企业的社会责任不仅仅是回馈社会,更是确保企业长远性的重要组成部分。积极履行社会责任,关注环保、社会公益等方面,不仅有助于建立企业良好的社会形象,还能够获得政府和社会各界的支持。这种责任心的表现不仅仅是眼前的行为,更是为了赢得长期的社会认可,为企业的长远性提供有力支撑。

在不断变化的商业环境中,企业要实现长远性的可持续发展,需要更加注重战略思维、创新、人才培养和社会责任等方面的综合考量。只有在这些方面形成长远性的战略规划和执行,企业才能在未来的竞争中立于不败之地。通过建立长远性的战略意识,企业能够更好地应对不断变化的市场挑战,实现可持续发展的目标。长远性具体表现在以下几个方面。

(1)长期导向。企业战略管理注重长期目标的设定和规划,不仅考虑眼前的市场需求和竞争环境,更注重未来市场发展趋势和企业可持续发展的长期目标。

(2)持续性发展。企业战略管理强调持续性发展,不仅关注短期利润,更注重企业的长期发展和成长,包括技术创新、人才培养、品牌建设等方面的投入和规划。

(3)风险管理。长远性战略管理要求企业在制定战略时充分考虑未来可能面临的各种风险,包括市场变化、政策风险、技术变革等,并采取相应的措施进行风险管理。

4. 协调性

企业战略管理需要确保各个部门和业务之间的协调一致。这意味着战略制定需要考虑到整个企业的利益和发展方向,以及不同部门之间的协同作用。例如,营销部门的战略需要与生产部门的能力和供应链的情况相协调,以确保产品推广和销售计划的可行性。此外,战略管理还需要与人力资源管理、财务管理等其他方面进行协调,以确保整体运营的协调性和一致性。

5. 创造性

企业战略管理需要具备创造性,即要求在制定战略时要有创新思维和创造性的解决方案。这包括对市场、产品、技术、管理等方面的创新,以应对不断变化的市场环境和竞争压力。创造性战略管理还需要鼓励企业内部的创新和创意,以推动企业的持续发展和竞争优势。企业需要不断寻求新的机遇和解决方案,以保持竞争力和创造更大的价值。

二、企业战略管理相关理论

(一)SWOT分析

SWOT分析作为一种战略管理工具,广泛运用于企业战略规划和决策制定的过程中。该分析方法最早由哈佛商学院的管理学家肯尼斯·安德鲁斯(Kenneth Andrews)于20世纪60年代提出,随后被美国管理大师彼得·德鲁克(Peter Drucker)广泛引用。安德鲁斯将 SWOT 分析视为一种全面评估企业内外部环境的工具,通过对企业内部优势(strengths)和劣势(weaknesses),以及外部机会(opportunities)和威胁(threats)的分析,帮助企业更好地了解其竞争优势和面临的挑战,从而制定更有效的战略规划。

SWOT 分析的四个要素构成了其分析框架的基础,其中"优势"和"劣势"主要关注企业内部因素,而"机会"和"威胁"则着重考虑外部环境因素。通过综合考量这四个要素,企业可以全面了解其在市场上的地位和潜在的发展前景。这种分析方法不仅帮助企业发现自身的竞争优势,还有助于发现外部环境中的机遇和威胁,从而更有针对性地调整战略,提高企业的竞争力和抵御风险的能力。

SWOT 分析作为一种战略规划工具,对企业的发展具有重要的指导意义。通过清晰认识企业内外部的优势和劣势,企业可以更好地把握市场机遇,从而制定出更具针对性的战略方案。例如,企业可以利用自身的优势来开发新产品、进军新市场,同时通过规避或弥补劣势,降低面临威胁的风险。此外,SWOT 分析还有助于企业对外部环境的变化做出及时反应,灵活调整战略,保持竞争优势。因此,SWOT 分析在企业战略规划中具有不可替代的作用,能够帮助企业实现长期的可持续发展。

1. SWOT 分析的四个要素

SWOT 分析的四个要素,即优势(strengths)、劣势(weaknesses)、机会(opportunities)和威胁(threats),为企业提供了一个全面了解自身内外部环境的框架。企业的优势是指其在市场上相对于竞争对手的明显优势,可能包括品牌知名度、创新能力、资源优势等。劣势则是企业在市场上相对弱势的方面,可能涉及的问题包括财务状况、管理体系、产品质量等方面。机会和威胁则主要考虑外部环境因素,机会可能源自市场发展趋势、新技术应用、政策法规等方面,而威胁则可能来自竞争加剧、经济不确定性、行业法规等方面。通过对这四个要素的综合分析,企业可以更全面地了解其在市场上的地位和面临的挑战,从而更有效地制定战略规划。

2. SWOT 分析的流程

企业战略规划的重要性不言而喻。在全球化、快速变化的市场环境下,企业需要不断地收集和分析内外部环境的相关信息,以制定有效的战略方案来应对各种挑战和机遇。

(1)明确目标和范围:在进行SWOT分析之前,明确分析的目标和范围非常重要。确定你要分析的是整个组织、特定项目、产品线还是某一市场。

(2)收集信息:收集关于组织内外部的信息。这可能包括市场调研、财务报表、员工反馈、竞争对手分析等。确保收集的信息全面且准确。

(3)识别内部因素:优势——评估组织的核心竞争力,包括技术能力、品牌声誉、市场份额、创新能力等。劣势——识别组织内部存在的问题,可能涉及人力资源、财务状况、管理体系等。

(4)识别外部因素:机会——分析外部环境中可能带来益处的因素,如市场趋势、新技术、合作机会等。威胁——着眼于外部可能对组织造成负面影响的因素,如竞争加剧、法规变化、经济不确定性等。

(5)交叉分析:将内部和外部因素进行交叉分析,探讨内外因素之间的关系。

(6)制定战略:基于分析的结果,制订战略方案。利用优势来抓住机会,同时针对劣势和威胁制定相应对策。

(7)实施和监控:将制定的战略付诸实践,并持续监控执行过程。随着时间的推移,可能需要调整战略以适应不断变化的环境。

(8)定期更新:环境和组织内部都在不断变化,因此SWOT分析不是一次性的活动。定期更新SWOT分析,以确保战略的持续适应性和有效性。

3. SWOT分析的局限性

SWOT分析是一种常用的战略管理工具,用于评估组织内外部环境的优势、劣势、机会和威胁。尽管SWOT分析在帮助组织制定战略方向和决策时具有一定的价值,但它也存在一些局限性,这些局限性需要在实践中认识和应对。以下将对SWOT分析的局限性进行详细探讨。

(1)静态分析。SWOT分析主要关注当前的情况,对内外部因素的评估常常是基于现有数据和信息。然而,市场环境和组织内部条件都是动态变化的,因此SWOT分析可能无法充分反映时间变化带来的影响。一份SWOT分析在某个时间点可能有效,但随着时间的推移,其中的优势、劣势、机会和威胁可能会发生变化,需要不断更新和调整。

（2）主观性和偏见。SWOT分析的结果很大程度上取决于参与者的主观判断和偏见。不同人对同一组织或同一环境的评估可能会有所不同,导致分析结果的偏差。此外,个人情绪、经验和认知偏差也可能影响SWOT分析的客观性和准确性。

（3）缺乏数据支持。SWOT分析需要充分的数据和信息支持,以确保评估的准确性和全面性。然而,在某些情况下,获取这些数据可能会很困难,特别是对于外部环境的评估,例如市场趋势、竞争对手行为等。如果缺乏可靠的数据支持,SWOT分析的结果可能不够可信。

（4）忽视关键因素。有时候,SWOT分析可能会忽视一些关键因素,例如客户需求变化、新兴技术的影响等。这些因素可能对组织的发展和竞争力具有重要影响,但由于各种原因没有被纳入分析范围,导致了SWOT分析的局限性。

（5）缺乏战略指导。SWOT分析提供了关于组织内外部环境的详细洞察,但它本身并没有提供具体的战略建议或行动计划。因此,尽管SWOT分析可以帮助组织识别问题和机会,但要将这些识别转化为实际的战略决策,仍然需要额外的思考和规划。

（6）简化复杂性。组织和市场环境通常是非常复杂的,SWOT分析往往会将这种复杂性简化为四个基本方面：优势、劣势、机会和威胁。然而,现实情况可能要复杂得多,包括各种交叉影响和相互作用。因此,SWOT分析可能会忽略一些复杂性,导致对问题的理解不够深入。

（7）缺乏重要性排序。SWOT分析列出了一系列的优势、劣势、机会和威胁,但并没有对它们的重要性进行排序或权衡。这可能导致在制定战略时难以确定哪些因素应该优先考虑,从而影响战略决策的有效性。

（二）竞争分析模型

美国著名管理学家迈克尔·波特（Michael Porter）建立了五种竞争力分析模型。该模型主要是从产业组织理论的角度提出的。他认为,企业最关心的是其所在行业的竞争强度,而竞争强度又取决于五种基本竞争力量。

1. 行业中现有企业间的竞争

行业中现有企业间的竞争一般是指在企业所处的行业之中同行业之间的正面竞争。行业中现有企业间的竞争是竞争分析模型中的重要方面。这种竞争可能体现在价格竞争、产品差异化、市场份额争夺、广告宣传等方面。在价格竞争方面,企业可能会通过降价来争夺市场份额,从而影响整个行业的价格水平。产品差异化竞争则意味着企业通过产品质量、功能、服务等方面的差异化来吸引消费者。市场份额争夺表现为企业之间的竞争,企图通过扩大市场份额来获得更多的利润。广告宣传是企业之间进行品牌推广和宣传竞争的表现,通过广告宣传来吸引消费者,提高产品知名度和美誉度。这些竞争形式使得行业中的企业在市场中不断地进行竞争,以谋求自身的利益最大化。

2. 潜在进入者的威胁

潜在进入者是指那些目前尚未进入市场,但具有潜在能力进入市场并对现有企业构成威胁的实体。潜在进入者的威胁可能来自新技术的应用、新产品的开发、资金的投入等因素。新技术的应用可能会使得新进入者能够以更低的成本生产产品,从而对现有企业构成威胁。新产品的开发则可能会满足市场未被满足的需求,从而吸引消费者,对现有企业的市场份额构成威胁。此外,资金的投入也是潜在进入者的威胁因素,资金充裕的企业可能会通过价格战等手段进入市场,对现有企业构成威胁。因此,对于行业中的现有企业来说,需要密切关注潜在进入者的动向,以制定相应的策略来抵御潜在进入者的威胁。

3. 替代品的威胁

竞争分析模型中的替代品威胁是指来自替代产品或服务的竞争压力。替代品的威胁取决于替代品的价格、性能、质量以及可用性。如果替代品价格低、性能类似或更好,那么它们可能对现有产品构成威胁。例如,对于传统燃油车而言,电动汽车可能是一个替代品,尤其是在环保意识增强的情况下。因此,企业需要密切关注替代品的发展趋势,以制定相应的竞争策略。

4. 购买者的议价能力

购买者的议价能力是指购买者对产品或服务价格的影响程度。购买者议价能力的强弱取决于市场上的供需关系、产品的差异化程度以及购买者的集中程度。在市场上，如果购买者数量庞大，产品相对同质化，并且购买者有多种替代选择，他们可能会具有较强的议价能力。此外，如果购买者集中在少数几家大型客户手中，这些大型客户可能会通过集中采购来施加对价格的影响。

购买者议价能力的强大可能会对企业的定价策略和利润率造成影响。购买者可能会要求更低的价格、更好的服务条件或更灵活的付款条件，从而降低企业的盈利能力。因此，企业需要认真评估购买者的议价能力，以制定灵活的定价策略和服务条件，以满足购买者的需求，同时确保企业的盈利。在评估购买者议价能力时，企业可以考虑多个因素，如购买者的集中程度、购买者对产品的替代选择、购买者的成本结构、产品对购买者业务的重要性以及购买者的谈判能力。此外，企业还需要密切关注市场上的供需关系和竞争格局的变化，以及购买者对产品或服务的需求变化，以及环境法规对购买者的影响。

5. 供应者的议价能力

供应者的议价能力是指企业的供应者在向企业提供产品和原材料时的讨价还价能力。供应商议价能力的强弱取决于市场上的供需关系、供应商的集中程度以及产品的差异化程度。在某些行业中，供应商可能拥有较强的议价能力，因为他们提供的产品或服务在市场上具有独特性或供应商数量有限。此外，如果供应商对原材料或关键组件具有垄断地位，他们也可能对价格施加影响。

供应商议价能力的强大可能会对企业造成成本压力，因为供应商可能会通过提高价格或改变交易条件来影响企业的成本结构。此外，供应商的议价能力还可能影响到企业的生产和交付能力，因为供应商可能会对交货时间、产品质量和服务水平施加影响。企业需要密切关注供应商议价能力的变化，以制定相应的采购策略和供应链管理策略。在评估供应商议价能力时，企业可以考虑多个因素，如供应商的市场份额、供应商的集中程度、产品的替代性、供应商的成本结构以及与供应商的长期关系。通过对供应商议价能力进行全面评估,企业可以更好地理解供应链中的风险和机会,并制定相应的应对策略。

(三)波士顿矩阵

波士顿矩阵亦称四象限分析法或市场增长率—相对市场份额矩阵法,是一种重要的战略管理工具,源自美国波士顿咨询集团的研究成果。其核心在于评估企业各项业务的前景以及竞争地位,为企业规划产品组合提供理论依据。该理论基于市场增长率和相对市场份额这两个关键指标,将企业的业务划分为不同类型,以便深入分析各业务的发展态势。通过波士顿矩阵,企业管理者可以系统地了解企业产品结构的现状,预测未来市场的变化趋势,从而为企业的战略调整提供科学依据,促进企业的长期发展。

波士顿矩阵的构建基于两个重要的指标,即市场增长率和相对市场份额。其中,市场增长率反映所涉及市场的整体发展速度,而相对市场份额则衡量企业在特定市场中所占的比例。这两个指标相互作用,共同塑造了企业各业务的特性和前景。通过对这两个指标的综合考量,可以将企业业务划分为四个象限,分别代表了不同的业务类型和发展特征,为企业管理者提供了重要的战略参考。

在波士顿矩阵的二维图表中,市场增长率和相对市场份额被用来划分企业业务的四种不同类型,即明星类、问题类、金牛类和瘦狗类。其中,明星类业务指的是市场增长率高相对市场份额也高的业务,具有较大的发展潜力和市场竞争力。问题类业务则是指市场增长率高但相对市场份额低的业务,需要进一步投入以提高市场份额。金牛类业务代表市场增长率低但相对市场份额高的业务,这些业务通常稳定盈利,但增长缓慢。而瘦狗类业务则是市场增长率低相对市场份额也低的业务,通常面临较大的市场竞争和发展挑战。如图3-1所示。

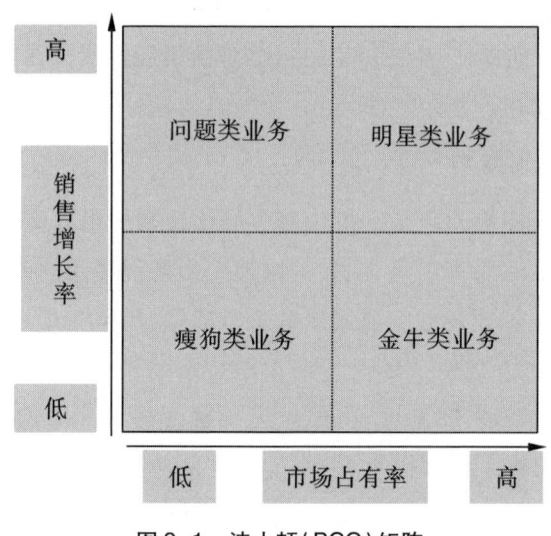

图 3-1 波士顿(BCG)矩阵

1. 明星类业务

在 BCG 矩阵中,明星类业务通常指的是那些在高增长市场中具有高市场份额的业务。这些业务通常需要大量的投资来支持其高速增长,但同时也具有很高的潜在收益。

首先,明星类业务通常是指公司在新兴市场或新兴行业中具有领先地位的业务。这些业务通常处于快速增长的阶段,市场需求旺盛,但竞争相对较低。因此,公司需要投入大量资金来支持这些业务的扩张和发展,以确保其在市场中的领先地位。其次,明星类业务的内容通常涉及创新和技术领先。这些业务通常是公司的核心业务,具有较高的技术含量和创新能力。此外,明星类业务的内容还包括市场份额和增长率的分析。最后,明星类业务的内容还涉及投资和资金管理。

2. 瘦狗类业务

在 BCG 矩阵中,瘦狗类业务通常指的是公司在高增长市场中市场份额较小的业务,其内容涉及市场定位和竞争策略、市场增长率和市场份额的分析,以及资源配置和投资决策等方面的研究和分析。

首先,瘦狗类业务通常是指公司在新兴市场或新兴行业中市场份额较小的业务。这些业务通常处于高增长的市场中,市场需求旺盛,但由于公司的市场份额较小,因此需要投入更多的资源来争取市场份额和发展空间。其次,瘦狗类业务的内容通常涉及市场定位和竞争策略。研究者通常会对这些业务的市场定位、竞争对手以及市场营销策略进行深入研究,以了解其在市场中的地位和发展潜力,从而为公司制定相关的战略和决策提供依据。此外,瘦狗类业务的内容还包括市场增长率和市场份额的分析。研究者通常会通过市场调研和数据分析来评估这些业务所处市场的增长率和市场份额,以帮助公司了解其在市场中的地位和发展机遇。最后,瘦狗类业务的内容还涉及资源配置和投资决策。由于这些业务通常需要投入更多的资源来争取市场份额和发展空间,研究者会对公司的资源配置和投资决策进行深入分析,以确保公司能够有效地支持这些业务的发展,并实现长期的盈利能力。

3. 问题类业务

BCG矩阵中的问题类业务通常指的是公司在低增长市场中市场份额较小的业务。这些业务通常处于成熟市场,市场需求相对稳定,但由于公司的市场份额较小,因此需要面对一系列的挑战和问题。

首先,问题类业务通常是指公司在成熟市场中市场份额较小的业务。这些业务通常处于低增长的市场中,市场需求相对稳定,但由于公司的市场份额较小,因此需要面对市场份额争夺激烈、价格竞争激烈等问题。其次,问题类业务的内容通常涉及市场调整和再定位。研究者通常会对这些业务的市场定位、竞争对手以及市场营销策略进行深入研究,以了解其在市场中的地位和发展潜力,从而为公司制定相关的战略和决策提供依据。再次,问题类业务的内容还包括市场份额的维护和提升策略。研究者通常会通过市场调研和数据分析评估这些业务所处市场的市场份额和市场竞争格局,以帮助公司了解其在市场中的地位和发展机遇,为业务的市场份额维护和提升提供建议。最后,问题类业务的内容还涉及资源配置和投资决策。由于这些业务通常面临市场份额争夺激烈、价格竞争激烈等问题,研究者会对公司的资源配置和投资决策进行深入分析,以确保公司能够有效地支持这些业务的发展,并实现长期的盈利能力。

4.金牛类业务

BCG矩阵中的金牛类业务通常指的是公司在高增长市场中市场份额较大的业务。这些业务通常处于快速增长的市场中,市场需求旺盛,公司在该市场中占据较大的份额,因此具有较高的盈利能力和发展潜力。

首先,金牛类业务通常是指公司在高增长市场中市场份额较大的业务。这些业务通常处于快速增长的市场中,市场需求旺盛,公司在该市场中占据较大的份额,因此具有较高的盈利能力和发展潜力。其次,金牛类业务的内容通常涉及市场增长和市场份额的维护与扩大。研究者通常会对这些业务所处市场的增长趋势、市场规模、市场需求特点等进行深入研究,以了解其在市场中的地位和发展潜力,为公司制定相关的战略和决策提供依据。此外,金牛类业务的内容还包括市场占有率的维护和扩大策略。研究者通常会通过市场调研和数据分析来评估这些业务在市场中的竞争地位和市场份额,以帮助公司了解其在市场中的地位和发展机遇,为业务的市场占有率维护和扩大提供建议。最后,金牛类业务的内容还涉及资源配置和投资决策。由于这些业务通常具有较高的盈利能力和发展潜力,研究者会对公司的资源配置和投资决策进行深入分析,以确保公司能够充分支持这些业务的发展,并实现长期的盈利能力。

(四)价值链分析

根据 Shank 和 Govindarajan 的观点,价值链是指企业经营过程中各种价值创造活动的有机结合,从基本原材料到最终产品交付给客户的整个过程。而迈克尔波特则从行业角度定义价值链为企业在特定行业内各种活动的组合。从这些定义可以看出,价值链代表了企业经营活动的有序集合,这些活动应该能为企业创造价值,不仅包括生产和销售,还包括管理、研发和后勤等活动。价值链分析的基本程序包括以下几个方面。

1.识别价值活动

识别价值活动是指识别和分析企业内部各个环节和活动,以确定哪些活动能够为企业创造价值。这包括从原材料采购、生产、营销、物流到售后服务等所有环节。通过识别价值活动,企业可以确定哪些环节是核心竞争力所在,以及哪些环节可以进行优化和改进,从而提高整体价值链的效率和竞争力。通过识别价值活动,企业可以更好地了解自身的运营情况,找到改进的切入点,实现成本降低和附加值提升。

2. 价值链的确定

在价值链分析中,确定价值链是指识别和分析企业内部所有活动,以及与供应商和客户之间的关系,从而构建出完整的价值链。确定价值链的过程包括几个步骤:一是辨识主要活动。首先,需要确定企业内部的主要活动,包括原材料采购、生产、营销、物流、售后服务等。这些活动构成了企业的核心业务流程。二是确定支持活动。除了主要活动外,还需要确定支持这些主要活动的辅助活动,如人力资源管理、技术开发、采购等。这些活动虽然不直接创造价值,但对于支持主要活动的高效运作至关重要。三是分析价值链环节。对于每个活动,需要分析其在整个价值链中的作用和影响,确定其对企业价值创造的贡献程度。四是确定供应商和客户关系。除了企业内部的活动,还需要考虑与供应商和客户之间的关系,这些关系也是构成完整价值链的重要组成部分。

3. 价值链内部活动及各环节之间相互联系的分析

在迈克尔·波特的竞争战略理论中,价值链概念是一种广泛运用的分析工具,用于理解企业内部活动如何创造价值。每个价值活动间存在内在联系,活动和成本的变化相互影响。活动间的相互依存反映了企业内部各功能部门之间的协作和影响。管理者应深入理解这些联系,以优化整个价值链,提高效率和降低成本。通过优化价值链中的活动和协作,企业可获得持续的竞争优势,提供更有价值的产品或服务。

4. 价值链的"价值—成本"分析

这种分析方法能够帮助企业全面了解自身的运营情况,找到改进的切入点,实现成本降低和附加值提升。因此,价值链的"价值—成本"分析对企业的发展至关重要。

5. 价值链的优化

在当今激烈的市场竞争环境中,企业需要不断寻求创新和改进,以实现长期的竞争优势。而优化企业内部活动的价值链则成为实现这一目标的关键手段之一。价值链理论提供了一种全面的视角,帮助企业管理者深入了解企业内部各个活动之间的相互关系和依存性,从而指导其制定有效的战略和决策。由于价值链分析的视角不同,其分析内容可以分为以下三种:

(1)企业自身价值链分析。企业自身的价值链分析旨在深入了解企业内部各个环节如何协同合作,以创造和提供价值给客户。这一分析从原材料采购到产品销售及售后服务等各环节,探索企业如何通过各项活动实现成本效益和差异化优势。原材料采购环节涉及供应商选择、谈判和采购流程优化;生产制造阶段关注生产效率、质量控制和技术创新;产品设计和研发阶段探索市场调研、创新设计和产品测试;市场营销和销售活动关注品牌推广、销售渠道管理和客户关系维护;售后服务环节则包括客户支持、维修服务和投诉处理。通过深入分析这些环节,企业可以识别改进点并优化内部流程,从而提高竞争力和客户满意度。

(2)行业价值链分析。行业价值链分析关注整个行业中各参与方如何共同合作,以创造和交付价值给客户。该分析从原材料供应到最终产品或服务的交付,涵盖了供应链、生产、销售和售后服务等多个环节。在原材料市场,关注供应稳定性和价格波动;在生产制造环节,研究技术创新、生产效率和质量控制;在销售和分销阶段,探索市场定位、品牌推广和渠道管理;在技术创新和市场竞争方面,分析企业如何利用新技术获取竞争优势。通过对整个行业价值链的分析,企业可以更好地了解行业生态系统,制定战略并应对市场挑战。

(3)竞争对手价值链分析。竞争对手价值链分析是了解竞争对手内部运作并发现其优势和劣势的关键工具。该分析涉及对竞争对手的供应链、生产制造、营销销售等方面的研究。通过比较对手的原材料采购成本、生产效率、品牌推广和售后服务水平等指标,企业可以识别竞争对手的核心优势和薄弱环节。此外,竞争对手价值链分析还可帮助企业预测竞争对手的未来动向,并制定相应的应对策略,以保持竞争优势。

(五)资源基础理论

资源基础理论是一种重要的战略管理理论,它强调企业的竞争优势来自其独特的资源和能力。

首先，资源基础理论强调了资源的重要性。在经济学中，资源是生产力的基础，是生产过程中所需的一切实物和非物质条件，包括土地、劳动力、资本和技术等。资源的稀缺性和不可替代性决定了它们在经济活动中的重要性。资源基础理论认为，企业的竞争优势来自其拥有的独特资源，这些资源可以是物质性的，如专利技术、品牌资产，也可以是非物质性的，如专业知识、人才团队等。

其次，资源基础理论对理解企业行为和市场竞争具有重要的启示。在传统的新古典经济学理论中，企业被视为理性的利润最大化者，企业行为主要受到市场竞争和价格机制的影响。然而，资源基础理论提出，企业的竞争优势来自其独特资源和能力，这些资源和能力是企业行为的基础。因此，资源基础理论强调了企业内部因素对于企业行为和市场竞争的重要性。企业在市场竞争中不仅仅是被动地受到市场供求关系和价格机制的影响，而是通过有效管理和利用资源来塑造自身的竞争优势，从而影响市场竞争格局和行业结构。

再次，资源基础理论对于企业战略制定和执行也具有重要的启示。在传统的战略管理理论中，企业的竞争优势主要来自市场定位、产品差异化、成本领先等外部因素。然而，资源基础理论提出，企业的竞争优势来自其独特资源和能力，因此企业的战略制定和执行应该以资源为基础。企业应该通过有效整合和利用资源来实现竞争优势，而不是仅仅依靠市场定位或产品差异化。

最后，资源基础理论还对企业组织和治理结构的设计提供了重要的启示。由于资源的重要性，企业在组织和治理结构设计时应该更加注重资源的配置和管理。资源基础理论强调了企业内部因素对于企业行为和竞争优势的影响，因此企业在组织和治理结构设计时应该更加注重资源的配置和管理，以实现资源的最大化利用和竞争优势的持续发展。

(六) 战略定位理论

战略定位理论是战略管理领域的重要理论之一，它强调企业在市场竞争中应该通过差异化和专注实现竞争优势。

首先,战略定位理论强调企业在市场竞争中应该通过差异化来实现竞争优势。从经济学的角度来看,差异化战略可以帮助企业在市场竞争中实现边际利润,因为差异化产品或服务可以使企业获得更高的价格,从而提高企业的盈利能力。此外,差异化产品或服务还可以帮助企业建立品牌资产,提高产品或服务的替代性,从而降低市场竞争的强度。

其次,战略定位理论强调企业应该通过专注实现竞争优势。专注战略可以帮助企业集中资源,提高资源利用效率,从而降低成本,提高盈利能力。从经济学的角度来看,专注战略可以帮助企业实现规模经济和范围经济,提高生产和经营效率,降低边际成本,从而提高盈利能力。此外,专注战略还可以帮助企业建立核心竞争力,提高企业在特定领域的竞争地位。

再次,战略定位理论对于企业行为和市场竞争的影响也具有重要的启示。从经济学的角度来看,战略定位理论强调了企业在市场竞争中应该通过差异化和专注实现竞争优势,这对企业行为和市场竞争的影响是深远的。企业在市场竞争中不仅仅是被动地受到市场供求关系和价格机制的影响,而是通过差异化和专注来塑造自身的竞争优势,从而影响市场竞争格局和行业结构。

最后,战略定位理论对于企业战略制定和执行也具有重要的启示。从经济学的角度来看,战略定位理论强调了企业应该通过差异化和专注实现竞争优势,这对企业战略制定和执行的影响是深远的。企业在制定和执行战略时应该更加注重差异化和专注,以实现长期的竞争优势。

(七)文化战略理论

文化战略理论是一种结合文化与战略管理的理论,它强调了企业应该通过塑造和利用文化实现竞争优势。

首先,文化战略理论强调了企业应该通过文化实现竞争优势。从经济学的角度来看,文化战略理论提出了企业应该通过文化来塑造自身的核心竞争力,从而实现长期的竞争优势。企业文化可以帮助企业建立品牌资产,提高产品或服务的替代性,从而降低市场竞争的强度。

其次,文化战略理论强调了企业应该通过文化实现差异化。从经济学的角度来看,差异化可以帮助企业在市场竞争中获得更高的定价能力,提高产品或服务的替代性,从而降低市场竞争的强度。企业文化可以帮助企业实现产品或服务的差异化,从而提高产品或服务的替代性,降低市场竞争的强度。

再次,文化战略理论对企业行为和市场竞争的影响也具有重要的启示。从经济学的角度来看,文化战略理论强调了企业在市场竞争中应该通过文化来塑造自身的竞争优势,这对企业行为和市场竞争的影响是深远的。企业在市场竞争中不仅仅是被动地受市场供求关系和价格机制的影响,而是通过文化来塑造自身的竞争优势,从而影响市场竞争格局和行业结构。

最后,文化战略理论对于企业战略制定和执行也具有重要的启示。从经济学的角度来看,文化战略理论强调了企业应该通过文化来实现竞争优势,这对企业战略制定和执行的影响是深远的。企业在制定和执行战略时应该更加注重文化,以实现长期的竞争优势。

三、企业社会责任与企业战略发展的有效融合:企业社会责任战略

在当今商业环境中,企业社会责任的概念已经成为企业战略的一个关键组成部分。受到社会进步和激烈竞争的推动,企业越来越被迫将 CSR 实践纳入其运营框架。这种整合不仅代表了一项慈善事业,更是企业面对现代市场复杂性时的战略要务。然而,成功将 CSR 与整体业务目标融合需要一种细致入微的方法,一种超越表面参与的方法,以促进社会责任和商业目标之间的真正对齐。社会发展和经济全球化不可阻挡的进程使得 CSR 整合成为当代企业发展不可避免的趋势。在利益相关方的高度审查和对可持续经营实践的不断强调下,企业面临的挑战不仅仅是提供财务回报,更是兑现对更广泛社会福祉的承诺。不仅会导致声誉受损,而且会在不断变化的消费者偏好和不断演变的监管环境中削弱长期生存能力。因此,将 CSR 整合到企业战略中不仅仅是对现代商业要求的实际回应(见表 3-1)。

表 3-1　企业社会责任与企业战略目标融合框架

		主题发现与细分	主题选择与规划	主题策划与实施	主题跟踪与评价
CSR 与企业战略目标管理融合	企业社会责任战略	1. 理解社会问题认识问题本质 2. 社会问题分类进行可行性分析	1. 选择合适的社会主题 2. 制订企业主题参与计划	1. 主题细化分解 2. 活动方式匹配 3. 合作对象选择 4. 主题活动实施	1. 实施过程和反应监控及评价 2. 主体参与管理过程的动态调整
	企业战略目标协调	1. 审视企业目标分析企业特征 2. 寻找企业与社会问题的最优解	1. 选择与企业发展切合的主题 2. 将对社会问题的参与纳入战略	1. 企业资源的重新分配与调整 2. 与正常经营活动的协调与配合	1. 对正常经营活动影响的监控 2. 企业 KPI 的监控及评价
		分析	设计	执行	控制

将 CSR 融入企业战略可以帮助企业塑造自身的品牌形象和企业文化。通过积极参与社会活动、推动环保倡议或支持慈善事业，企业能够树立起良好的企业形象，提升消费者对其的认可度和忠诚度。这意味着 CSR 不再是一项被动的义务履行，而是成为企业战略的一部分，与企业的长期发展密切相关。整合 CSR 还可以为企业带来更广泛的市场机会和创新空间。通过与社会利益相关者的密切合作，企业可以更好地了解市场需求和趋势，为产品和服务的创新提供有益的指导。例如，一些企业在推出新产品或服务时，会考虑社会责任的因素，如可持续性和社会影响，从而获得了消费者的认可和支持。这一过程的目的是确保 CSR 与企业战略目标的有机结合，使其成为企业管理的一部分，而不是独立存在的社会责任活动。表 3-1 展现了这一过程，这表明了这一融合过程不是一次性的，而是需要持续不断地进行，以确保 CSR 与企业战略目标的有效结合和协同推进。

（一）企业社会责任与企业战略目标管理融合分析

传统上，CSR 被视为企业对社会和环境的道德义务，但如今，越来越多的研究表明，有效地整合 CSR 可以为企业创造独特的价值，从而在市场中脱颖而出。将 CSR 与企业战略目标管理融合分析是至关重要的，这样可以确保 CSR 活动与企业长期发展目标相一致。通过融合分析,企业可以更好地规划和执行 CSR 活动,使其成为企业战略的一部分,而不是独立的社会责任活动。

在实施融合分析时,企业需要对普遍关注的社会问题进行深入理解,并进行分类。这种分类不仅有助于企业更好地理解社会问题的本质,还可以帮助企业将社会问题与自身的产业类型、行业特征以及产品特点相联系。通过这样的分类,企业可以更有针对性地选择适合自身的 CSR 主题,从而更好地发挥其社会责任。

在确定 CSR 主题前,企业还需要进行可行性分析。这一步骤非常重要,因为它要求企业综合考虑多个因素,包括企业使命、宗旨、战略、资源、能力、规模、成长阶段、性质、文化等。

最后,CSR 与企业战略目标管理融合分析有助于企业评价投资项目的优劣程度和与企业的契合程度。通过对投资项目主题选择的深入分析,企业可以更好地把握投资机会,降低投资风险,实现投资项目的成功。这也是企业能否在社会责任履行中取得成功的关键一步。通过将 CSR 与企业战略目标管理融合分析,企业可以更有效地实现其社会责任,并在推动企业发展的同时为社会做出积极贡献。

(二)企业社会责任与企业战略目标管理融合设计

当今全球企业面临的挑战日益复杂,要想保持竞争优势,企业需要不断探索新的战略发展方向和管理方法。在这种背景下,将 CSR 与企业战略目标管理融合设计成为一种备受关注的战略选择。传统上,CSR 被视为企业对社会和环境的道德义务,但如今,越来越多的研究表明,有效地将 CSR 与企业战略目标管理融合设计,不仅可以提高企业的社会影响力,还可以为企业创造独特的价值,从而在市场中脱颖而出。

要将 CSR 与企业战略目标管理融合设计,需要构建一个合适的理论框架。首先,需要明确企业的战略目标和社会责任,并将二者进行有机结合。其次,需要建立一个完整的评估指标体系,用于评估企业的社会责任履行情况和战略目标的实现程度。最后,需要建立一个有效的战略执行机制,用于确保企业的战略目标和社会责任能够得到有效实施。

将 CSR 与企业战略目标管理融合设计,需要考虑到一些关键概念。首先,需要考虑企业的利益相关者,包括政府、消费者、员工、投资者等,他们的需求和期望对企业的战略目标和社会责任的实现都有着重要的影响。其次,需要考虑企业的核心竞争力和价值创造机制,以确保企业的社会责任和战略目标与企业的核心竞争力和价值创造机制保持一致。最后,需要考虑企业的风险管理和危机应对机制,以确保企业在履行社会责任和实现战略目标的过程中能够有效地管理风险和应对危机。

要将 CSR 与企业战略目标管理融合设计,需要采取一些有效的方法论。首先,需要采取一种系统思维的方法,将企业的战略目标和社会责任看作一个整体,而不是两个独立的部分。其次,需要采取一种以目标为导向的方法,将企业的战略目标和社会责任看作一种共同的目标,而不是两个独立的目标。最后,需要采取一种整体性的方法,将企业的战略目标和社会责任看作企业整体发展的一部分,而不是两个独立的部分。

要将 CSR 与企业战略目标管理融合设计,需要采取一些有效的实施路径。首先,需要建立完善的战略目标和社会责任实施计划,明确企业的战略目标和社会责任的具体实施路径和时间表。其次,需要建立一个有效的战略目标和社会责任实施机制,确保企业的战略目标和社会责任能够得到有效实施。最后,需要建立一个有效的战略目标和社会责任实施评估机制,用于评估企业的战略目标和社会责任的实施情况和效果。

(三)企业社会责任与企业战略目标管理融合执行

当我们思考企业的长期发展时,企业社会责任和企业战略目标管理往往是两个战略层面不可或缺的元素。它们的有效融合执行不仅可以提升企业的综合竞争力,还可以推动社会可持续发展的进程。在这个过程中,有几个关键的方面需要特别关注。

首先,融合执行需要建立清晰的战略框架。这个框架应当明确企业的战略目标,以及在实现这些目标的同时如何履行社会责任。这可能涉及与利益相关者的沟通和合作,以确保企业的行为符合社会期望,并为可持续发展做出贡献。这一框架应当注重平衡,既要考虑企业的商业利益,也要考虑社会和环境的利益。

其次,融合执行需要建立有效的绩效评估体系。企业需要明确衡量CSR和战略目标管理的执行情况,并将其纳入日常的绩效评估中。这可能涉及制定一系列的指标和标准,用于评估企业在社会责任履行和战略目标实现方面的表现。这些指标包括财务指标、社会影响指标、环境影响指标等,以全面评估企业的绩效表现。

再次,融合执行需要建立有效的沟通和沟通机制。企业应当积极与利益相关者沟通,分享企业的CSR和战略目标管理执行情况,并接受来自利益相关者的反馈和建议。这有助于增强企业的透明度和信任度,同时也可以帮助企业更好地理解社会的需求和期望,从而调整和优化自身的战略和行为。

最后,融合执行需要建立强大的领导和文化支持。企业的领导层应当充分认识CSR和战略目标管理的重要性,并将其纳入企业的核心价值观和文化中。这需要领导层的积极倡导和支持,以及全员参与的文化氛围。只有这样,企业才能真正将CSR和战略目标管理融入企业的日常运营和发展,实现长期的可持续发展。

总的来说,企业社会责任和企业战略目标管理的融合执行是一个复杂而重要的过程,需要企业全面考虑,并采取一系列有效的措施。只有这样,企业才能在实现自身发展的同时,为社会和环境做出积极的贡献。

(四)企业社会责任与企业战略目标管理融合控制

企业社会责任和企业战略目标管理是企业经营中两个至关重要的层面,它们的融合不仅是对企业可持续发展的追求,更是对社会和环境负责任的表现。从学者的角度来看,探讨这两者的融合控制涉及战略规划、绩效评估、沟通与利益相关者关系、领导力和企业文化等多个方面。

第一,融合控制需要在战略规划中找到平衡点。企业在追求经济效益的同时,也应考虑社会和环境的可持续性。学者强调制定明确的战略目标,将社会责任嵌入企业的长期规划中。这不仅包括考虑环境友好的经营方式,还需明确企业在社会责任方面的承诺,例如通过慈善捐赠、员工福利或环保项目等。

第二,融合控制需要建立有效的绩效评估机制。学者认为,企业在实现社会责任和战略目标时需要量化可衡量的指标,并将其与企业的绩效评估相结合。这样的控制机制能够促使企业对社会责任的履行和战略目标的实现负更大的责任。透明、客观、可核查的绩效评估是企业自我监控和外部评估的基础。

第三,沟通与利益相关者关系是融合控制中至关重要的一环。学者认为企业应建立积极的沟通机制,与各利益相关者进行密切合作,共同探讨社会责任和战略目标的执行情况。透明度和开放性的沟通有助于建立信任,同时也为企业提供了从外部获得反馈和建议的途径。通过有效地沟通,企业能够更好地理解社会的需求,同时提高社会对企业的认同感。

第四,在领导力方面,学者认为企业高层领导需要对融合控制的重要性有深刻的认识,并将其视为企业战略的核心。领导层应当制定并推动实施与社会责任和战略目标融合的具体措施,同时注重培养组织内部的社会责任意识。领导力的积极引导是确保整个组织对融合控制有实质性理解和支持的关键。

第五,企业文化的塑造也是融合控制的一部分。学者认为企业文化应当鼓励和奖励与社会责任和战略目标融合相关的行为,形成一种有益于可持续经营的文化氛围。通过文化的引导,员工将更加积极地参与到实现社会责任和战略目标的过程中,从而形成一种可持续的企业文化。

综上所述,企业社会责任和企业战略目标管理的融合控制不仅仅是一项管理任务,更是一种对企业经营理念的深刻审视和调整。通过战略规划、绩效评估、沟通与利益相关者关系、领导力和企业文化的全方位控制,企业能够更好地实现社会责任和战略目标的有机融合,为可持续发展做出更为积极的贡献。

第四章
企业社会责任在国内外的推行及其现状

国家发展程度和现实条件会影响企业社会责任的发展,发达国家与发展中国家在企业社会责任行动方面存在显著的差异。通过对不同国家的社会责任的推行及现状进行研究,能够更清晰地比较在不同社会条件下,具有差异化的国家在推行企业社会责任的理论与实践发展经验,可以对我国社会责任理论与实践发展产生启示。作为发展中国家,我们可以利用后发优势进一步缩短我国企业社会责任推行与发展的实践过程,缩小我国企业社会责任发展与发达国家的差距,进而使我国企业能够制定对应的企业战略,在企业发展中具备竞争力。

一、中国企业社会责任的演变过程

不同历史时期,我国企业改革与发展的制度决定着企业对社会责任承担的具体范围、方式与特征。在梳理我国企业社会责任的演化过程,可以理解企业在经济、社会和环境方面的责任与义务,并识别企业社会责任管理与实践在不同维度下的问题、内容、动因和结果,将有助于企业更好地履行社会责任。

关于我国企业社会责任的演化,学术界进行了较为深刻的研究,提出了具有可行性的演化过程。从经济体制改革的历史阶段角度,王蕙将国有企业社会责任演化分成3个阶段:一是企业办社会时期;二是企业社会责任缺失时期;三是企业"理性承担社会责任"时期。肖红军和阳镇(2018)将中国企业社会责任演化分成4个阶段:一是缺位错位期;二是分化探索期;三是快速成长期;四是创新规范期。从社会责任表现角度,郭洪涛(2012)将国有企业社会责任演化分为5个阶段:一是核心地位确立阶段;二是企业办社会阶段;三是逃避社会责任阶段;四是经济责任确立阶段;五是经济责任和社会责任并行阶段。宋旭进一步地按照此阶段划分探讨了民营企业社会责任演化。从社会责任性质角度,肖红军(2018)将国有企业社会责任演化分为4个阶段:一是企业责任错位期;二是企业责任弱化期;三是企业责任重塑期;四是企业责任创新期。

因此,本书在已有研究的基础上,将其划分为5个阶段:一是1978年至1993年,中国企业社会责任调整期,主要包括放权让利和两权分离等,中国企业开始承担现代意义上的企业社会责任;二是1994年至1999年,中国企业社会责任分化期,国有企业追求经济责任,从而忽视社会责任的履行,且民营企业履行经济责任和社会责任的能力增强;三是2000年到2011年,中国正式走上世界舞台,受外界企业责任的影响,国有企业和民营企业定位与认知已经清晰,社会责任建设逐渐规范化;四是2012年到2019年,党的十八大以来,企业社会责任法治化与规范化的发展趋势日益显著,民营企业履责的社会影响力逐步增强,国企与民企履行职责的范围扩大,企业社会责任建设进入深入期;五是2020年至今,新发展格局、高质量发展等推动企业社会责任逐步从CSR向ESG可持续发展推进,企业社会责任进入创新发展期。

(一)企业社会责任调整期(1978—1993年)

自1978年起,国有企业作为重要的市场主体,成为改革的中心环节,企业的社会责任履行范围、方式、特征也随之变化。在计划经济时期,政府对国有企业有很强的干预性,政府与国有企业的分工并不是简单地由政府提供公共物品,国有企业等市场主体在市场运行下进行资源的有效配置,而是政府参与国有企业的大多数生产和分配环节,这种"企业办社会"模式或者"混合经济"体系,让国有企业履行了本应由政府和社会承担的责任范围。中国特色社会主义市场经济逐步建立,此番的改革举措有助于引导国有企业更注重经济责任,但在实践中仍存在职能多元、市场主体定位不清等问题。为使国有企业能够更好地适应市场经济环境,政府实施了一系列改革举措,如扩权让利试点、经济责任制、利改税、承包经营责任制、租赁制、股份制试点等(肖红军,阳镇,2018)。尽管1984年党的十二届三中全会确认了全民所有制企业所有权和经营权分离原则,但国有企业仍然承担着生产、社会的保障、福利和管理等多种职能,尚未完全成为真正意义上的市场主体。1993年,党的十四届三中全会提出了建立现代企业制度,通过扩大企业的自主权,进一步推动了国有企业成为独立的市场主体,开始承担现代意义上的企业社会责任。总体上,这一时期国有企业的社会责任意识、履行方式逐步调整,从扩大自主权、追求经济效益到逐步开始初步探索企业社会责任。1988年6月的《中华人民共和国私营企业暂行条例》和1993年的《关于促进个体私营经济发展的若干意见》相继出台,为民营企业的发展奠定了坚实基础。这些政策的出台促使民营经济逐步恢复,民营企业有了合适的市场政策环境。大多数的民营企业处于初创期,其履行企业社会责任能力较差,在消费者、社会援助以及环境治理等方面的企业社会责任体系缺乏构建。

(二)企业社会责任分化期(1994—1999年)

1994年分税制改革对于政府行为、国有企业行为和经济的发展都产生了影响,分税制改革设置了国税、地方税两套机制,这使得国有企业需要应对国家和地方的双重审查,纳税成本较高,此时,国有企业忽视了对消费者、社会、环境等利益相关方的社会责任。1995年,党的十四届五中全会指出要提升国有企业的经济效率与市场活力,但作为市场的主体,企业追求利润最大化的经济责任目标,从而忽略非经济目标,导致社会责任意识和行为严重弱化,陷入社会职能和社会责任双重缺失的境地(沈志渔等,2008)。1997年,《中华人民共和国公司法》在八届人大五次会议上获得通过,这标志着现代公司法律制度在实质上初步确立。总体上,这一时期国有企业的经济责任和社会责任分化严重,更多的是注重经济利益而不是社会利益,没有把企业追求经济利益和承担社会责任、追求社会效益的目标结合起来。此外,私营法律经济和个体经济在社会主义制度中的市场地位与经济地位在1995年党的十四届三中全会以及1999年宪法修正案中正式被确认。此时,民营企业履行经济责任的能力不断加大,经济效益领先全国平均水平,且在社会公益与慈善等方面社会责任的行为也得到明显的增强。

(三)企业社会责任规范期(2000—2011年)

21世纪以来,中国企业社会责任发展受国际企业社会责任理论和实践的外部性影响,进而中国企业对社会责任问题有了关注。这一阶段的发展趋势清晰地表明,中国企业逐渐认识到社会责任的重要性,并开始采取积极的措施以应对和关注相关问题。2002年,党的十六大提出了要坚持以人为本,促进经济、社会和人的全面发展,企业社会责任有了中国化政策指引,企业社会责任的也开始深入推进。2006年,《中华人民共和国公司法》在我国正式实施,同时深圳证券交易所发布了《上市公司社会责任指引》,国家电网也发布了其首份企业社会责任报告。进一步地,2008年,上海证券交易所也发布了《上市公司环境信息披露指引》。这一系列法规和指引的发布不仅推动了企业社会责任的发展,还促进了上市企业在相关信息披露方面建立了相应的制度和体系。2011年,国务院国资委又指出,要以企业履行社会责任为载体,并着力打造责任企业。相关制度与法律制度的增加让企业社会责任推进更加规范。随着我国社会主义市场经济体制改革逐步深入,民营企业治理结构不断完善,社会责任的履行能力不断增强。在推进国有企业社会责任实践方面,各级政府、国际组织、国内行业协会以及非营利组织发挥着重要作用。他们通过制定社会责任倡议、发布相关指南以及建立研究平台等手段,积极推动着我国企业履行社会责任的规范化和标准化进程。这些举措不仅有助于提高企业的社会责任意识,还有助于促进企业与社会的良性互动,推动了我国企业社会责任事业的发展。

(四)企业社会责任深入期(2012—2019年)

党的十八大以来,国有企业的改革不断加深,国有企业和利益相关方以及其他社会主体相互合作,形成共生系统,凸显了国有企业经济和社会功能并重的现代企业的本质,国有企业社会责任的内容边界也日渐清晰,企业社会责任法治化与规范化的发展趋势日益显著。2013年,党的十八届三中全会明确了国有企业改革的核心目标,即履行社会责任,长期发挥其在社会中的职能作用,以确保经济和社会的稳定。此后,2016年,国务院国资委发布了《关于国有企业更好履行社会责任的指导意见》,进一步明确了企业社会责任的内涵和要求,强调了企业尽可能地创造经济、社会和环境的综合价值,以推动可持续发展(殷格非,2014)。此外,民营企业在社会责任方面的作用也积微成著。它们在教育、医疗、农村扶贫、救灾以及社会救助等领域的积极性增加,为社会发展和稳定做出了重要贡献。总体来看,国有企业改革已经明确了以履行社会责任为核心的发展方向,相关政策文件为企业社会责任的履行提供了清晰的指引和目标。同时,民营企业在社会责任的发展也使得其在促进社会进步和可持续发展方面越发重要。这一趋势表明了企业在社会责任履行方面的积极发展和社会影响的不断扩大。

(五)企业社会责任创新期(2020年至今)

近年来,各国政府、监管机构以及投资者,都将关注点聚焦在企业的环境、社会和公司治理(ESG)绩效上。这种趋势下,国际大型投资者更倾向于投资那些具备高绿色收入占比或能够实现可持续发展目标的企业。党的二十大报告也提出,高质量发展是全面建设社会主义现代化国家的首要任务。这就对中国企业社会责任从承担对消费者、环境、社区等利益相关方的 CSR 社会责任转向了对生态环境、社会责任和公司治理的 ESG 企业责任的承担。

在我国,ESG 整体发展起步晚于欧美国家,但近年来逐渐受到市场各方重视。国内关于 ESG 的顶层设计仍主要集中于 ESG 信息披露方面。2021 年 11 月,联交所发布了《气候信息披露指引》。随后,2022 年证监会发布的《上市公司投资者关系管理工作指引》和银保监会发布的《银行业保险业绿色金融指引》等一系列指导文件相继问世,为我国 ESG 发展奠定了更为规范和完善的政策基础。截至 2022 年 10 月,我国加入联合国责任投资原则组织(UNPRI)的机构家数合计达到 119 家,较 2021 年增长了约 43.4%。各类企业对 ESG 投资的意识正逐步深化,ESG 相关产品规模不断扩大,类别呈现多元特征,为企业实行 ESG 提供了良好的市场环境。

二、企业社会责任在国外的推行

(一)美国企业社会责任的推行

1. 美国企业社会责任概念特征

美国企业社会责任(CSR)的特征包括对社会、社区的直接贡献,如提供救济金或志愿项目支持。此外,美国的 CSR 实践呈现出明显的市场性特征,不仅仅是一种义务。其定义也不仅限于法律遵从,更倾向于从社会和道德的角度出发。而美国的 CSR 常常受到各种利益相关者的压力影响,如工会、非政府组织、竞争者、供应链、顾客和社区。美国企业社会责任的特征和实践反映在其直接贡献、市场性特征、道德选择上,而形成过程则主要受到各方利益相关者的压力影响。这种独有的特征使得美国的 CSR 在理念和实践上与其他国家有所不同。

2. 美国企业社会责任的相关理论发展

(1)贝利与多德有关企业角色、功能与责任的争论。贝利(Berle)在其 1931 年的著作《作为信托权利的公司权利》中强调了一个核心观点:公司管理者是股东的受托人,并将股东利益视为唯一考量因素。相反,多德(Dodd)在他的著作《公司管理者是谁的受托人》中提出了不同的观点。他主张公司不仅仅是为了追求股东的利益,还应该为社会做出贡献。多德认为,公司之所以被法律允许存在,不仅仅是因为它能够追求股东的经济利益,更重要的是它能够承担更广泛的社会责任。

(2)弗里曼与弗里德曼有关社会责任与经济责任之争。20 世纪 70 年代,企业社会责任(CSR)从一开始就在很大程度上受到弗里德曼思想的影响,弗里德曼认为企业对利益相关者的主要责任是盈利,企业社会责任的主要关注点很大程度上是经济责任(Friedman,1970)。20 世纪 80 年代受到弗里曼企业社会责任社会维度概念的质疑,弗里曼认为公司的运作是为了为整体社会利益做出贡献(Freeman,2010)。弗里德曼和弗里曼分别倡导的企业社会责任的经济与社会二分法有助于建立对企业社会责任的理解,认为企业社会责任超越了盈利举措,包括社会资本举措(Afsar 等,2020;Fieseler,2011)。

(3)利益相关者理论。20 世纪 80 年代,利益相关者已经成为社会责任履行的一个最重要的思想。利益相关者理论强调了企业的责任范围,要求其不仅对股东负责,还要对其他利益相关方负责,包括顾客、员工、社区等。利益相关者理论是一种综合的企业社会责任方法,考虑到各个利益相关者群体的利益,使企业能够与社区和业务部门保持牢固的关系(Aamir Sarwar 等,2022)。

(4)三重底线理论。约翰·埃尔金顿的著作"三重底线"重新定义了 CRS 维度,涵盖三个主要领域,即利润、地球和人类(Aamir Sarwar 等,2018)。

在1998年,Elkington等(1999)认为企业应该对创造利润、保护人类和维护环境负责。因此,关于企业社会责任的争论从占主导地位的经济维度转变为包含道德、社会和自由裁量权维度。三重底线理论也逐渐成为经济管理领域分析企业社会责任的有效分类方法,特别是企业在编制社会责任报告时一般都会依据该理论去分析评价企业的社会责任。

(5)卡罗尔企业社会责任金字塔。1979年,美国学者卡罗尔进一步指出企业的社会责任应该是经济责任、法律责任、伦理责任、慈善责任的综合,并构建企业社会责任金字塔模型进行说明,要求企业在履行社会责任应该努力做到经济、法律、伦理、慈善多方面的互动融合。1999年,Carroll(1999)在重新定义企业社会责任领域时揭示了企业社会责任的伦理、慈善、经济和社会维度,成为最受接受的企业社会责任定义之一。

3. 美国企业社会责任发展过程与内容

(1)民间力量是美国企业社会责任发展的主要推动者。在美国,企业社会责任的实施始于消费者运动的兴起。消费者在这一过程中扮演着至关重要的角色,他们通过货币投票影响企业的经营决策,推动企业履行社会责任。例如,消费者通过抗议、施压等手段对企业的不负责任行为做出强烈回应,促使企业制定生产守则。同时,媒体在监督企业社会责任方面发挥着重要作用,对企业进行舆论评价和监督。

总的来说,消费者的意识和行动对美国企业社会责任的推行产生了深远影响,这一趋势将继续塑造未来的企业行为。此外,美国的非政府组织在监督和规范企业社会责任方面也发挥着重要作用。通过各种手段,这些组织促使企业公开披露社会责任履行情况,提升企业的透明度和社会责任意识。同时,建立的量化指标和国际标准为企业社会责任的规范提供了框架和基准。

(2)美国政府在企业社会责任发展中所扮演的角色。在美国,政府在企业社会责任(CSR)的发展中扮演着至关重要的角色。首先,政府通过制定和支持相关法律政策,积极鼓励企业履行社会责任。这些政策为企业提供了明确的方向和动力,使它们更加倾向于采取积极的社会行动。其次,美国政府与私人部门及非政府机构合作,共同促进企业自愿承担更多的社会责任。

这种合作模式为企业提供了更广泛的资源和支持,有助于推动其社会责任的实施。为了确保企业社会责任的落实,监督机制既包括内部监督,例如由董事会领导的企业道德委员会,也包括外部监督,如社会责任审计机构。这两者相互配合,构成了全面的监督体系。综上所述,美国政府在引导企业履行社会责任方面发挥着不可或缺的作用。企业社会责任不仅是一种道德和社会义务,更是符合企业自身长远利益的举措。政府与企业、社会各界的合作将进一步促进企业社会责任的实践,有助于建设更加和谐、可持续的社会环境。

(3) 在美国企业社会责任模式中侧重法律监督。在企业社会责任(CSR)立法方面,美国走在了前列。经过十几年的发展,美国建立了相对完善的企业法律体系,为企业的社会责任行为提供了法律依据和指导。这个法律体系主要包括三个方面:一是公司法律体系,其中包括《公司法典》和《商业公司法》等,规范了企业的组织和运营;二是保护利益相关者的法律体系,涵盖《反歧视公约》《同工同酬公约》以及《最恶劣形式的童工公约》等,旨在保障各方利益;三是社会法律体系,包括《经济、社会和文化权利公约》和《公司权利和政治权利公约》等,强调了企业在社会发展中的责任和义务。美国的企业社会责任实践是一个多方合作的过程。企业、民众、政府以及非政府组织之间形成了密切的合作互动体系,共同推动了企业社会责任的履行、披露和监督。这种合作模式为美国企业社会责任的不断发展提供了有力支持,推动了社会的可持续发展和进步。

4. 美国企业的社会责任履行案例

霍尼韦尔(Honeywell)是一家成立于1885年的跨国企业,公司提供行业定制的航空产品和服务、楼宇和工业控制技术以及特性材料,旨在将飞机、汽车、楼宇、工厂、供应链和工人等连接起来,推动世界实现更智能、安全和可持续的长远发展。霍尼韦尔拥有97 000名员工,以多元化业务为特色,通过不断创新和提供高质量的产品和服务,助力各个领域的连接和改善,推动着全球智能、安全和可持续发展的进程。

霍尼韦尔的基本原则是诚信和职业道德、在工作场所的尊重,以及包容性和多元化,霍尼韦尔有六项行为准则,即创新并为客户创造价值、拥抱变革、共赢、培养优秀人才、推动问责文化以及勇于实践,霍尼韦尔国际公司认为恪守这些基本原则和行为准则是公司极具竞争力的一项优势。

(1)在社会慈善事业方面。慈善事业是企业社会责任的表现之一,而且慈善事业被逐步纳入企业的管理,成为企业发展战略不可缺少的一部分。霍尼韦尔是用科技的力量来践行慈善事业,霍尼韦尔国际公司的全球慈善项目致力于为人们改善生活,为世界各地社区的变化做出贡献。为解决中国一些偏远地区饮水的安全问题,霍尼韦尔在2016年实行了首批"涓流计划·霍尼韦尔安全饮水教室",经过3年时间霍尼韦尔安全饮水教室项目走进了15所中小学,覆盖12个省份,将近13 000名学生。同时,霍尼韦尔在员工捐款的支持下,努力帮助自然灾害的受害者恢复生活及工作。例如,四川援建小学霍尼韦尔联合小学和霍尼韦尔保和小学,在10年间开展多个子项目,包括一对一资助、卓越师生游学计划、远程教育、跨文化体验、英文启蒙教学"为爱朗读"等活动。

(2)在企业员工责任方面。在履行企业社会责任的公司工作的员工会体验到许多积极的态度,包括较强的组织和工作承诺、工作满意度和组织认同,员工在响应企业社会责任时也表现出更多的创造力。霍尼韦尔致力于为所有员工营造一个包容、安全和尊重他人的工作环境,不容忍工作场所出现骚扰或非法歧视行为,让员工能够在安全、积极向上且能够感受到被重视和接受的氛围中工作及学习。霍尼韦尔尊重和重视多元化,其员工拥有不同背景、观点、经验及文化的员工能带来多元化理念,并推动打造表现出色的良好工作环境。

(3)在消费者责任方面。企业的社会责任要求企业必须超越仅以盈利为唯一目标的传统理念,强调对消费者贡献。霍尼韦尔致力于提供符合或超出客户对质量、可靠性和价值预期的产品和服务,遵守所有适用于工作职责的质量控制标准,不断完善商品和服务质量。此外,霍尼韦尔致力于应用基于氢氟烯烃(HFO)的Solstice®低全球变暖潜值系列产品,这些产品被广泛应用于商超制冷、车辆空调制冷剂、保温材料用发泡剂、个人和家庭护理用品推进剂,以及清洁液溶剂等多个领域。通过采用霍尼韦尔Solstice®低全球变暖潜值系列产品,客户在多个领域都能实现减少碳排放和提高能效的目标,这将为可持续发展注入重要的动力。霍尼韦尔的创新产品不仅改善了环境状况,还为客户带来了经济效益,助力推动全球朝着更加可持续的未来迈进。

(4)在盈利方面。企业的盈利能力是测量企业良性运转和可持续发展的重要指标,同时也是企业履行社会责任的重要影响因素,企业盈利能力与企业社会责任呈显著正相关。2008—2022 年,霍尼韦尔国际公司营业额有小幅度的减少,2008 年霍尼韦尔国际公司实现营收 36 556 百万元,之后在波动中上涨,2018 年达到最高为 41 802 百万元,2019—2020 年由于新冠疫情的影响导致营收有所下降,2021—2022 年营收逐年恢复上涨,2022 年营收总额为 35 466 百万元。此外,霍尼韦尔国际公司的利润、总资产总体上均是上涨的,2008 年实现利润和总资产分别为 2 792 百万元、35 490 百万元,2022 年实现利润和总资产分别为 4 966 百万元、62 275 百万元。霍尼韦尔国际公司的净利润波动较大,从 2008 年的 7.6% 上涨至 2015 年的 12.4%,后下降至 2017 年的 4.1%,2018—2022 年净利润在波动中下降,2022 年净利率为14.0%(见图4-1)。总体来看,霍尼韦尔国际公司积极履行社会责任,使其获得较大的经济利益。

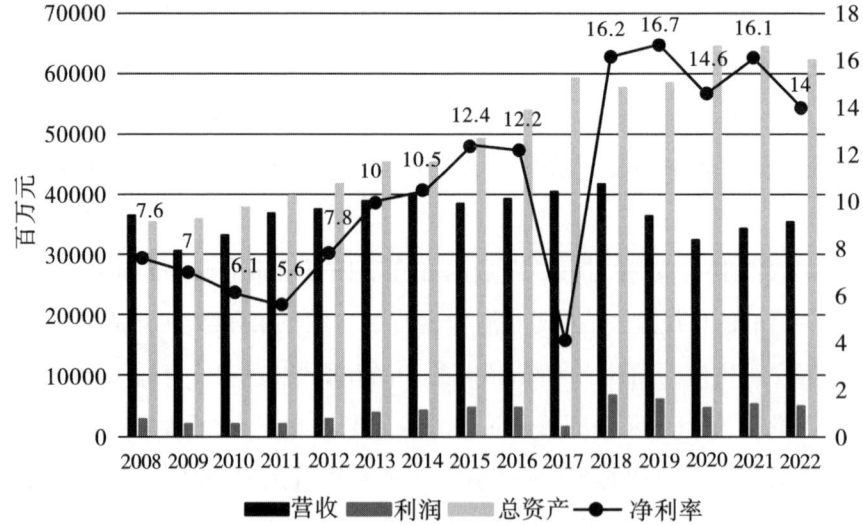

图 4-1　2008—2022 年霍尼韦尔国际公司营业收入、利润、总资产、净利润变化

(5)在环境保护方面。霍尼韦尔对可持续发展的承诺不仅体现在2035年前实现碳中和目标上,还包括公司在过去几年所取得的显著成就。2004年以来,公司在业务运营和设施方面已成功减少了超过90%的温室气体排放量强度,并在能源效率方面取得了70%以上的提高。在可持续发展项目方面,霍尼韦尔自2010年起已经实施了6100多个项目,每年平均节省了1.05亿美元的成本。这不仅体现了公司对经济效益的关注,同时也为可持续经济的实现提供了实际支持。

霍尼韦尔不仅是言出必行的碳中和承诺者,更是实际行动的践行者。在可持续发展的道路上,公司通过减排、提高能效、节省成本等多方面的努力,为2035年碳中和目标奠定了坚实基础。

(二)日本企业社会责任的推行

1. 日本企业社会责任概念特征

20世纪50年代以来,日本企业社会责任的发展经历了长足的进步。其中,企业社会责任实践深受"报德思想"的影响,这一概念并非外来引进,而是源自日本早期,并成为企业社会责任实践的理论基石。在发展过程中,社会责任与社会发展紧密相连,其目标主要在于解决企业发展过程中出现的社会环境污染、竞争力不足、企业丑闻等问题。

为了有效推进社会责任实践,日本企业构建了内外二重推进体系,使得其社会责任建设走在了世界前列。这一体系的构建不仅使企业内部形成了有力的实践机制,也在外部塑造了积极的企业形象。总体而言,日本企业社会责任的发展特征在于其深刻的"报德思想"根基与社会发展的紧密结合,以及完善的内外二重推进体系。这些特点共同构成了日本企业社会责任实践的独特之处,使其在国际舞台上独树一帜。

2. 日本企业社会责任的产生与发展

首先,我们需要了解日本企业社会责任(CSR)概念的起源,它可以追溯到受西方企业社会责任运动影响时期,这一发展经过了几十年。其次,在理论研究和实践方面,日本在CSR领域取得了显著的成果,这表现在对CSR的深入研究以及在实践中的积极探索。再次,现代日本对企业社会责任有了更广泛的理解,不仅包括传统的商业经营,还涵盖了一系列对社会可持续发展有益的行为,如节能减排、资源循环利用、参与公共福利事业等。最后,这些 CSR 的实践与当前的环境、社会、治理(ESG)理念相符,体现了企业在经营中关注环境、社会和治理的责任。

总体而言,日本企业社会责任经历了漫长的发展历程,从西方运动中汲取灵感,不仅在理论研究上取得了显著成果,还反映了企业在当今社会中更为广泛的社会责任观念,并倡导在经济活动中兼顾环境、社会和治理的原则。

20 世纪 60—70 年代,日本企业发展所带来的环境问题导致社会公共问题不断升级,对居民的健康、经济收入、家庭和谐等都产生了极大影响,环境问题导致社会公共问题亟待得到解决,但当时日本并没有提出与环境保护、污染治理等方面相关的法律。所以,人们对环境社会公共问题的期望变高,日本企业被要求承担超越法律的社会责任。由此开始,企业社会责任这一概念在日本被广泛使用。

20 世纪 70 年代中期,日本企业开始开拓海外市场,但是企业在其所在地的声誉、其作为雇主和生产商的形象,无疑会影响其竞争力。当时,西方社会正极力实行商业道德和企业社会责任,日本企业也跟随当地企业开始发展企业社会责任。1989 年日本社团法人海外活动事业联合会(CBCC)设立,协助日本企业在海外履行企业的社会责任,宣传日本的企业社会责任理念。

在 20 世纪 90 年代,日本经济陷入低迷,导致日本企业社会责任意识减弱,进入了一个淡化期。为了扭转这一趋势,政府采取了积极的措施,通过制定相关政策和规定,推动企业重新关注社会责任。这一时期的政策举措为后来日本企业社会责任规则的完善奠定了基础,为企业重新承担社会责任提供了方向和支持。

自 2003 年起,日本企业因未实行社会责任而面临风险,迫使企业董事们在内部积极推动企业社会责任,并设立了专门机构来加以实施。随着企业社会责任推广体系的不断完善,日本企业开始发布企业社会责任报告和可持续发展报告,这进一步推动了企业社会责任管理在日本企业中的快速普及。如今,日本企业社会责任已经不再局限于关注环境保护和社会公益,而是成为企业整体发展战略的一部分。它已经深度融入产品、服务和业务流程之中,并通过对员工进行社会责任意识教育来加以实践。企业社会责任的履行内容也从最初的环境和股东等经济责任扩展到对各利益相关者和各个领域的社会责任。

2020年日本经济团体联合会开展成员调查企业行动宪章的进展状况,发现日本企业社会责任发生四个方面的变化:将可持续发展目标纳入企业管理、与ESG投资者对话、商业和人权、可持续发展目标举措的评估。调查数据显示,将联合国可持续发展目标(SDG)纳入商业政策和实践的公司数量比两年前增加了4.2倍,越来越多的企业与机构投资者就企业社会责任和可持续发展战略的主题进行对话,有76%的公司已经或者正在努力制定人权政策,日本经济团体联合会正在编制一份可持续发展目标评估,以解决企业评估难题。①

3. 日本企业社会责任的实践案例

日本航空诞生于1951年,并在1952年开始了自己的独立运营。日本航空是唯一一家获得APEX② WORLD CLASSTM奖的日本航空公司,并连续3年获奖。日本航空的业务包括航空旅客、航空运输相关业务、机场旅客服务、里程、生活方式和基础设施、旅游与区域振兴等业务。

日航集团将ESG经营融入企业核心价值观,切实保障企业在经济、社会与环境三方面责任行为的有效落实,将履行社会责任提升到企业发展的战略高度,以解决社会课题,创造可持续的人流、物流、商流作为今后的企业发展战略。

(1)在社会慈善事业方面,日本航空积极与政府、地方政府、非政府组织和非营利组织合作,2016年3月,日本航空与永旺株式会社(AEON)签订了《关于紧急救援物资运输的谅解备忘录》,并表示在日本发生灾害时,日本航空将运输救灾物资。在灾害地区,日本航空通过直接捐款或员工捐款的方

---

① 新浪网.关正雄:日本企业社会责任最新进展[EB/OL].(2021-06-22).https://k.sina.com.cn/article_2676569041_9f8933d1001014ktj.html

② APEX(航空公司乘客体验协会)是北美最大的国际航空公司协会之一。它是一个非营利性的全球性组织,由全球航空公司、机场、航空公司相关供应商和其他行业利益相关者参与。

式向受影响地区提供慈善捐款,也会将日航里程银行会员所捐赠里程的现金等值匹配,并将合并后的现金捐赠给非政府组织、非营利组织和其他组织,以帮助支持受影响地区的人们。2019 年,日本航空向 TyphoonHagibis(Typhoon19)受灾地区捐赠 5 亿日元,员工捐款 1 206 472 日元;2020 年员工向日本航空暴雨受灾地区捐赠 1 431 415 日元;2021 年日本航空向暴雨受灾地区捐赠了紧急救援物资。同时,日本航空共同赞助了"Asu-Challe!(明天的挑战)学校"由残奥会支持中心开展,并支持他们的活动,为孩子们提供学习机会,与残疾人运动员一起体验运动,并亲自聆听他们的经验,2021 年学校数量和参加人数分别为 277 个、23 960 人。

(2)在社区事业方面,作为社会一员的使命和责任,日本航空在提供社会基础设施方面发挥作用,并通过履行其作为公共交通运营商的使命为社会做贡献。在社区关系中为培养下一代,日本航空在 2013 年制定了单独举办的青少年讲座和课程被重组为培养下一代的计划,并在 2016 年起以"Soraiku"的名义进行,内容包括参观日航工厂,举办日航职业讲座活动等,2021 年参与人数达到了 50 147 人。在文化领域,日本航空提供美术运输服务,2018—2021 年运输服务艺术展览的数量合计为 89 个。此外,日本航空设定了到 2025 年底集团中女性管理人员比例达到 30% 的目标,2023 年 3 月底,日本航空的女性管理人员比例为 22.8%,并且每年都在稳步增长。

(3)在盈利能力方面。从日本航空的营业收入来看,2012—2019 年,日本航空营业收入总体上呈现上涨的特征,2012 年日本航空的营业收入为12 388 亿日元,2019 年日本航空的营业收入为 14 412 亿日元;但从关键绩效指标来看,2012 年日本航空的营业利润率、ROE、ROA、EBITDA 利润率分别为 15.8%、36.0%、16.9%、22.3%,之后呈现出下降的特征,2019 年分别为7.1%、4.7%、5.2%、16.9%(见图 4-2)。由此说明,日本航空的关键绩效指标都出现了不同程度的下降,说明日本航空的盈利能力有所下降,但是日本航空的营业收入是在增长的,其在市场中的占有率是不断提升的,也在一定程度上说明日本航空的社会责任履行受到了公众的认可,进而在市场中的地位有所提高。

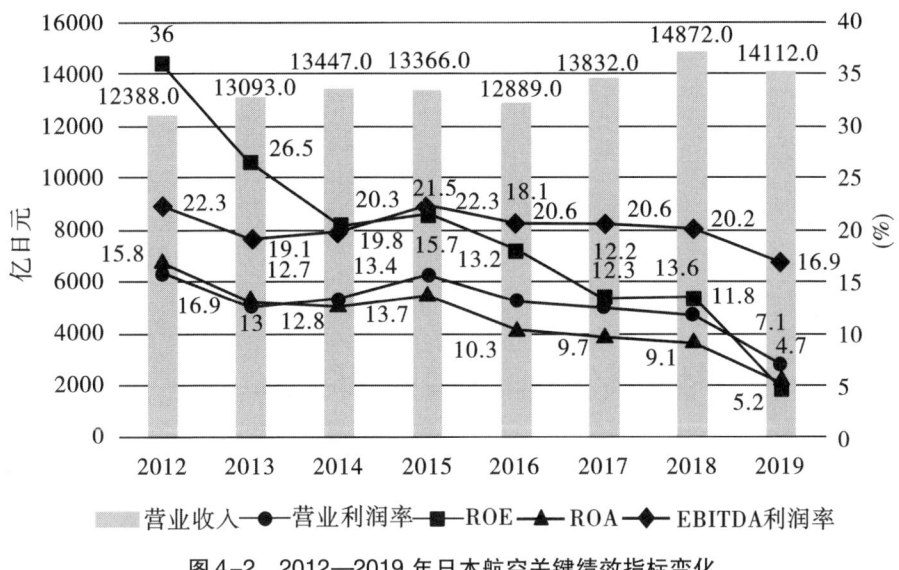

图 4-2 2012—2019 年日本航空关键绩效指标变化

(4) 在消费者责任方面,日本航空在 2017 年采用专注于衡量客户忠诚度的净推荐值(NPS)作为关键绩效指标(KPI),并在内部分享客户评级和反馈,以改进其产品和服务。日本航空在消费者责任履行中对社会提供具有重要意义的准确及平衡的信息,并努力确保其产品和服务的描述和标签正确且易于理解以免误导客户,针对弱势细分市场(即儿童、市场文盲等)的营销传播方面,在努力不误导儿童、市场文盲等情况下,让他们了解使用产品和服务的潜在好处。此外,作为社会基础设施,日本航空经济应对不断变化的客户需求,提高日常生活中的流动性和便利性,推出一个 MaaS 平台,支持从机场搜索和安排交通工具,并在羽田机场推出了世界上首款自动驾驶电动汽车作为个人出行服务。

(5) 在环境治理事业方面,环境治理对社会的可持续性发展是一个特别重要的问题。在应对气候变化方面,日本航空 2025 年度经营目标是二氧化碳总排放量低于 909 万吨(2021 年度结果为 619 万吨),到 2050 年实现二氧化碳几乎零排放(净零排放)的目标,2018—2022 年二氧化碳减排取得较大成就,飞机 CO_2 排放量从 2018 年的 9332 千吨下降至 2022 年的 8193 千吨。2021 年 2 月,日本航空赞同气候相关财务披露工作组(TCFD)的建议;

2022年3月,宣布支持基于SBT(Science Based Target)的目标倡议,并将继续定期披露相关信息。在促进有限资源的有效利用方面,日本航空将彻底实施4R(拒绝、减少、再利用、回收),并在业务的各个方面减少食物浪费和新的石油基一次性塑料产品的使用。日航集团的目标是创建一个以循环利用为导向的社会,有效地利用有限资源,以履行其责,将一个丰饶的地球传承给后代。另外,在ESG经营战略的指导方针下,日本航空还积极履行企业社会责任,并把它作为企业文化建设的重要组成部分。

三、企业社会责任的国际经验总结

(一)政府对社会责任积极作为

从国际推行经验来看,政府更多的不是对企业的直接干扰,而是通过加强法律规范和政策引导对企业社会责任的实行进行推动。在美国,政府通过完善法律制度推进企业社会责任的发展,例如劳动法、公司法、民事诉讼法、公益诉讼法律等,逐步重视对劳动者权益的保护、企业社会责任披露,使民众能够参与到对企业社会责任的发展当中。此外,政府逐步完善税法,开征大气污染税、水污染税、固体废物税、噪音税等,通过税收推进企业节能减排、关注环境治理和可持续发展,规范和引导企业履行社会责任。

(二)企业自身社会责任的追求

企业经营依赖其所在社区的健康、稳定和繁荣,通过提供就业机会、工资和福利以及税收收入来为其社区,特别是当地社区做出贡献。因此,企业融入当地环境时会主动参与社区事业,包括提供额外的职业培训名额、协助环境慈善机构、招募被社会排斥的人员、为员工提供托儿设施、与社区建立伙伴关系、赞助当地体育和文化活动或为慈善活动捐款。企业可以利用建立起来的这些关系来支持其融入当地的各个市场,企业对当地参与者、当地环境传统和优势的联系是他们可以利用的资产。

(三)国外企业注重员工的权益

国外在社会责任的推行与发展过程中,较为重视对员工权益的保护,他们的观念是员工权益是影响企业利润的直接因素,也是企业积累资本或者各类要素进行直接再生产或扩大再生产的基础。员工的权益得到保证是企业得以正常运转并能够可持续发展的重要必要条件。有研究表明,企业提供安全舒适的工作环境,建立良好的劳资关系,这些举措能激发员工的责任感和责任意识,从而形成强大的企业凝聚力。因此,为企业员工提供良好的工作环境并关注其诉求,方法上对员工进行工资报酬提升、再教育与培训,这种社会责任实行方式不仅可以通过学习效应提高员工的工作能力、效率以及综合的职业素质,更重要的是还可以促进企业的健康发展。员工权益得到保护,可以进一步地促进员工为消费者提供更好的购买服务,提高企业的企业声誉效应。

(四)本地非政府组织的推动力

在国际上,非政府组织是企业社会责任发展的最主要动力,国外的非政府组织通过消费者运动、劳工运动、环保运动等,对企业、政府形成强大的社会压力,并通过与新闻媒体联手,推动企业社会责任问题由公众问题转化为公共政策、立法,使劳动保护、消费者权益保护、企业利益相关者保护、环境保护等相关法规系统而全面出台。非政府组织在企业、政府、市场三者之间架起了重要的沟通桥梁,并通过设置奖项和荣誉、评定等级等措施,建立激励机制,引导企业履行社会责任,而对未履行责任或未按时提交企业社会责任报告的企业也进行披露。非政府组织起中介作用,对企业社会责任履行起了积极的推动力,非政府组织等社会的存在能有效地弥补市场和政府职能的不足,其发布的企业社会责任调查报告或者相关信息,有效地解决了社会公众和企业之间信息不对称问题,增加企业违反社会责任的私人成本。

(五)慈善税收激励政策的推动

在国际企业社会责任实践中,最突出的地方在于对慈善责任的履行,这主要是因为政府对企业慈善税收的激励作用。美国收入法中规定了一系列对于企业捐赠的税收激励政策,在这种税收激励下,美国企业热衷于慈善事业,并且很多企业将从事慈善事业作为企业社会责任的表现。总体来看,企业社会责任的积极性在一定程度上是受到了政府慈善的税收优惠政策的影响,其为企业的慈善捐赠提供了激励效果,也促进了企业对社会责任的推行与发展。

(六)媒体关注对社会责任的推进

媒体在企业与其利益相关者之间充当着关键的信息传递中介,对于塑造企业形象和社会责任履行起着重要的作用。企业社会责任的履行往往是受到行政机构和社会公众双重压力的影响。行政机构通过制定和实施法律规章,社会公众通过媒体渠道(如报纸、电视、广播、网络等)获取信息,通过舆论方式向企业施加压力,促使其更积极地履行社会责任(刁芸菲,2023)。因此,企业在履行社会责任时需认识到媒体的重要性,同时需应对来自行政机构和社会公众的压力。通过积极响应这些压力,企业能够建立良好的社会声誉,推动社会责任行为的实施,从而取得更广泛的认可和支持。媒体对企业的关注度越高,越能促使企业履行社会责任(Feng 等,2021),但是无论媒体对企业的报道是正面的还是负面的,都会促进企业披露社会责任信息。

四、国内企业社会责任履行现状的主要成就

(一)中国企业的经济表现

1. 国有企业经济表现

积极履行社会责任可以给企业带来经济利益的结论得到了90%企业的认同,对社会责任重视程度不高的企业只占10%(外资企业社会责任与可持续发展研究——以联合利华为例)。从营业总收入来看,2014年全国国有及国有控股企业营业收入总额为480 636.40亿元,之后营业收入总额同比变化较大但总趋势都是上涨的,2023年全国国有及国有控股企业营业收入为857 306.10亿元,年均增长率为6.64%;2014—2023年,全国国有及国有控股企业实现利润中有2年是同比下降的,其余年份都是同比增长的,利润总额从2014年的4 765.40亿元上涨至2023年的46 332.80亿元,年均增长率为28.75%;全国国有及国有控股企业应交税金总体上也是呈现出波动上涨的特征,从2014年的37 860.80亿元上涨至2023年的58 745.80亿元,年均增长率为5.00%。从数据中可以看出,国有企业在经济体量较大,且总体上都保持增长态势。从企业资产负债率来看,2014年全国国有及国有控股企业资产负债率为65.17%,2023年全国国有及国有控股企业资产负债率为64.60%,资产负债率有所下降(见表4-1、图4-3)。表明全国国有及国有控股企业积极履行社会责任,国有企业有将外部资金转化为财富创造的能力,从而增强企业的盈利能力。

表 4-1 2014—2023 年全国国有及国有控股企业①经济运行情况

年份	营业总收入（万元）	同比（%）	实现利润（万元）	同比（%）	应交税金（万元）	同比（%）	资产负债率
2014	480636.40	4.00	4765.40	3.40	37860.80	5.70	65.17
2015	454704.10	5.40	23027.50	6.70	38598.70	2.90	66.33
2016	458978.00	2.60	23157.80	1.70	38076.10	-0.70	66.08
2017	522014.90	13.60	28985.90	23.50	42345.50	9.50	65.73
2018	587500.70	10.00	33877.70	12.90	46089.70	3.30	64.70
2019	625520.50	6.90	35961.00	4.70	46096.30	-0.70	63.90
2020	632867.70	2.10	34222.70	-4.50	46111.30	0.20	64.00
2021	755543.60	18.50	45164.80	30.10	53559.90	16.60	63.70
2022	825967.40	8.30	43148.20	-5.10	59315.70	8.40	64.40
2023	857306.10	3.60	46332.80	7.40	58745.80	-0.50	64.60

资料来源：根据国务院国有资产监督管理委员会数据整理得出。

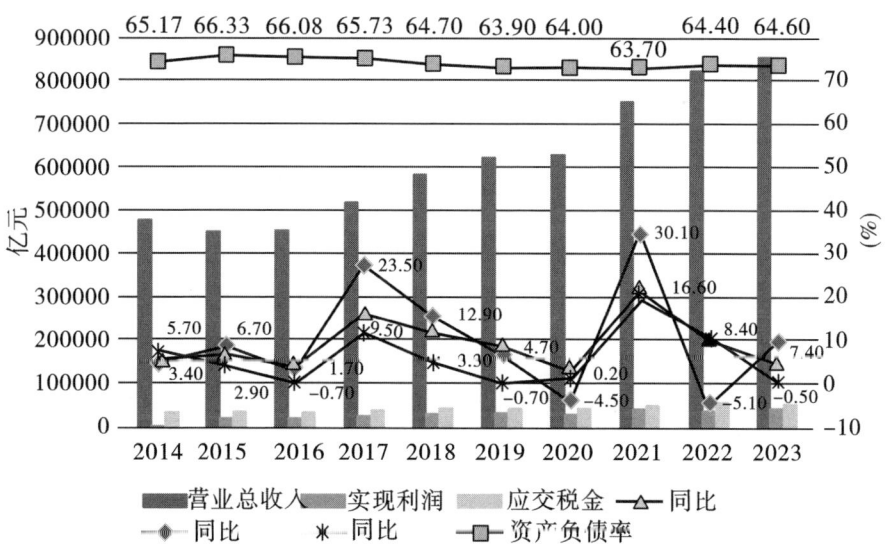

图 4-3 2014—2023 年全国国有及国有控股企业经济运行情况

① 全国国有及国有控股企业，包括国资委、财政部履行出资人职责的中央企业、中央部门和单位所属企业以及 36 个省（自治区、直辖市、计划单列市）的地方国有及国有控股企业、新疆生产建设兵团所属国有及国有控股企业，不含国有一级金融企业。所属行业包括农林牧渔业、工业、建筑业、交通运输仓储业、邮电通信业、批发和零售业、房地产业、信息技术服务业和其他行业。

2. 民营企业经济表现

从民营企业500强营业收入总额与资产总额来看,2013—2022年,民营企业500强营业收入总额在2013年为132 122.46亿元,之后营业收入总额是在不断上涨,2022年营业收入总额为398 329.44亿元,与2013年相比上涨266 206.98亿元,年均增长率为13.05%;资产总额从2013年的110 227.03亿元,上涨至2022年的463 075.6亿元,与2013年相比增加了352 848.57亿元,年均增长率为17.29%(见图4-4)。总体上来说,民营企业500强整体规模呈现出平稳增长的态势。

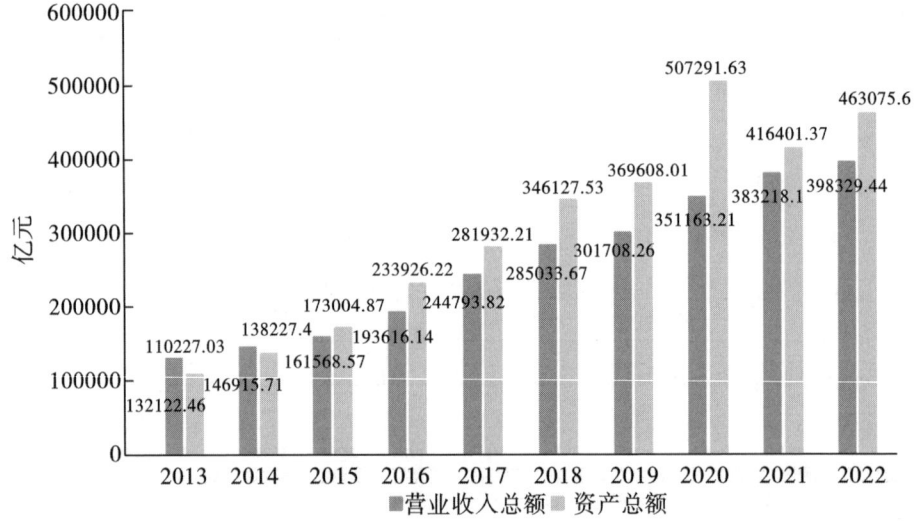

图4-4 2018—2022年民营企业500强营业收入、资产总额情况

进一步分析民营企业500强的盈利能力,从净资产收益率来看,2018—2022年,民营企业500强的净资产收益率,从2018年的13.02%上涨至2020年的14.36%,后下降至2022年的10.81%,总体上呈现出下降的特征;销售净利率、资产净利率、资产回报率等也都存在一定的下降,但下降的幅度较小,分别从2018年的4.52%、4.02%下降至2022年的4.13%、3.67%(见图4-5)。此外,2020—2022年,净资产收益率、销售净利率、资产净利率都是下降的,但并不能说明其是由于民营企业完全是受到社会责任的影响导致盈利能力下降,因为这几年是新冠疫情发生和疫情后经济恢复时期。总体上看,民营企业盈利能力有所下降,且民营企业的净资产收益率远高于

销售净利率、资产净利率的,表明民营企业对股东资金使用效率,要高于企业的总资产利用效率,这与民营企业发展中融资现状相关。

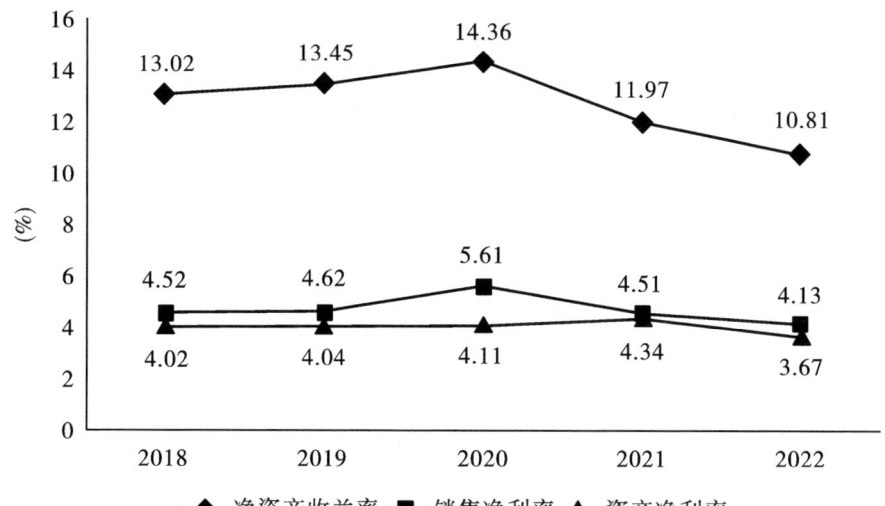

图 4-5　2018—2022 年民营企业 500 强盈利能力情况

资料来源:《2023 中国民营企业 500 强调研分析报告》。

从经营效率来看,2018—2022 年,民营企业 500 强的人均营业收入是不断上涨的,2018 年为 269.56 万元,2022 年上涨至 363.04 万元,与 2018 年相比上涨了 93.48 万元,且人均净利润 2018 年为 12.19 万元,2022 年上涨至 14.98 万元,与 2018 年相比上涨了 2.79 万元,但是总资产周转率出现了波动,从 2018 年的 88.83% 下降至 2020 年的 73.19%,在 2021 年达到最高,为 96.28%,2022 年又下降至 88.86%(见图 4-6)。总体来看,民营企业的经营效率出现了小幅下滑。

(二)中国企业的社会责任发展现状

1.中国企业社会责任发展指数稳健增长

从 2010—2023 年中国企业 300 强社会责任发展指数来看,2010 年社会责任发展指数为 17.00,后上涨至 2015 年的 34.40,2016 年有所下降,为 15.10,2017—2023 年社会责任发展指数在波动中上涨,2023 年达到 43.50,2023 年与 2010 年相比上涨了 26.5。2010—2023 年,社会责任发展指数增长率变化是较大的,其中有两年出现了负增长,其余年份都是正增长,总体上呈现上涨的特征,年平均增长率为3.94%(见图4-7),表明中国企业社会责任持续健康发展。

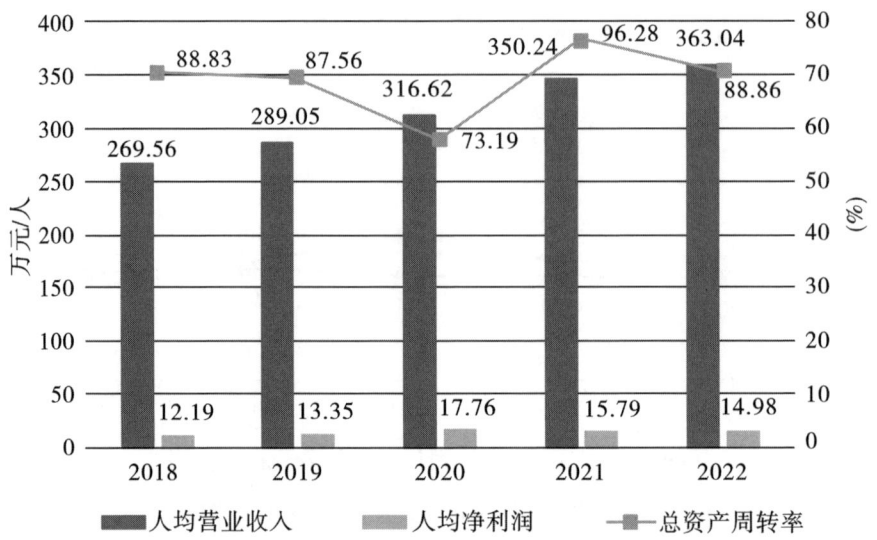

图4-6 2018—2022年民营企业500强经营效率情况

资料来源:《2023中国民营企业500强调研分析报告》。

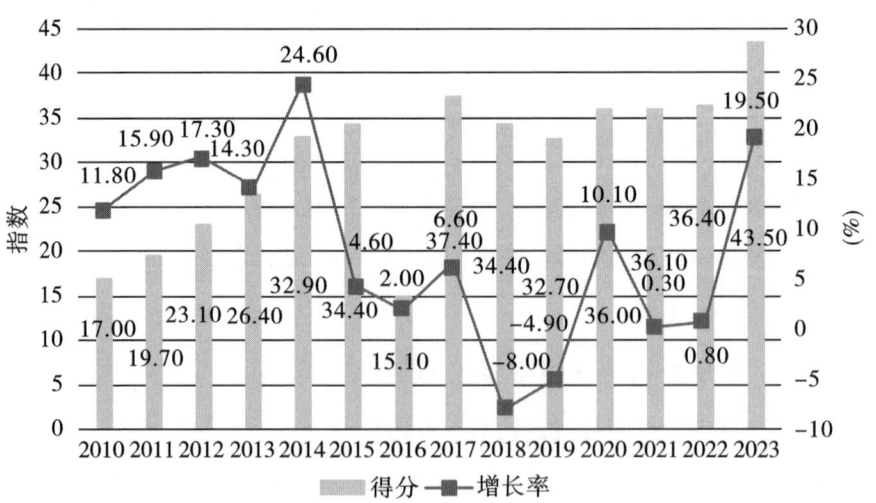

图4-7 2010—2023年中国企业300强社会责任发展指数①

① 李扬,彭华岗,黄群慧,等.中国企业社会责任研究报告(2023)[M].北京:社会科学文献出版社,2023.

将中国企业300强分为国企100强、民企100强、外企100强,可以看出国企100强、民企100强、外企100强企业整体的社会责任发展指数都是上涨的,其中,国企100强社会责任发展指数远高于民企100强、外企100强的对应指标,2010年国企100强社会责任发展指数为28.90,2023年已经达到了65.80,增长了36.90,年平均增长率为6.53%,但是民企100强、外企100强社会责任发展指数年平均增长率为8.57%、8.78%;2017年以前,民企100强、外企100强的对应指标相差较小,2017年以后民企100强社会责任发展指数超过外企100强,两者的差距不断拉大(见图4-8)。

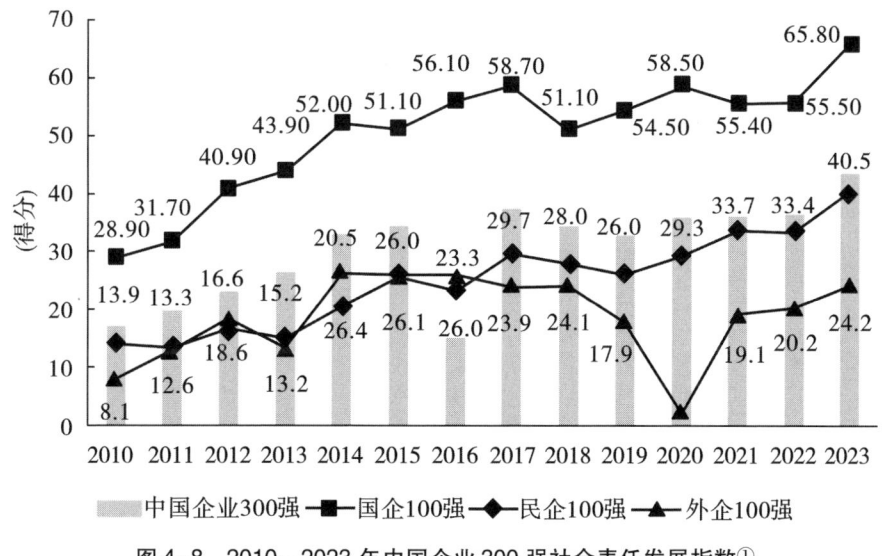

图4-8 2010—2023年中国企业300强社会责任发展指数①

由此说明,中国企业的社会责任发展指数在近年来是不断向好的,中国企业越来越重视对企业社会责任的履行,其中,国企的企业社会责任的发展要优于民企和外企,但是民企和外企对于企业社会责任的发展是在不断增强,中国社会责任正在实现均衡的发展。

2.中国企业社会责任报告陆续发布

社会责任报告是企业披露其履行社会责任的理念、战略、方法、行动和

---

① 李扬,彭华岗,黄群慧,等.中国企业社会责任研究报告(2023)[M].北京:社会科学文献出版社,2023.

绩效等信息的重要载体,也是企业与社会沟通的重要形式,能够帮助企业制定企业发展战略,进一步增强企业核心竞争力。2009年我国社会责任报告仅有746份,然后呈现快速上涨特征,2016年的报告数量达到了3 043份,2017年有所下降,为2 096份,2018—2020年,社会责任报告发布的数量较为稳定,2021年开始社会责任报告的数量急剧上涨,2023年达到最高,为3 324份。其中,我国企业社会责任报告的数量在大多年份是上涨的,2009年企业社会责任报告为739份,2023年已经达到了3 147份,但企业社会责任报告占比,从2009年的99.06%下降至2023年的94.68%(见图4-9)。

由此说明,中国企业越来越重视对于自身所履行企业社会责任报告的发布,所发布的企业社会责任报告的占比下降,但是发布的数量是上升的,因此,并不能说明中国企业对于社会责任的发展是呈现退步的态势,可以说明的是,中国越来越多的组织开始承担起对社会的责任,认识到社会责任的重要性以及对自身战略规划和企业发展之间的互惠共生作用。

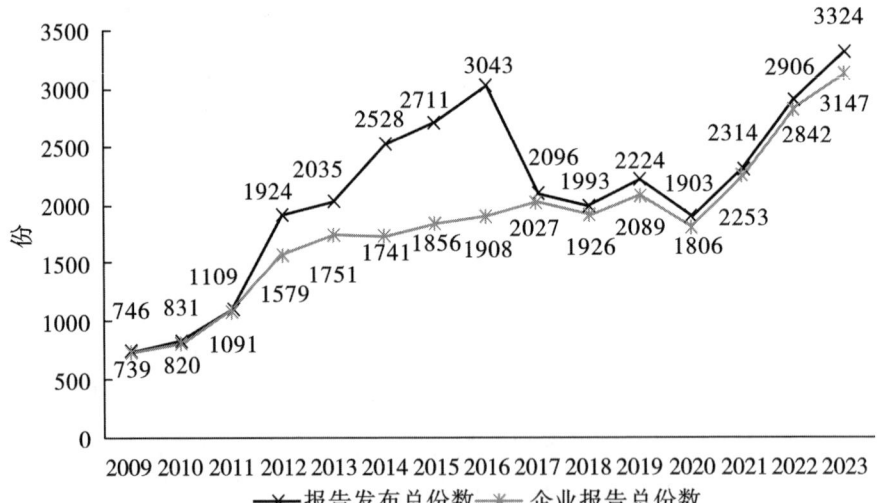

图4-9　2009—2023年各类社会责任报告发布数量①

---

① 金蜜蜂.2023年中国企业社会责任报告大数据及主要发现[EB/OL].(2024-01-03). https://mp.weixin.qq.com/s/4YVFTSibS0iHQfcbFRLlqg.

从企业报告发布的主体所在行业来看,社会责任发布的主体主要集中在制造业,其在2021年、2022年、2023年制造业社会责任报告发布数量占比分别为44.72%、42.30%、41.84%,占比呈现逐年下降的特征。2021—2023年,传播与文化产业、水煤气生产与供应业、金融保险业、农林牧渔业、批发零售业、社会服务业等行业所占比重都是上升的,其余的行业所占比重是下降的(见图4-10)。由此可以看出,中国服务业相关的企业社会责任发展的态势是不断增强的,但是制造业发布的社会责任报告占比下降,是符合我国产业结构的调整规律的,因为当前服务业在产业结构中的比重在逐步上升,因此,服务业对于企业社会责任比重保持上升态势是必然的,但总体上还是我国制造业较多地承担起我国的企业社会责任。

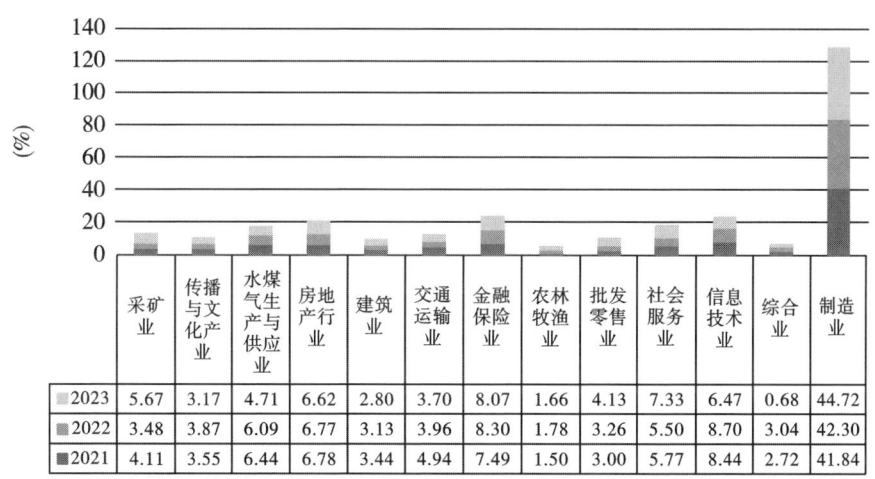

图4-10 2021—2023年企业报告主体所在行业分布①

从社会责任报告发布的地区来看,2020—2023年,我国东部地区发布的社会责任报告是最多的,2020年社会责任报告数量为1148份,之后保持增长特征,2023年东部地区发布的社会责任报告达到2069份,年均增长率为21.7%。此外,中部、西部、港澳台地区及国外的企业社会责任报告发布的

---

① 殷格非,管竹笋,林波,等.金蜜蜂企业社会责任蓝皮书:金蜜蜂中国企业社会责任报告研究(2022)[M].北京:社会科学文献出版社,2022.

数量也在逐步上升,2020 年分别为 190 份、165 份、227 份,2023 年的数量分别为 394 份、308 份、476 份,年均增长率分别为 27.52%、23.13%、28.00%(见图 4-11)。由此说明,我国东部地区企业社会责任发展较好,且远优于中部地区、西部地区、港澳台地区及国外,我国区域间的企业社会责任发展存在不平衡特征。

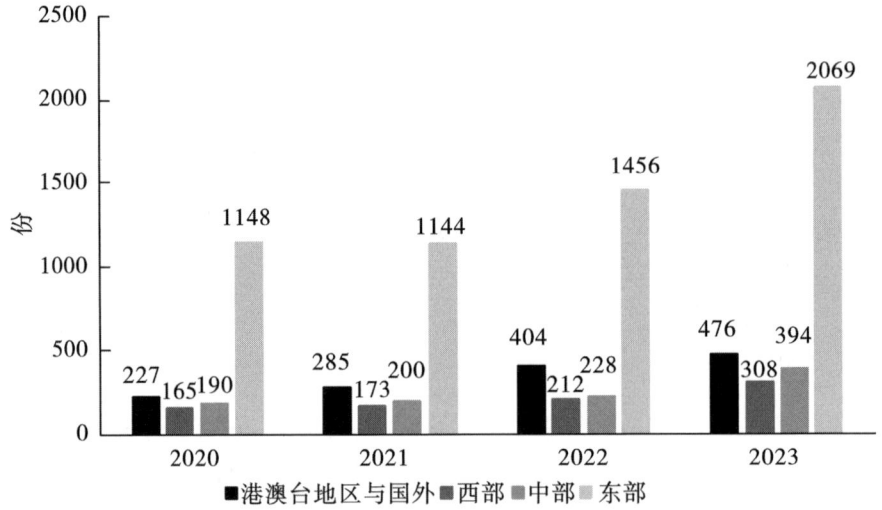

图 4-11 2020—2022 年各地区报告发布数量比较①

进一步分析比较中国 500 强企业及世界 500 强企业发布社会责任的情况,2018—2023 年,中国 500 强企业中发布社会责任报告的企业所占比重越来越高,2018 年中国 500 强企业中发布了社会责任报告的企业所占比重为 31.80%,2023 年所占比重达到 55.60%,超过一半的中国企业发布了社会责任报告。在世界 500 强企业中,2018 年发布了社会责任报告的中国企业所占比重为 69.71%,之后呈现波动起伏特征,2023 年所占比重为 78.17%(见图 4-12)。由此说明,中国头部企业越来越重视其对企业社会责任的发展,反映出我国头部企业在社会责任的参与度的上升。

---

① 金蜜蜂.2023 年中国企业社会责任报告大数据及主要发现[EB/OL].(2024-01-03).https://mp.weixin.qq.com/s/4YVFTSibS0iHQfcbFRLlqg;金蜜蜂中国企业社会责任报告研究(2022).

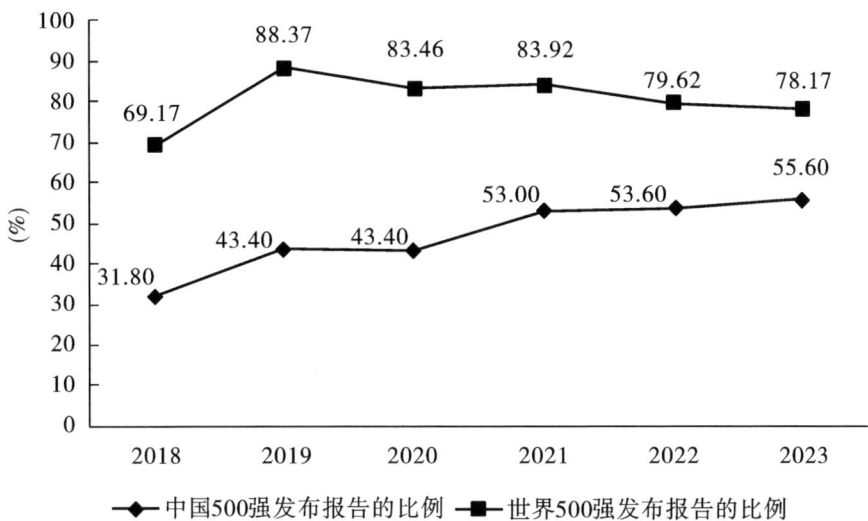

图4-12 2018—2023年世界500强中国企业和中国500强企业发布报告比例①

3. 中国社会责任发展现状呈现分化特征

2005年以来,我国关于企业履行社会责任的指引文件和相关政策不断完善,中国企业社会责任发展从以政府引导、国企初探为特点的1.0时代,进入了主体多元、国企引领、民企紧跟,以发布社会责任报告的形式披露信息的2.0时代。总体上看,中国企业社会责任的发展速度较快,呈现出以政策为导向大型国有企业为主导和未开展社会责任的企业数量庞大之间的两极化特征。中国社会科学院发布的《中国企业社会责任研究报告2022》显示,2022年,中国企业300强社会责任发展指数为36.4分,超四成半企业社会责任发展指数达到三星级及以上水平,但124家企业仍在未开展企业社会责任。

4. 企业社会责任以满足合规要求为底线

责任三层次理论将企业社会责任分为必尽责任、应尽责任和愿尽责任三个层次。2022年,中国企业必尽、应尽和愿尽责任指标披露率分别为

---

① 金蜜蜂.2023年中国企业社会责任报告大数据及主要发现[EB/OL].(2024-01-03). https://mp.weixin.qq.com/s/4YVFTSibS0iHQfcbFRLlqg;金蜜蜂中国企业社会责任报告研究(2022).

57.35%、43.60%、21.92%。其中,必尽责任和愿尽责任信息分别保持在50%、20%上下的披露率,披露水平与前些年基本持平;应尽责任信息披露率首次突破40%,之前历年,较2021年大幅提升,中国企业对利益相关方及其期望更加重视,但是整体上企业社会责任偏向于以满足合规的要求为主,在应尽责任、愿尽责任等社会责任的方面,仍有较大发展空间。

5.国际化标准、语言和实践三重推进

我国企业不仅在国内积极履行社会责任,其国际化特征也逐渐明显。我国企业社会责任报告编制时主动用国际标准,参考 ISO26000、GRIStandards、联合国全球契约等国际通行社会责任指南和标准来编写社会责任报告。2022年,报告语言为中英文的有534家,相比2021年的418家,数量增加116家,增长率达到27.75%。中英文报告数量占全部报告数量的比重从2019年的14.33%上涨到了2022年的23.22%。[①] 此外,在亚洲地区开展业务的中国企业更注重与当地社区的融合,更多地关注援建社区基础设施、提供就业机会、救灾捐赠等社区议题,并且强调自身对当地的宗教和文化传统的尊重;而中国企业在非洲地区的社会责任报告则更多关注社区健康、安全保障方面的实践,并且更强调人才属地化原则,注重宣传对当地的招募和培训。我国企业社会责任发展是国际化标准、语言和实践三重推进。

(三)中国企业社会责任表现

1.国有企业社会责任表现

(1)稳定经济发展,保障国计民生。2022年国有企业实现营业收入85.73万亿元,同比增长3.60%;实现利润总额46 332.80亿元,同比增长7.40%;累计上缴税费5.87万亿元,同比下降-0.50%;2021年国有企业规模以上工业企业创新费用支出462.6亿元,R&D经费内部支出2 184 859亿元;2023年国有控股累计固定资产投资同比增长3.0%。主要经济指标均取得新进展、新突破,为稳定宏观经济大盘、保持社会大局稳定贡献重要力量。

---

① 新京报.十年来企业履行社会责任更加专业化[EB/OL].(2022-03-30). https://www.bjnews.com.cn/detail/164859742414696.html

（2）聚焦"双碳"目标，建设美丽中国。中央企业正在进行绿色金融方面的创新实践，积极推动绿色低碳金融产品和服务的发展。这些创新举措将绿色金融视为实现高质量发展的基础，并通过推进相关产品和服务的发展，为可持续发展提供了重要支持。2022年中国工业碳达峰成果较优的42家企业中包含中央企业13家，地方国企12家，国有企业在这绿色发展中的突出贡献促进了中国经济的绿色转型。

（3）接续乡村振兴，助力共同富裕。中央企业始终助力乡村振兴的主力军，为实现乡村全面振兴贡献力量。2013年以来，中央企业充分发挥产业优势，以重大扶贫工程为抓手，定点帮扶248个国家扶贫开发工作重点县全部脱贫摘帽，扶持乡村龙头企业和农村合作社1.2万个，引进扶贫企业2400多家，带动投资200多亿元，由全部中央企业共同出资的央企扶贫基金，累计滚动投资340亿元，投资项目132个，有力推动乡村振兴，实现共同富裕。

（4）统筹发展安全，全力抢险救援。国有企业统筹发展和安全，统筹保供和转型，扎实做好稳经济、稳就业，防舆情、防风险，保安全、保稳定等工作。面对突发的自然灾害，国有企业紧急行动、勇担重任，承担起应急救援、物资保供、灾后重建等急难险重工作。

（5）融入开放格局，坚持境外履责。中央企业不断扩大高水平对外开放，坚持联通内外、主动作为。通过主动对标高标准国际经贸规则，在新技术、新产业、新场景等领域探索新的规则制度，坚持推动共建"一带一路"高质量发展，积极参与自贸试验区和自由贸易港等开放试验区，努力形成国际合作和竞争新优势，为改革发展创新注入强大动力。

2.民营企业社会责任表现

（1）助推发展作用明显。2018—2022年，民企500强纳税总额从13 099.4亿元下降到12 516.97亿元，占全国税收比例从8.83%下降至7.51%，纳税总额、占全国税收总额比重出现下降（见图4-13）。但是，2022年，规模以上民营工业企业增加值增长2.9%；民营企业进出口额21.4万亿元，增长12.9%，占我国外贸总额50.9%，对外贸增长的贡献度达

80.8%;贡献税收收入9.5万亿元,占企业税收总量56.9%①。

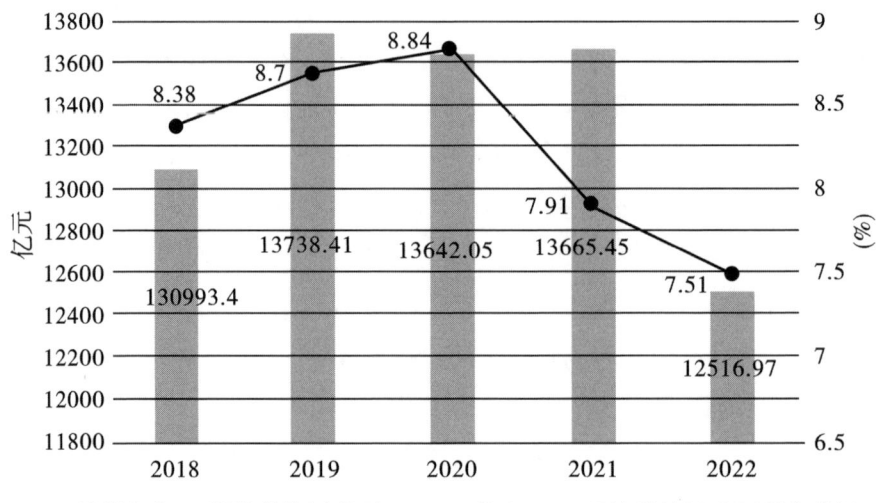

图4-13 2018—2022年民营企业500强纳税情况

(2)吸纳就业能力突出。2018年至2022年,民营企业500强就业人数呈现波动起伏的特征。2018年,民营企业500强就业人数为1 057.41万人,2020年民营企业500强吸纳就业人数达到最多,为1 109.11万人,之后民营企业500强吸纳能力有所放缓,2022年吸纳人数达到1 097.21万人。民营企业500强就业人数占全国就业的比重,从2018年的1.40%,上涨到了2022年的1.50%,上涨了0.1个百分点(见图4-14)。由此说明,民营企业500强吸纳就业人数能力有所提升。据统计,参与调研企业2022年共吸纳就业963 867人,同比增加1.71%,其中72.16%的企业吸纳就业保持稳定或上升②。

---

① 中华工商时报.全国工商联发布《中国民营企业社会责任报告(2023)》[EB/OL].(2023-12-28). https://www.acfic.org.cn/qlyw/202312/t20231228_198820.html.

② 中华工商时报.全国工商联发布《中国民营企业社会责任报告(2023)》[EB/OL].(2023-12-28). https://www.acfic.org.cn/qlyw/202312/t20231228_198820.html.

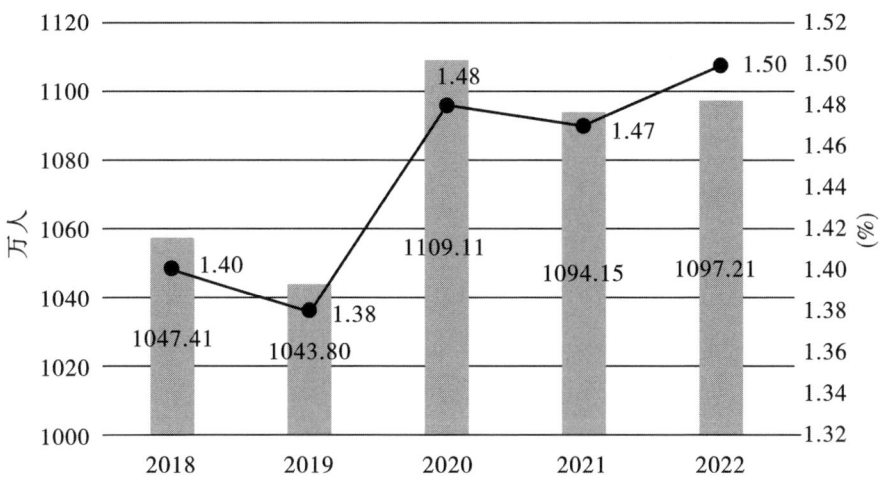

图 4-14　2018—2022 年民营企业 500 强就业情况

（3）注重创新成效显著。2018—2022 年，民营企业 500 强的研发人员比重大于 10% 的企业数量从 2018 年的 184 家下降至 2022 年的 175 家，但是研发经费投入强度大于 10% 的企业从 6 家上涨至 8 家（见图 4-15）。

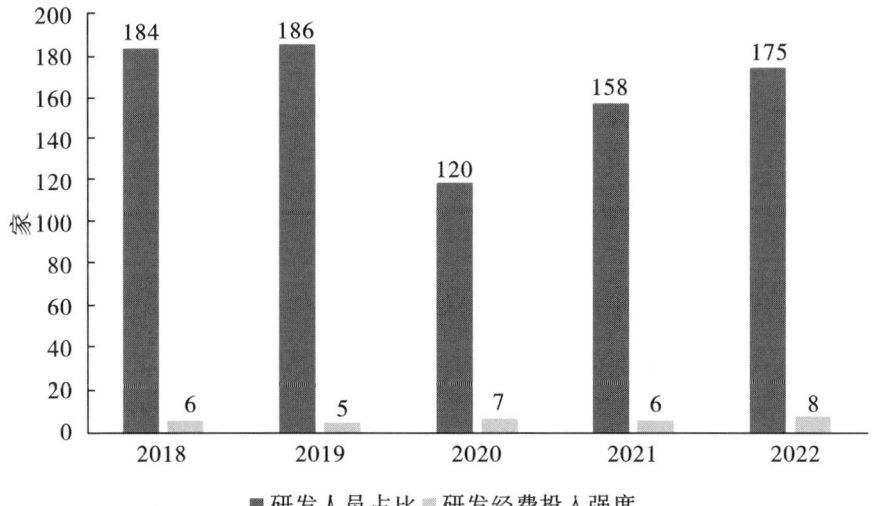

图 4-15　2018—2022 年民营企业 500 强研发人员占比及研发经费投入强度

(4)承担乡村振兴责任。2022年,在4 783家参与了"万企兴万村"行动的企业中,有32.5%的企业设有负责乡村振兴的专职部门;51%的企业提供了就业帮扶;39%的企业助力发展特色农业;31%的企业帮助培养乡村人才。① 近年来,近13万家民营企业精准帮扶13.91万个村,带动和惠及1 803.85万建档立卡贫困人口,为减贫事业贡献了民企智慧,也反映出我国民营企业效益和民营经济质量显著提升。② 从参与乡村振兴的方式上比较,2022年,民营企业500强中参与促进产业兴旺、巩固脱贫攻坚成果的企业所占比例分别为47.80%、45.00%;参与保护青山绿水、强化基层党建、繁荣农村文化的企业所占比例分别为39.40%、29.60%、19.20%(见图4-16)。由此说明,民营企业参与乡村振兴,承担社会方面的社会责任的主要方式是通过促进乡村的产业振兴和巩固乡村的脱贫攻坚成果,民营企业社会责任发展更具有本土化特征。

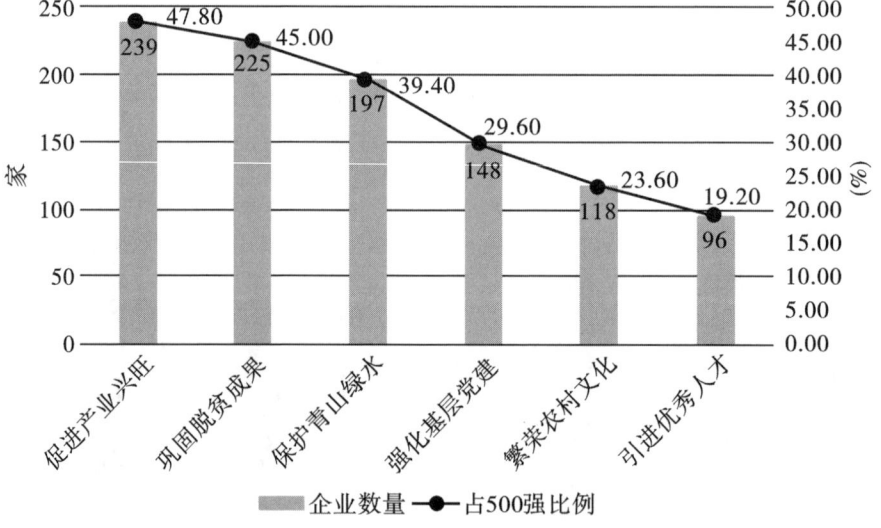

图4-16 2022年民营企业500强参与乡村振兴的方式

---

① 中华工商时报.全国工商联发布《中国民营企业社会责任报告(2023)》[EB/OL].(2023-12-28). https://www.acfic.org.cn/qlyw/202312/t20231228_198820.html

② 经济日报.过去10年数量翻两番,社会贡献不断增大—民营经济创新创造活力迸发[EB/OL].(2024-07-08). https://www.gov.cn/xinwen/2022-07/08/content_5699854.htm

(5)绿色发展不断深化。2022年6月10日,相关部门出台《减污降碳协同增效实施方案》,提出要协同推进减污降碳,促进经济社会发展全面绿色转型。因此,民营企业500强积极影响国家污染防治攻坚战部署,持续深化资源节约与利用,加强绿色低碳技术创新与应用,推动企业转型发展,履行环境治理方面的企业社会责任。在污染防治方面,民营500强中已参与污染防治攻坚战的企业比例从2017年的68.2%上升为2022年的85.00%。其中,2022年,资源节约与利用企业所占比重达到90.71%;采用先进环保设备和技术的企业所占比重达到了80.48%;绿色产品创新、产业结构调整、投资环保行业的企业所占比重分别为69.29%、63.10%、58.81%(见图4-17)。由此说明,民营企业对环境治理、绿色发展的社会责任的意识不断增强,为我国环境治理做出应有的贡献。

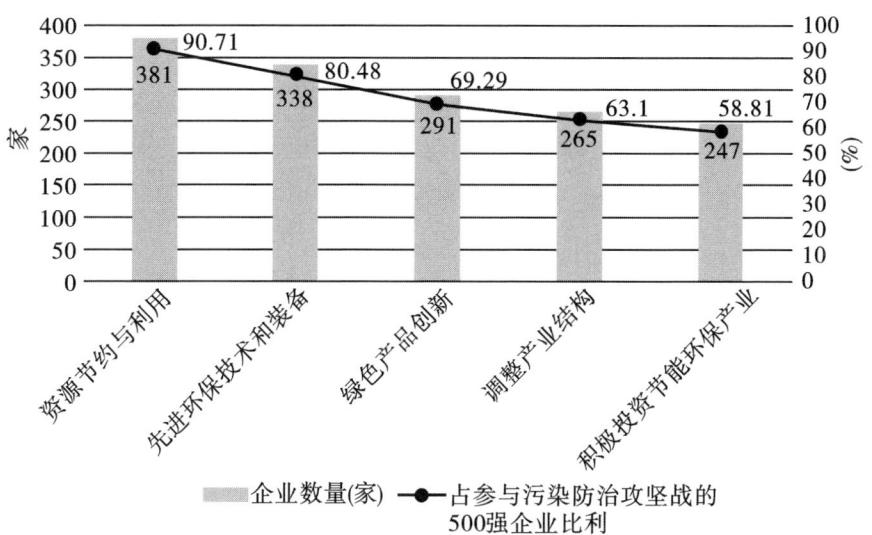

图4-17 2022年民营企业500强参与污染防治攻坚战的主要方式

(6)积极参与公益慈善。2022年,全国共有基金会9321家,民营企业基金会数量占2/3左右,呈稳步增长态势。① 2022年,民营企业参与教育、扶

---

① 中华工商时报.全国工商联发布《中国民营企业社会责任报告(2023)》[EB/OL].(2023-12-28). https://www.acfic.org.cn/qlyw/202312/t20231228_198820.html.

贫、助力乡村振兴的较多,企业数量分别为295家、272家、247家;参与医疗、公共卫生、赈灾、科研资助的企业数量分别为174家、164家、155家、105家(见图4-18)。2022中国民营企业慈善公益500强中,北京三快在线科技有限公司(美团)、小米集团、腾讯控股有限公司、宁波梅山保税港区瑞庭投资有限公司、碧桂园控股有限公司、泰康保险集团、北京中公教育科技有限公司等7家企业慈善公益投入金额超10亿元。①

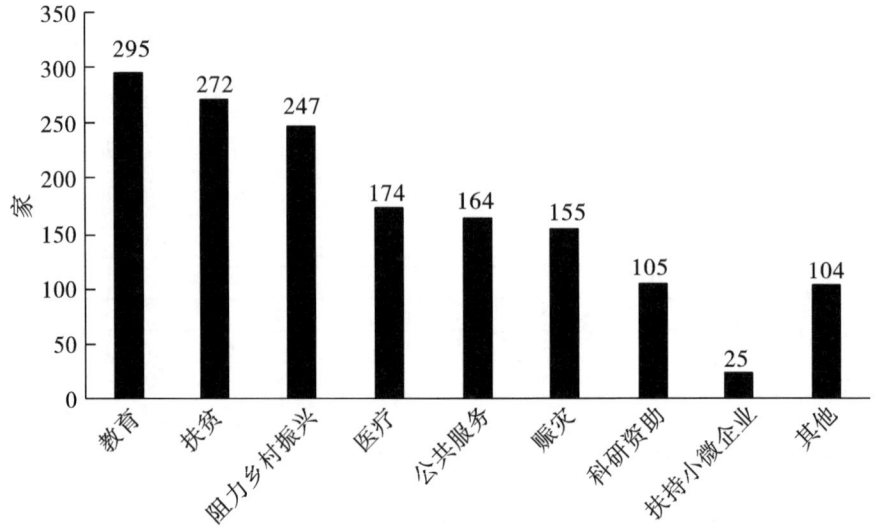

图4-18 2022年民营企业500强参与社会捐赠的主要类型

(四)中国企业社会责任案例

企业积极履行社会责任是贯彻落实新发展理念,推动经济高质量发展的应有之义。中国企业社会责任报告评级2023中获评五星佳级评价的典范报告,大多数是在践行绿色发展、助力乡村振兴、坚持创新驱动等方面履责。因此,以中国企业社会责任报告评级2023中获得五星级评价的华润置地为案例展开论述。

---

① 公益时报.中国民营企业履责专题系列一:"2022中国民营企业500强"榜单前十企业示范带动效应显著[EB/OL].(2022-11-29). https://t.cj.sina.com.cn/articles/view/1881124713/701faf69019014tj1?vt=4.

1. "为更好的城市"是战略愿景也是社会责任——以华润置地为例

华润置地以绿色建筑设计与推广打造更持续的生态,围绕绿色建筑进行深入研究,利用华润产业生态圈形成上下游产业化联动,加快从研发到产品的效率,提高成果转化的成功率。为了更优地开发和利用高性能建筑,华润置地积极探索绿色租赁模式,在日常办公中注重节电、节水、节纸、绿色出行等,营造低碳环保的绿色办公氛围,并通过宣传普及让绿色理念更好地融入城市日常生活之中,带动更多人关注"人、城市、自然"的关系,让生态理念深入城市。实现生态景观湖、超低能耗建筑项目、零能耗场馆类建筑设计推广等,打造更持续的生态。

以创新为引领,全面探索城市智慧化。华润置地持续推进投资运营数字化、营销客服数字化、生产智能数字化以及数据应用,根据业务需求及项目档次量身定制智慧化解决方案,全面探索城市智慧化。建设了智慧城市运营管理平台——"睿城/City Power",为智慧城市项目提供统一开发框架、集成门户和高效应用能力,完成后海与华润城2个CIM项目,集成6个BIM级智慧空间的上线以及嘉兴杨家门置地中心未来社区IOC、杭州亚运村技术官员村未来社区IOC等2个未来社区样板项目的上线,实现从物业管理向社区运营管理延伸,提升智慧社区产品力。

华润置地积极履行社会责任,以环境改造、产业帮扶、组织重构、精神重塑为目标,通过治理创新、消费帮扶、就业帮扶、树立新风等方式探索乡村振兴新模式。南泥湾镇马坊村的建设直接受益村民167户563人,辐射带动南泥湾镇村民近万人。

2. 全面创新驱动、共护绿水青山、共促乡村振兴是初心也是使命——以中国一汽为例

坚持以生态优先、绿色发展擦亮美丽中国。中国一汽以生态为先导,着力构建更加科学完善的环境管理体系和环境应急机制,强化环保知识积累和数智化手段,致力实现绿色管理精细化、长效化、数智化。中国一汽谋划双碳未来,编制《中国一汽碳排放核查指导手册》,创新探索工艺碳排放核算方法,填补汽车行业碳核查空白。中国一汽打通全产业链循环利用体系,创新构建政、企、后端企业循环经济模式。

全面创新驱动,全力技术攻关。中国一汽发挥企业创新主体作用,坚持以全面创新驱动为主线,不断攻坚、探索、领航关键核心技术,实现自主掌控新能源、智能网联、安全健康材料等关键核心技术,推动自主品牌跃迁成长,培厚做强转型升级的新动能新优势。截至2022年底,中国一汽建立高端汽车集成与控制全国重点实验室1个,协同创新实验室38个,开展人才创新培训2 457次,年度获得专利数6 974件,关键核心技术取得突破或阶段性成果334项。

共促乡村振兴,共赴共同富裕。以"五位一体+"精准帮扶模式为立足点,汇聚更强大的力量、施行更强力的举措扎实推动乡村产业、人才、文化、生态、组织等全面振兴,推进共同富裕。产业振兴方面,着力构建"生产＋加工＋科技"全产业链条,促进一、二、三产业融合发展,多措并举促进帮扶地区产业提质增效;人才振兴以"授人以鱼不如授人以渔"理念为指引,持续开展乡村振兴人才成长计划,聚焦基础教育、职业教育、干部赋能培训,激活乡村振兴人才动力;生态振兴以"补短板、强弱项"为原则,持续帮助帮扶地区完善农村基础设施,助力农村人居环境整治提升,改善村容村貌;组织振兴以结对共建为抓手,扎实推进集团内7家单位与定点县7个村结对共建,探索森林猪养殖基地建设、蔬菜大棚种植设备扩充、村集体经济壮大、专业合作社发展等多种路径;文化振兴以援建基层文化活动场所、开展文艺演出、推进诗词进乡村建设等文化惠民行动,丰富群众精神文化生活。

3. 守护人类和地球共同健康——以中国蒙牛乳业为例

绿色生产,努力实现全产业链碳中和。在GREEN战略"环境友好的绿色生产"支柱下,全面开展温室气体管理、水资源管理、废弃物管理、包材回收等行动。此外,蒙牛积极推动绿色能源应用。截至2022年底,蒙牛太阳能光伏装机容量超过14.6MW,同比增加超过8.96%。在牧场节能减排技术改造方面,蒙牛开展牧场低碳养殖培训项目,鼓励牧场减少燃煤锅炉使用、升级节水系统、使用清洁能源替代传统化石能源,为产业链降碳、低碳转型贡献蒙牛力量。截至2022年底,蒙牛共计推动合作牧场累计替换燃煤锅炉57台、采用节水措施71项、使用清洁能源项目30项,实现减碳约18万吨。

蒙牛将科研创新视为企业发展的核心动能,不断加大研发投入,提高研发实力。2022年,蒙牛持续与中国农业大学、清华大学、中国检科院等院校开展合作项目,深入蛋白、寡糖、益生菌等营养研究领域,通过技术创新拓展研发成果,以满足消费者需求。此外,蒙牛密切关注与知识产权相关的行业政策动态,开展专利基础知识培训,强化员工知识产权保护意识。截至2022年底,公司共拥有有效专利1 335件。

  以乳业特色助力乡村振兴。首先,蒙牛以奶产业链发展实现联农带农,并以高质量奶源基地建设带动农民增收致富。2022年,蒙牛在全国带动600多万亩、1 200多万吨优质饲草种植,带动170多万头奶牛养殖,累计发放奶款近320亿元,直接和间接带动全国400多万农民增收致富。[①] 其次,蒙牛持续深化营养普惠工程,通过"蒙牛营养普惠基金"、"未来星"助学计划、"一分钱公益"等助力地方乡村振兴工作开展。2022年,蒙牛在全国20个省58个市的277所学校开展营养普惠工程牛奶公益捐赠项目,捐赠牛奶397余万包,覆盖学生17.92万人次。[②] 此外,蒙牛的乡村振兴工作以党建为引领,联合金融机构纾解资金问题,以技术赋能奶农提升业务能力,以教育帮助乡村储备专业人才,以资金捐赠助力乡村建设,多方位、深层次助力乡村振兴。

---

  ① 蒙牛网.中国蒙牛乳业有限公司可持续发展报告(2022)[EB/OL].(2023-04-26). https://img.mengniu.com.cn/Uploads/Mnnew/File/2024/01/08/u659bc9aaf205b.pdf.
  ② 蒙牛网.中国蒙牛乳业有限公司可持续发展报告(2022)[EB/OL].(2023-04-26). https://img.mengniu.com.cn/Uploads/Mnnew/File/2024/01/08/u659bc9aaf205b.pdf.

第五章
我国战略性企业社会责任存在的问题及策略

当前,我国正处于经济高质量发展与转型的关键时期,一大批企业迫切需要转变原有生产经营模式,以适应新经济形势下企业发展的需要,进入21世纪以来,我国经济发展形势发生了重大转变,随着国家实力不断增强、信息技术迅速发展以及市场竞争的日渐激烈,诸多外部因素以及环境变化从多方面影响着我国经济的发展进程。

一方面,宏观经济转型成为历史必然。改革开放以来,我国由最初的以大批量生产与充沛廉价劳动力为特征的粗放型经济,逐步过渡到以多样化生产和重视技术的集约型经济,经济形势在四十余年的发展中发生了重大变化,近年来,随着数字经济的不断发展,经济形态的转化也促使我国经济从传统经济模式转变为以企业数字化转型为核心的全新经济发展模式,数字技术、数据要素成为数字经济时代推动经济发展的全新生产力。

另一方面,微观企业生产变革成为发展大势。根据波特提出的五力竞争模型可知,一般企业所面临的五种外部竞争力量分别为同行业强有力的竞争者、供应商的议价能力、顾客的议价能力、潜在进入者的威胁以及市场上替代品的威胁。随着我国市场经济制度的建立和完善,市场经济在中国生根发展壮大,我国市场环境也发生了改变,从一开始的少数企业生存的蓝海市场逐步转变为众多企业齐聚的红海市场,企业数量的增加带来了市场竞争的加剧,卖方市场向买方市场的转变提升了供应商和客户的议价能力,产品多样化的不断提升增加了顾客选择商品的类目和空间,产品可替代性逐渐增强,外部竞争对手虎视眈眈,我国企业如今面临的市场环境大抵如此,不难看出,企业所面临的竞争压力逐渐增强,迫使企业进入"物竞天择、适者生存"的竞争环境,若不进行生产经营理念和技术的革新,形成企业的核心竞争力,构筑坚实的行业竞争壁垒,那么企业就将淹没在时代发展的洪流当中,不进则退,最终被市场所淘汰。

对于企业而言,如何适应外部环境变化以维持企业的长远发展,是新时代企业所面临的重大问题之一,企业发展离不开战略指导,富有远见、高瞻远瞩的企业战略往往是指导企业走向正确发展方向的秘诀,换言之,企业战略决定企业未来的发展。与此同时,由于现代化建设水平的提高和经济发展的必然,企业的职能以及其扮演的角色也在发生转变,过去,企业是作为单纯地提供产品和服务的生产性组织而存在的,关注的重点在于产品本身,随着经济学与管理学的发展,人们对于企业这一组织形式有了更加深刻的认识,越来越多的人关注到企业的外部性问题,即企业在进行生产经营活动生产产品时,会对外部环境造成一定的影响,最突出的问题莫过于环境污染,早期的粗放型经济在"注重经济效果和成效、忽视出身和背景"的理念指引下,一大批高污染高排放的企业得以建立,在注重经济发展的时候忽略了环境的承载能力,随着经济转型的深入,我国经济已然不需要再以环境污染为代价来进行发展,企业的外部性问题以及由此带来的环境污染受到了社会各界的广泛关注,通过政策引导、产业扶持和企业转型等一系列措施来遏制环境污染。环境污染仅仅是企业外部性问题的冰山一角,早期的"三鹿奶粉事件"到如今的食品安全问题等依旧困扰着我们,通过政策和法律条文并不能从根本上解决这些问题,在这样的背景下,以企业自身为主导的企业社会责任成为社会各界关注的重点,如何引导企业履行社会责任,解决负外部性问题,发挥企业主观能动性,成为当前时代发展的最新议题,同样,对于企业自身而言,履行社会责任能够树立良好的公众形象,有助于在数字经济时代规避负面新闻所带来的不确定性风险,保持良好的竞争优势,使得企业适应时代要求得以长足发展。

在此背景下,将履行社会责任纳入企业长期发展战略势在必行,企业社会责任战略成为企业总体战略下至关重要的一环。中国作为世界第二大经济体,作为当今引领数字经济发展的核心,研究其企业社会责任推行现状、存在的问题以及解决措施有助于促进中国经济的持续健康发展,也为世界经济发展提供借鉴和参考,基于此,本章将从中国企业社会责任履行现状、推行社会责任过程中存在的主要问题和原因以及我国企业战略性社会责任缺失的原因进行一一梳理和探析,旨在明确中国企业推行社会责任的现状和问题,剖析我国社会责任推行背后的深层次原因,丰富企业战略和社会责任相关研究,更好地推动企业履行社会责任提升核心竞争力,也为推进我国经济绿色健康发展贡献力量。

一、中国推行企业社会责任的主要问题

(一) 中国推行企业社会责任的现状描述

为探究中国企业推行社会责任的主要问题,必须对中国企业履行社会责任的现状进行描述和分析,找到问题的关键所在,提出有针对性的建议。中国企业社会责任的重要性日益凸显,为了系统地评估和监督企业的社会责任履行情况,《中国企业社会责任研究报告》应运而生,这项综合评价报告由中国社科院组织编写,旨在全面呈现中国企业的社会责任管理状态和信息披露水平,遴选中国企业 300 强作为研究对象,该报告通过搜集企业主动披露的责任信息,深入分析中国国有企业 100 强、民营企业 100 强、外资企业 100 强以及重点行业的社会责任履行情况,着眼于整体评价和年度特征总结。从 2009 年首次发布至今,已连续出版了 15 期,成为关注企业社会责任的重要参考依据,该研究报告具有充分的说服力和参考性,客观反映了我国企业社会责任履行现状和年度趋势,本节主要依据此报告和宏观经济数据对中国企业社会责任履行现状进行描述。

1. 中国企业社会责任履行整体处于起步阶段

根据 2022 年的《中国企业社会责任研究报告》,发现中国企业 300 强在社会责任方面的发展呈现一些关键趋势。首先,与 2021 年相比,2022 年的社会责任发展指数基本持平,表明企业在这一领域的进展相对稳定。其次,自 2009 年以来,中国企业社会责任发展经历了一段显著的转变。2009 年,这些企业的社会责任发展指数仅为 15.2 分,处于旁观者阶段,而到了 2012 年,这一指数上升至 23.1 分,标志着企业进入了起步者阶段。随后,2017 年成为发展的高峰,指数达到了 37.4 分,这表明了企业在社会责任方面取得了显著进展。然而,近年来的数据显示,2021年至2022年间,企业的社会责任发展指数保持在36.1分至36.4分,整体上仍然处于起步阶段,这意味着企业在这一领域仍有较大的发展空间。总体来看,自2014年至2022年,企业的社会责任履行水平变化不大,显示出一定的稳定性。

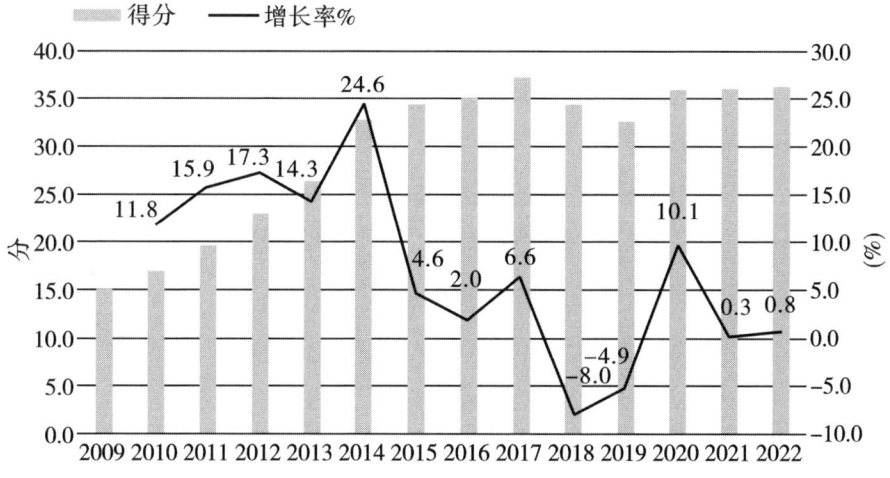

图5-1　2009—2022年中国企业300强社会责任发展指数

2. 超过三分之一的企业社会责任履行处于起步阶段

根据2022年的《中国企业社会责任研究报告》,在作为研究样本的中国前300强企业当中,超过三分之一处于报告评级的最低级别,社会责任发展指数为一星级,数量达124家,占据总体研究样本的三分之一以上,达到报告评级最高级别即社会责任发展指数为五星级的企业仅有16家,仅占样本企业的5%,较2021年增加45%,53家样本企业社会责任发展指数达到四星级水平,占样本企业的17.6%,107家样本企业分别达到三星级和二星级水平,占比分别为24%和12%,根据2022年统计情况来看,在国内年度300强企业当中,社会责任履行水平整体偏低,评级较低,低得分企业占据样本企业的绝大部分。换而言之,在中国顶尖企业当中,整体社会责任履行水平较低,一般认为,大企业作为行业代表,具有雄厚的资金实力和运营能力,应当比小企业承担更多的社会责任,但由该报告统计可以看出,在大型企业中,社会责任履行仍旧存在较大问题,由此推测中国企业整体社会责任意识较差,履行社会责任义务的能力较低,履行社会责任的整体水平较差。

表 5-1 2022 年中国前 300 强企业社会责任履行状况评级统计

评级	一星级	二星级	三星级	四星级	五星级
数量(家)	124	35	72	53	16
所占比例(%)	41.3	11.6	24	17.6	5.3

数据来源:《中国企业社会责任发展报告》。

在过去的十几年里,中国企业社会责任发展经历了明显的变化。通过对比 2010 年至 2022 年的数据,我们可以观察到一些显著的趋势。一星级水平企业的数量呈现下降趋势。2010 年时,有 218 家企业被评定为一星级水平,然而到了 2022 年,这一数字降至 124 家。与之相对应的是,四星级及以上水平企业的数量在同期内出现了显著增长。2010 年,只有 14 家企业达到了四星级及以上水平,而到了 2022 年,这一数字已经增加到了 69 家。

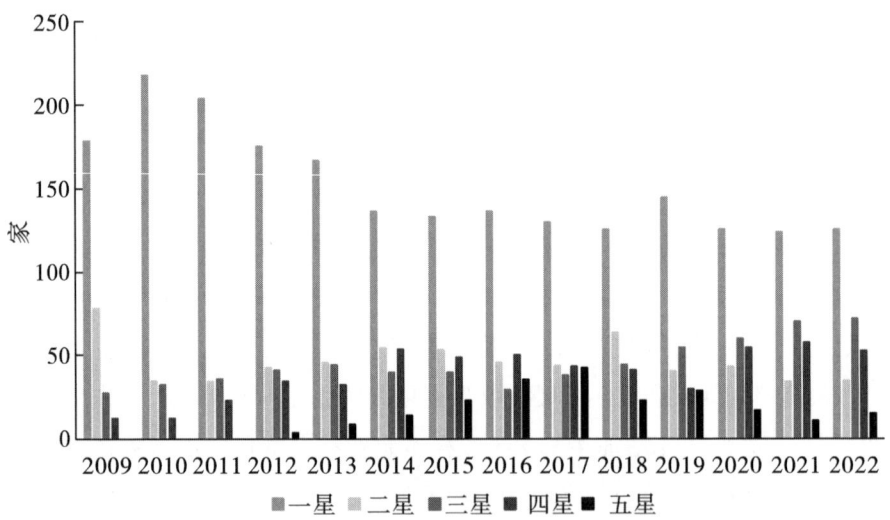

图 5-2 2009—2022 年中国企业 300 强社会责任发展指数评级

这种变化背后反映了企业对社会责任的不同态度和行动。随着党和国家对社会责任的日益重视以及社会环境的快速变迁,越来越多的企业意识到社会责任的重要性。他们不仅注重自身经营发展,更加重视履行社会责任,积极参与社会公益事业。为了更好地履行社会责任,这些企业不断完善社会责任管理体系,加强社会责任信息披露,向社会公众和利益相关方传递更多的责任信息,提升企业的社会形象和公信力。这一趋势的发展不仅有助于企业自身的可持续发展,也促进了社会的和谐稳定和可持续发展。

3.国有企业社会责任履行状况强于民营企业和外资企业

2022年的企业社会责任发展指数呈现一些显著的变化。在国有企业100强和外资企业100强中,社会责任发展指数都有所上升,而民营企业100强的指数则出现了小幅回落。具体来看,国有企业100强的社会责任发展指数得分最高,为55.5分,与2021年相比并未出现明显变化。民营企业100强的指数稍次,为33.4分,比去年下降了0.3分。而外资企业100强的指数则有所上升,达到了20.2分,较去年增加了1.1分。纵向对比来看,从2009年到2022年,国有企业100强、民营企业100强和外资企业100强的社会责任发展指数整体上呈现上升趋势。国有企业100强的社会责任发展指数一直处于领先地位,并逐步向四星级水平迈进。而民营企业100强的指数总体略高于外资企业100强,但起步较低,一直保持在起步阶段。外资企业100强的社会责任发展指数虽然起步较低,但也呈现出逐步增长的趋势,尽管在过去几年有所波动,但整体趋势依然向好。

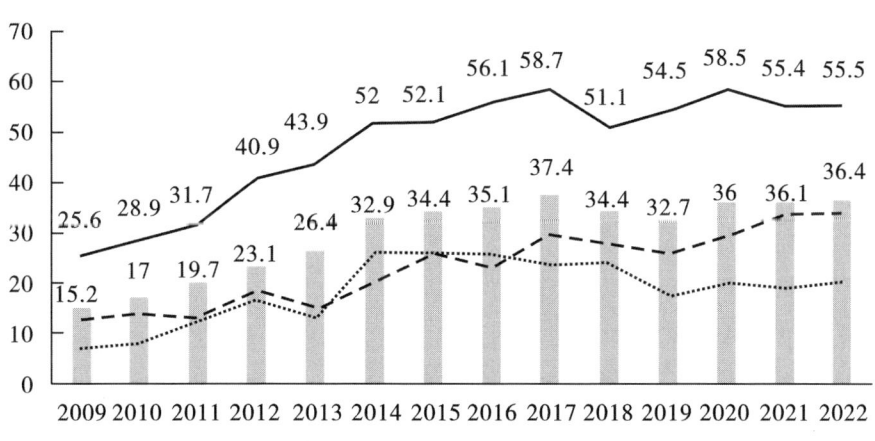

图5-3 2009—2022年中国企业300强社会责任发展指数

除此之外,从不同性质的企业来看,国有企业100强在各项责任议题上的表现整体优于民营企业100强和外资企业100强,且国有企业和民营企业的责任议题披露重点基本相同,具体来看,国有企业100强和民营企

100强都倾向于披露政府责任、股东责任等方面的信息,而外资企业100强更加注重伙伴责任、社区责任、绿色管理、绿色运营等议题信息的披露。

综上所述,虽然在十五年间,我国企业社会责任履行的整体情况得到了一定改善,但整体来说我国企业社会责任履行情况仍然不容乐观,以中国企业前300强为例,企业社会责任指数总体处于起步水平,截至2022年,仍有超过三分之一的企业处于社会责任评级的最低级别,社会责任履行中等偏上企业不足所调查企业的三分之一,并且,大企业作为行业佼佼者,对于中小企业而言具有带头示范作用,大型企业若不能很好地履行自身的社会责任,便很难对其他企业起到带头作用,甚至会使中小企业忽视社会责任履行的情况出现,整体而言,不利于推动我国企业履行社会责任,为经济高质量协调发展助力,尽管从历史趋势来看,近十五年来,我国企业社会责任履行情况不断向好,但很长一段时期内,仍存在着艰巨的问题与挑战。

(二)中国推行企业社会责任的主要问题

我国正处于社会主义初级阶段,坚持公有制的主导地位,同时鼓励、支持和引导非公有制经济的发展。企业在国民经济中扮演着关键角色。随着社会的进步,企业不仅追求盈利,还要承担社会责任,实现企业利益与社会利益的统一。在中国特色社会主义市场经济中,企业不仅是独立的经济实体,也是宏观经济发展的重要参与者和贡献者。在这种背景下,企业需要平衡个体利益与集体利益,确保自身发展能够得到社会和市场的认可。尽管我国市场经济在不断发展,但依然面临诸多不完善和不成熟的因素。在这样的背景下,中国企业尚未达到将个体利益与集体利益完全契合的状态。很多企业往往将利润最大化视为首要目标,特别是在自主意识的影响下,更倾向追求个体经济利益,将社会利益仅仅视为实现个人利益的手段或跳板。这种现象导致了企业不愿承担社会责任,引发了一系列社会问题,比如资源浪费、环境污染、劳工权益受损等。因此,对企业进行社会责任教育和引导,促使其更多地考虑社会责任,在追求经济利益的同时也兼顾社会效益,是当前亟须解决的重要问题。

1. 企业管理者社会责任意识薄弱

企业社会责任是企业管理者在进行管理决策时所体现的一种社会责任

意识和行为准则的综合体现。管理者不仅仅是企业经营的决策者,更是社会责任的承担者,其应当认识到自身在企业运营过程中不仅仅是为了经济利益,还承担着一定的社会责任。管理者的社会责任感不仅体现了其对企业自身的定位,更反映了其对企业与社会之间关系的看法和态度。因此,培养和强化企业管理者的社会责任感,对于企业的长远发展和社会的可持续进步至关重要。由于我国经济发展得尚不成熟,规章制度尚未完善,使得企业管理者社会责任意识缺乏培养土壤,加上国内企业社会责任研究相对起步较晚,这导致了学者和企业管理人员在社会责任的具体内涵上存在一定的模糊不清。受此影响,缺乏相关的法律法规来明确解释和说明,使得企业在承担社会责任方面难以高效率地开展工作。更有甚者,一些企业尚未真正建立完善的社会责任组织管理体系,导致推进企业社会责任的力度不够,无法形成有效的推动机制。除此之外,一些企业对于企业社会责任的量化描述还不够充分,缺乏具体的指标和评估体系,难以全面客观地衡量社会责任的履行情况。这直接导致企业管理者对承担社会责任的认识不够深刻,进而使企业管理者认为只需在法律规定的范围内从事生产活动,就能够履行社会责任,而忽略了企业其他利益相关者的利益,包括商业合作伙伴、顾客和大众等的利益,这种情况容易引发一系列社会问题。

企业履行社会责任的方式过于单一,主要集中在经济层面,忽略了其他方面的责任。许多企业仅把公益活动当作自我宣传的工具,或者简单地将履行社会责任作为企业形象的一部分,而实际上并未真正履行起应有的责任。这种现象的根本原因在于,当前社会环境下,很多企业并没有深刻认识到履行社会责任的重要性,社会责任意识相对较为淡薄。因此,需要通过加强社会责任教育,引导企业深入理解社会责任的内涵与意义,促使其从根本上改变对社会责任的认识和态度,以实际行动落实社会责任,为社会的持续发展做出更为积极的贡献。

2. 企业社会责任履行机制不完善

由于部分企业社会责任意识淡薄,高层管理者对企业的社会责任履行缺乏足够认识,由此影响企业管理的诸多方面。

在企业内部管理体系方面,许多企业未设置专门的社会责任执行机构,不能对企业履行社会责任的过程进行有效管理,其社会责任管理机制有待完善,这一情况所造成的直接后果在于企业无法对突发的社会责任危机进行及时处理解决,无法规避和化解社会责任危机下的重大风险,在企业社会责任履行愈发重要的当下和未来,倘若企业无法建立一套行之有效的社会责任管理体系,就会对企业未来的发展产生不利影响。

在企业外部信息披露方面,很多企业社会责任信息披露不全面不及时,社会责任信息披露是上市公司将自身履行社会责任的情况向社会公众公开的过程,对于促进企业价值与社会价值的统一,实现企业可持续发展具有十分重要的意义。诚然,随着经济现代化的不断推进,企业的社会责任信息披露意识不断提高,披露内容不断丰富,披露形式也逐渐规范,越来越多的企业开始将社会责任履行信息向利益相关者及公众披露,内容涵盖公司在经济、环境和社会等方面的实践成效,除了在正式的公司年报中进行披露以外,在企业官方网站或宣传平台也多有提及,但仍然存在诸多问题。从企业内部来看,部分企业所进行的社会责任信息披露存在重形式、轻实质的问题,强调表面而忽略实质,同时对社会责任信息披露缺乏重视,在信息披露的具体过程当中,缺乏系统的信息收集、整理和编制工作,从企业外部来看,社会责任信息披露的监管机制尚不完善,存在监管不力的情况,同时,社会公众对企业社会责任信息披露的需求和信息披露质量的不匹配,导致投资者和社会公众无法有效地通过企业的社会责任信息披露情况对企业资质信誉进行判断,从而影响投资决策。

3. 企业职工的合法权益得不到有效保障

企业职工权益包括安全生产权益与工资报酬权益等诸多权益,部分企业为实现企业利益最大化,忽略职工的正当权益。近年来,关于"九九六""零零七"工作制的新闻频频冲上热搜,甚至有部分企业家公然宣称员工要以加班为荣,从而实现自我价值,提倡将员工工资控制在一定范围之内,以激励员工努力工作,企业一边占用员工的非工作时间,一边又不愿意支付加班的劳动报酬,在劳动法出台之后,这样的情况得到缓解,但企业与员工地位的不对等使得员工仍旧无法捍卫自己的应得利益,没有强有力的组织代表员工捍卫权利,诸如此类问题包括劳动合同签订、工时与工资不匹配、薪资水平低下等。在安全生产方面,员工在企业的经营中存在很多安全和健康方面的问题。虽然近年来,在有关部门和单位的共同努力下,我国总体安全形势持续稳定向好,呈现事故总量持续下降、较大事故同比下降、重大事故基本持平的良好趋势,但事故发生的次数和死亡人数仍然触目惊心,这直接反映出企业的安全生产形势不容乐观。

企业履行社会责任的本质是要以人为中心,尊重维护人的合法权益,我国陆续出台了诸法律法规加以约束,然而从实际情况来看,仍旧存在诸多问题。尽管在劳动法中对员工与企业之间的关系和权益进行了全面的描述和规定,但由于缺乏坚实的保障措施和监督机制,员工的合法权益得不到有效保证,此类问题包括童工雇佣、工资拖欠和社保医保缴纳等诸多方面,我国企业应当明确自身应当承担的社会责任,以人为本,维护员工的合法权益,实现企业价值与个人价值的统一,从而实现企业的长远健康发展。

4. 环境责任问题依旧不容忽视

中国经济发展起步较晚,且早期存在诸多困难,受条件所限,很多企业在经营管理中达不到环境保护与企业发展的平衡,造成了大量的资源浪费和环境污染。进入 21 世纪以来,特别是党的十九届三中全会以来,国家大力扶持环境友好型企业,提倡环保绿色可持续发展,重视经济发展质量,不一味地追求效率,去粗存精,去伪存真,在碳达峰碳中和政策的指导下,我国的环境建设取得了一定的成就,然而企业的绿色转型不能一蹴而就,许多企业仍旧不能很好地履行自身的环境责任问题,同时,由于环境承载力度的限制,早期发展粗放型经济所遗留下来的环境问题仍不能忽视,环境治理仍旧任重道远,在此情况下,企业的环境责任履行至关重要,只有当政策与企业环境责任履行产生合力,我国的环境治理才能够日见成效,公众的生活环境才能够得以不断改善,企业自身的绿色可持续发展才能够进行下去,环境问题不容忽视,企业的环境责任履行至关重要。

5. 公众期望与企业社会责任履行情况不匹配

随着我国改革开放的不断深入,社会价值观呈现出多元化的趋势。在这样的背景下,经济社会改革和发展如果处理不当,很可能会加深现存的各种矛盾。与以往相比,公众对企业的期待和责任要求也变得更加高涨和复杂。因此,我国的企业必须正视当前存在的各种问题,从多方面出发,努力提高和改善企业社会责任的履行。这不仅仅是对企业自身的要求,更是对社会责任意识的提升和全社会文明进步的体现。企业应该积极参与社会事务,关注社会公益,推动经济社会的可持续发展,为构建和谐稳定的社会环境贡献自己的力量。

二、中国企业社会责任建设滞后的原因

由于我国企业社会责任建设起步较晚,理论界和实践界对于企业社会责任建设的关注有限,相较于资本主义市场经济发展成熟的西方国家而言:一方面,我国社会主义市场经济起步较晚,现今仍处于蓬勃发展阶段,各方面制度尚未完善;另一方面,理论界对于企业社会责任研究关注较晚,研究成果不够丰富,理论成果难以指导企业生产实践,在理论与实践的双重因素作用下,相对于西方发达国家,我国企业社会责任建设呈现滞后态势,造成此种情况的原因是多方面的,既有宏观原因,也有微观原因;既有企业自身的原因,也有企业外部的原因,通过梳理总结主要可以归纳为以下几个方面。

(一)经济发展水平

中国企业社会责任建设滞后的根本原因在于经济发展水平的相对落后。一般而言,一个国家的经济越发达,社会生产力越充裕,企业社会责任的履行情况也就越好;相反,经济水平越低,企业的社会责任履行则可能越差。西方发达国家的例子不胜枚举,就拿美国来说,该国在西部的开发过程中曾大规模掠夺自然资源,造成了长期的环境"后遗症"。然而,如今美国企业已能够设立雄厚的公益基金,积极参与各种社会活动。这主要得益于生产力和经济水平的不断提升。随着经济的发展,社会对企业的期待也从单纯的经济效益转变为更加关注社会效益。只有履行好企业的社会责任,才能获得社会的认可和尊重。因此,中国企业必须认识履行社会责任的重要性,积极主动地参与社会责任建设,为社会的和谐发展贡献自己的力量。

在经济发展水平相对落后的情况下,企业的首要目标通常是追求生产力的发展。为了实现最快速度的生产力提升,往往需要做出一些牺牲,比如

可能导致环境污染、资源浪费等。中国在改革开放初期,以经济建设为中心的宏观指导下,经历了经济发展水平相对较低的阶段。在这个阶段,中国企业普遍面临资金缺乏、技术水平落后以及效益低等问题,因此,这些企业往往将追求利润最大化作为主要目标。对于社会责任,尤其是那些可能损害企业经济利益的社会责任,由于与企业的追求目标不符,导致企业不愿意或者无力承担。

由于经济发展水平的滞后,社会对企业的期待主要集中在提高经济效益方面。在这种情况下,对企业的道德和社会责任要求往往较低。政府及其他相关部门也通常对企业不承担社会责任的行为持宽容态度,对于这种现象的处罚相对较为轻微。很多企业主观认为,只要某项行为有利于企业的经济利益,就是合理的,也有一些企业管理者对社会责任具有较高的认识和责任感,但由于企业实力有限,不得不放弃部分社会责任的履行。

经济发展水平落后,决定了企业倾向于采取短期行为,重视经济效益,虽然我国已经向集约型经济转型,但经济发展的惯性使得早期的社会责任建设遗留问题仍未完全解决,我国是世界上最大的发展中国家,经济发展还有很长的路要走,经济发展水平决定企业社会责任履行水平的高低,目前来看,我国企业社会责任建设相对滞后。

(二)企业自身因素

企业自身问题是中国企业社会责任建设滞后的主要原因。主要体现在企业经营理念滞后和社会责任意识薄弱等方面。一些企业仍然停留在古典管理理念的阶段,他们一味强调经济利益,而忽视了以人为本的经营理念。这些企业往往通过增加员工的劳动强度、延长员工的劳动时间,以及通过经济手段对员工进行奖励或处罚来实现利润最大化。特别是在非国有企业中,部分企业缺乏对社会责任的认识,他们不重视改善员工的工作条件和安全保障,将这些因素视为次要甚至无关紧要的事情。相反,他们过度追求成本降低,这导致了员工士气的低落和劳动效率的下降。由于员工离职率居高不下,企业不得不面对更高的招聘和培训成本,进而增加了整体的经营成本。

同时,部分企业缺乏开放式经营和长远发展的思想,它们往往将视野局限在企业内部,只注重眼前的经济利益最大化,而忽视了企业与整个社会的紧密联系。这些企业缺乏对长远发展的考虑,甚至以牺牲社会利益为代价来追求短期利益。它们没有意识到只有融入社会、积极履行社会责任,才能在社会中长期立足,否则,这些企业注定在竞争中被淘汰,无法实现长期可持续的发展。

此外,在经济体制转型期,道德评价标准的混乱也是造成企业管理者道德素质低下的重要原因。人们不自觉地将利润最大化作为唯一追求的最高目标,经济主义价值观的影响使得部分人只追求经济利益,而忽视了精神和信念的价值,对物质利益的疯狂追求以及经济主义价值观的过度膨胀,已经导致了一系列问题的滋生,如本位主义、个人主义和极端利己主义等。当前,对企业的评价主要以经济效益为标准,对管理者的评价也往往奉行效益至上的原则,这种观念导致一些管理者将经济利益视为企业一切行动的唯一衡量标准,而忽略了对社会的责任。

(三)外部监管不力

外部监管不力是中国企业社会责任建设滞后的重要原因,企业在生产经营过程当中,会受到诸多外部因素的共同作用,由于环境的复杂性和外部因素的多元性,企业的生产经营会面临较大的不确定性,同时,正因为外部因素的存在,管理才成为一门科学和艺术,企业不能够随心所欲地进行生产活动,外部力量的制约常常是约束企业合规生产经营的重要力量,对于我国企业的社会责任建设而言,由于起步较晚,外部因素并未形成有效力量从而对企业自身的社会责任履行起到制约作用,外部监管也成了中国企业社会责任建设滞后的重要原因,外部因素主要包括法律法规、政府监管以及利益相关者的影响,主要可以归纳为以下几类。

1. 职能部门监督管理效能需提升

随着对企业社会责任关注的不断提升,企业开始更加认同承担社会责任的价值观。然而,由于法律法规的不健全、职能部门监督的不到位以及监管权限的不明晰,仍然存在相当多的企业,以支持企业社会责任的名义,强制推行一些违背企业社会责任的行为。这种做法不仅违背了企业应尽的社会责任,也影响了企业的健康发展,由此引发了一系列社会矛盾。主要体现在以下几个方面。

首先,我国法律法规体系的不健全是当前企业履行社会责任存在问题的重要原因之一。尽管针对企业的相关法律法规一直在不断修订和完善,但在实际操作中,企业在履行社会责任方面仍然存在一些问题。一些法律条款缺乏具体的界限,导致在实施过程中缺乏操作性,难以有效地约束企业的行为。同时,时代在快速进步和发展,与时代相对应的法律法规制度也应该顺应环境的变化做出改变,然而,法律的更新总是滞后于社会发展的需要,这种情况导致了许多企业寻找法律漏洞,游走在法律边缘,也因此加剧了社会的不稳定因素。因此,必须加强法律法规的修订和完善,以适应社会发展的需要,更好地规范企业行为,保障社会的稳定和谐。

其次,职能部门的管理职能不到位是影响企业承担社会责任的另一个重要因素。职能部门监管在促使企业履行社会责任方面具有重要作用,企业是地区经济发展的重要支柱,更是社会增加财富的重要来源。监管不力导致了一些高污染、高消耗的企业破坏了生态环境。尽管我国颁布了一系列关于保护消费者权益和环境保护的法律法规,但实际执行效果并不理想。

最后,在当前情况下,职能部门的监管权限存在着不清晰的问题,尤其在市场经济条件下,职能部门监管对企业履行社会责任至关重要。党的十八届三中全会提出了推行政府"权力清单"政策的要求,旨在将政府的权力列表公之于众,以主动接受社会监督。在对企业的不道德行为或违法行为进行惩罚时,监管部门之间的监督权力界限常常模糊不清,也使得实现监管目标变得更加困难。这种情况不仅增加了企业的不规范行为的可能性,也削弱了职能部门监管的有效性,对于维护社会秩序和企业社会责任的履行构成了一定的挑战。为了解决这些问题,需要加强对法律法规的修订和完善,明确政府职能,优化监管体制,确保各监管部门之间的协调配合,以更有效地实现对企业行为的监管和规范。

2.利益相关者监督作用有限

随着市场环境的不断变化,企业社会责任的履行面临着越来越多的挑战。尽管越来越多的企业已经开始重视并履行自身的社会责任,但仍旧有部分企业社会责任意识薄弱,缺乏主体性和自律性。在此情况下,外部力量的监督有时候会对企业履行社会责任产生十分重要的作用,社会公众对于企业的监督作用有限主要体现在以下几个方面。

首先,新闻媒体舆论监督滞后。新闻媒体在社会舆论监督中扮演着关键角色,然而,其舆论监督的滞后问题不容忽视,在市场经济体制下,新闻媒体不仅具有舆论引导功能,还承担着特殊的监督职责,因此备受社会大众的信任。然而,一些新闻媒体由于内部原因,如把关不严、受经济利益驱使、人力资源配置不合理以及媒体文化的世俗化趋势等,未能及时对那些不承担社会责任的企业进行公开曝光,反而更多地推送"低俗新闻"或"有偿新闻",这一现象引发了一系列社会问题。

其次,消费者维权意识不强。我们应当关注消费者维权意识的薄弱现象。维权意识的提高意味着消费者在权益受到侵害时应该有意识地采取各种途径来捍卫自己的合法权益,以保护自身的正当利益。尽管我国的《消费者权益保护法》对消费者权益保护做出了详细规定,并明确了维权的方式,但在实际生活中,许多消费者对维权方式存在一些误解。他们往往认为维权需要花费过长的时间和高昂的成本,最终可能导致维权无果或者选择放弃。这种消费者自我维权意识的淡薄为企业从事消费侵权行为提供了可乘之机,这种情况若持续下去,将不利于企业履行和推广社会责任。

(四) 企业社会责任相关理论研究滞后

中国企业社会责任建设面临的一个重要制约因素是理论研究滞后。理论与实践相互作用,缺一不可,理论是指导实践的重要基础,相较于国际社会而言,由于我国市场经济起步较晚,因此我国的社会责任履行实践也较为滞后,无法为理论研究提供丰厚的实践土壤,然而,在借鉴同类国家经验的基础上而言,企业社会责任理论研究能够有效地指导社会责任实践活动,在国外,企业社会责任的实践相对较好,其中一个关键因素是发达国家具有较为成熟的企业社会责任理论体系。在这个体系中,企业已经普遍认可了社会责任的重要性,并认识到社会责任对企业的积极作用。正是因为有理论研究为支撑,企业才能真正接受社会责任,并自觉地履行。然而在中国,由于国内学术界对于企业社会责任的理论研究处于发展阶段,对于企业社会责任的作用机理尚未形成统一认识,也没有研究出适合中国国情的理论体系,因此无法有效地指导企业履行社会责任的实践活动,仅靠企业的摸索和尝试会出现很多问题,并且难以短期内探索出适合中国的一套实践办法,同时,理论研究的滞后也无法有效指导相关机构建立科学合理的治理体系和相关法律法规。因此,只有理论与实践相互促进才能推动我国企业社会责任履行的进步和发展。

综上所述,中国企业社会责任建设滞后受多方面因素共同影响,呈现出理论与实践交织,内部因素与外部因素共同作用的效果。一方面,理论研究的不足难以指导企业社会责任履行实践;另一方面,条件所限使得企业实践不能够很好地履行社会责任。同时,中国企业社会责任建设滞后并不是完全因为企业道德水平不高或者经营管理理念陈旧等内部因素造成的,企业的外部环境影响也是重要原因,在宏观环境和微观环境的双重作用下决定了中国企业目前普遍存在社会责任建设滞后的现象。

三、我国战略型企业社会责任缺失原因分析

(一)企业社会责任缺失概述

自企业社会责任概念提出以来,相关研究领域受到了广泛的关注。在这一概念被提出后不久,Ferry(1962)在企业社会责任概念的基础上首次提出了企业社会责任缺失的概念,将其视为企业社会责任研究的拓展和对立面,指出企业社会责任缺失是一种企业通过牺牲他人利益创造股东价值的不道德行为。随后,Armstrong(1977)对企业社会责任缺失进行了进一步的界定,将其解释为一种违法或不道德的非最优企业行为。然而,真正引起学界重视的是在这一概念提出的三十年后,特别是2008年全球金融危机爆发后,大量商业丑闻相继曝光。这一实际情况推动了企业社会责任缺失相关研究的发展。学者们开始关注企业社会责任缺失可能带来的经济后果,并探究有助于缓解企业社会责任缺失的因素,理论界认识到对于企业社会责任缺失原因的探究不仅对企业长期发展有帮助,也对社会整体福利提升具有积极作用。

企业社会责任缺失作为一个新的概念,其与企业社会责任之间的关系

值得深入探究。目前,关于企业社会责任和企业社会责任缺失关系的研究主要呈现两种不同的观点。一些研究将企业社会责任和企业社会责任缺失视为一个连续体,认为它们是互斥的两个概念,一家企业无法在履行企业社会责任的同时实现企业社会责任缺失。另一些研究则将企业社会责任和企业社会责任缺失定义为两个交叉的概念,表明它们具有不同的原因和后果,且可以同时存在于一家企业中。对于企业社会责任与企业社会责任缺失之间的关系,深入研究有助于更好地理解企业在社会责任履行中的行为和动机,下面对两种不同观点分别阐述。

一些观点认为,企业社会责任和企业社会责任缺失可以看作是连续概念的两个极端(Jones 等,2009)。在这种观点下,企业社会责任缺失被视为连续概念的消极一端,它被定义为以牺牲其他利益相关者为代价实现股东利益最大化的企业行为。与之相反,企业社会责任则被看作是连续概念的积极一端,指企业在做出决策时需要满足其他利益相关者的利益和期望,而不仅仅是关注股东利益。这种理解有助于评估企业在社会责任履行方面的表现,并为制定相应的管理策略提供参考。

一些学者认为,企业社会责任和企业社会责任缺失是两个不同的概念。尽管早期的观点认为这两者是零和博弈,即连续体的两个极端,但基于交叉概念的研究却发现了不同的结果。这些研究表明,企业社会责任和企业社会责任缺失可以在同一家企业中同时存在。甚至在某些特殊情况下,企业的社会责任水平和企业社会责任缺失水平可能同时较高。这种交叉关系的出现可能有多种原因。首先,可能是因为两种企业行为涉及的负责部门不同。举例来说,跨国企业可能在一个地区较好地履行企业社会责任,但在另一个地区出现企业社会责任缺失。其次,交叉关系也可能是因为两种企业行为涉及的维度不同。例如,一家公司在具有高社会和环境标准的同时,可能会违反当地的反垄断法(Herzig 和 Moon,2013),Keig 等(2015)也认为,一个公司可以在一个社会责任领域有很强的责任感的同时,也会在其他领域同时存在企业社会责任缺失行为。此外,交叉关系还可能是因为两种企业行为涉及的对象不同。企业某些行为可能对一部分利益相关者负责,但对另一部分利益相关者不负责(Rodriguez,2006)。这些研究揭示了企业社责任和企业社会责任缺失之间复杂的关系,有助于更深入地理解企业行为的多样性。

(二)企业社会责任缺失原因分析

由于在已有研究当中,对于企业社会责任和企业社会责任缺失之间存在争议,且多数学者认为,企业社会责任缺失是不同于企业社会责任的全新概念,因此有必要将企业社会责任缺失单独进行研究,探究我国战略性企业社会责任缺失的原因,有助于明确我国企业社会责任缺失的形成机理以及解决措施,如何防范化解企业社会责任缺失行为的产生,对企业履行社会责任具有十分重要的意义,通过梳理文献可以发现,有企业社会责任缺失的前因研究一直是企业社会责任缺失研究中的一个重点,国外学者对企业社会责任缺失的形成原因做了较为细致的研究,主要从外部环境、企业层面和个体层面三个角度分析了企业社会责任缺失的根源和作用机制,对于中国企业社会责任缺失的原因研究提供理论支撑,结合中国社会责任履行现状进行剖析,根据相关研究和实践,可以将中国企业社会责任缺失的原因归结为以下几点:

1. 外部环境因素

Baucus 和 Near(1991)的研究指出,企业社会责任缺失的发生与外部环境的复杂性和资源的稀缺性密切相关。在复杂而多变的外部环境中,企业管理者需要更高的能力和更丰富的知识经验来处理外部复杂信息,以应对这种复杂多变的外部环境,常规的管理手段很可能无法实现企业的稳定发展,甚至无法保证企业的正常运行。然而,这种高压力的外部环境可能使管理者感到业绩压力,为了缓解这一压力,他们可能会做出错误决策,通过损害其他利益相关者的权益来追求企业的短期收益,从而加剧企业的社会责任缺失(Strike,2006)。

此外,行业竞争的激烈程度也是导致企业社会责任缺失的一个因素。企业所处行业的竞争强度会提升企业高管的业绩压力,在竞争压力无法通过常规手段缓解时,能力较弱的高管可能会选择不正当的竞争手段,以帮助企业在短期内获得竞争优势(Daboub,1995)。

资源的稀缺性也可能推动企业采取极端手段,当外部环境无法提供足够的资源时,企业为了发展需要努力获取有限的外部资源。当资源的稀缺性威胁到企业的生存时,企业可能会采取违法或违反道德的行为来获取资源,进而导致社会责任缺失的发生(Staw 和 Szwaj-kowski,1975)。此外,行业的异质性对企业社会责任缺失行为也会产生一定的影响,Baucus 和 Near(1991)研究发现某些特定行业的企业社会责任缺失水平更高,更容易出现企业社会责任缺失,有学者对该现象的原因进行了研究,认为发生这一现象的原因在于行业环境存在差异,包括竞争程度、宣传成本、政府监管严格程度等因素在不同行业中存在差异,在竞争激烈、宣传成本高或监管不严的行业中,企业的社会责任缺失现象更为常见(Daboub,1995)。

中国经济发展正处于向以技术为核心的高质量发展转型的关键时期,所面临的外部环境十分复杂。一方面,中国经济发展转型的必然性决定了企业必须顺应时代潮流,变革已有的生产经营模式,从以传统生产要素为核心的生产模式向以技术和数据等新型生产要素为核心的生产模式转型,在这个过程中,一部分企业无法跟上社会需要进行转型,终将被时代所淘汰。另一方面,大数据、云计算、人工智能等新型技术的兴起和发展对企业产生了重大影响,企业要进行技术革新和数字化转型,发展全新技术以跟上大众日益丰富的需求,进入21世纪以来,构筑以技术为核心的竞争力体系成为企业在日益激烈的市场竞争中拔得头筹的秘诀,发展和运用新技术,以大众需求为导向,以技术能力为竞争内核,以优质产品和服务占领市场,在竞争激烈的外部环境作用下,企业很容易因业绩压力铤而走险,采用非常规手段进行经营管理,从而产生企业社会责任缺失行为,损害利益相关者的利益,如2021年阿里巴巴集团下的淘宝购物平台,为巩固自身的竞争优势,抢占市场份额,为在同类型平台中取得优势,利用自身的垄断地位强制品牌方进行二选一,其行为给利益相关者造成了恶劣的影响,属于社会责任缺失行为,最终招致180亿元罚款。

2.企业自身因素

企业文化和组织结构等内部因素对企业社会责任缺失的发生具有重要影响。在这些因素中,竞争性企业文化尤为突出,是企业层面加剧或抑制企业社会责任缺失的核心影响因素。Balch 和 Armstrong(2010)指出竞争性的企业文化会加剧企业社会责任缺失。竞争性企业文化的本质导致了企业在追求目标时往往忽视了实现目的手段的合法性和道德性(Clinard 和 Yeager,1980)。竞争使企业不断试图超越界限,竞争文化的实质是在合理合法的范围内采取激进战略,但有时已然触碰到了道德底线,而个体往往不认为自己的行为存在不道德,反而为自己的行为进行辩护(Anand 等,2005)。这种合理化的行为使得违规行为变得更加容易发生,并且逐渐侵蚀了组织的道德氛围,为未来更严重的违规行为铺平了道路,管理者缺乏管理道德,不择手段,从而加剧企业社会责任缺失行为的产生(Ashforth 和 Anand,2003)。因此,竞争文化往往会导致企业社会责任缺失情况不断发展恶化,对组织的长期发展造成潜在威胁。由于竞争性文化的存在以及外部市场竞争环境的日渐激烈,企业极有可能采取非正规的方式进行恶性竞争,如窃取商业机密、进行价格竞争等,无一不对相关者造成恶性影响,此种行为会加剧企业的社会责任缺失现象,使得企业成为一个社会责任缺失型的组织。

企业的组织结构对企业社会责任缺失行为同样具有重要影响。研究表明,随着企业权力集中程度的增加,高层管理者所承受的业绩压力也会随之增加。同时,这些高层管理者在企业决策中拥有更大的话语权,往往没有受到足够的制约和监督。这种情况下,他们更容易采取一些不道德的行为,以获取短期的利润或规避短期的风险,而不顾及企业的长期发展和社会责任。因此,组织结构的权力集中度对于企业社会责任缺失行为的发生具有重要的影响,需要引起企业管理者的高度重视和关注。

如以 2016 年至 2020 年地产"龙头"融创中国收购金科股份为例,其收购案的根本原因在于,被收购方金科股份的大股东权力过于集中,公司内部无法进行有限的监督管理,使得大股东可以无限制地减持股份进行套现,注重个人利益而罔顾公司整体利益,导致控股权结构不稳,外部势力趁虚而入,从而引发了长达四年的公司控制权争夺风波,其间对公司的经营产生了重大影响,利益相关者的权益受损,股票停牌等维护控制权策略对中小股东的利益造成了巨大的损害,属于严重的社会责任缺失行为。

3. 个体行为及背景因素

企业内部成员,包括高层管理者和员工,都在不同程度上影响着企业的社会责任缺失行为。高层管理者作为企业决策的主导者,对企业的社会责任缺失有直接影响(Palmer 和 Ma-her,2006)。过去的研究表明,高阶理论对于理解企业行为的影响起着重要作用,已有大量学者验证了高管个体以及团队特征对企业决策、企业行为存在直接影响,其被广泛运用于解释企业行为发生的原因。Daboub(1995)认为高管团队的人口统计学特征,如性别、背景等,影响着他们解决问题的方式和决策偏好,从而直接影响企业的社会责任表现。

同时,管理者个人特征对企业社会责任缺失行为发生亦具有一定影响。目标导向型管理者通常更注重达成经济目标,而忽视了实现这些目标的手段是否符合道德规范,这可能增加了企业社会责任缺失的风险(Balch 和 Armstrong,2010)。具有海外背景的董事通常具有更广阔的视野和更强的社会责任意识,对企业决策中的利益相关者诉求更加关注,有助于减轻企业的社会责任缺失问题(张林刚,2020)。整体而言,高管团队的结构特征也会影响企业的社会责任表现,此外,员工作为企业内战略决策的执行者,虽然不能影响公司整体战略,但会对企业的社会责任缺失产生影响,例如,对于企业中那些忠诚度较低的员工而言,出于对管理者和企业的不满以及外部利益的引诱,可能会采取一些不道德的行为(Pearce 和 Giacalone,2003),从而损害企业形象和利益,员工个体行为放大为企业整体行为,进而造成利益相关者的损失,这也属于企业社会责任缺失的范畴。

四、中国推行企业社会责任的对策建议

通过以上对我国企业社会责任发展现状存在问题的原因分析,我们可以把其归结为三个方面。首先,政府在对企业社会责任的规范和引导方面强制性规定和正面引导作用不足,导致企业行为缺乏明确的指引。其次,企业自身对企业社会责任的认识有所不足,很多企业更关注经济利益的追求,而忽视了对社会责任的担当。最后,公众和舆论监督在推动企业社会责任履行方面的作用不够,缺乏有效的监督机制和舆论引导,使得企业社会责任缺乏必要的压力和约束。针对这些问题,应该从政府、企业和公众三个方面提出建设性意见。政府需要不断出台相应的法律法规,引导企业履行社

责任,为企业提供明确的政策支持和激励机制。企业则需要转变经营理念,从单纯追求经济利益转向更加注重社会责任,将社会责任融入企业发展的全过程。同时,公众也应该积极参与企业社会责任运动,成为责任的传播者和监督者,推动企业履行社会责任的多维度、多主体、多层次的共同努力。

构建和谐社会不仅是国家发展的内在要求,也是企业社会责任的根本目标。企业不能仅仅是追逐财富的工具,更应该成为社会发展的推动者和参与者。政府、企业和公众应该共同努力,以多方合作的方式推动企业社会责任的全面履行,为构建富强、民主、文明和谐社会做出积极贡献。

(一)发挥政府引导作用

1. 精神与物质并举引导企业履行社会责任

政府在推动企业履行社会责任方面发挥着重要作用,其制定的法律法规和监督管理措施具有一定的强制性。同时,除了法律等硬性约束外,政府也可以通过其他柔性措施进行引导,以促使企业更加积极地承担社会责任。为此,2017年9月25日,《中共中央 国务院关于营造企业家健康成长环境弘扬优秀企业家精神更好发挥企业家作用的意见》发布,该文件首次明确了企业家精神的地位和价值,并提出了引导企业家履行社会责任的具体措施。

政府在引导企业履行社会责任方面可以采取多种措施,其中包括经济激励以及精神嘉奖等相关措施。例如,政府可以通过财政拨款、财政贴息、税收返还等方式,积极扶持社会责任履行到位的企业,为积极履行这部分企业提供实际上的支持和奖励。同时,政府还可以为这些企业提供较低利息的贷款,或者无偿提供土地等资源,以鼓励企业更加积极地投入社会责任履行中去。此外,政府相关部门也可以组织年度评选,对表现良好的企业予以荣誉称号等嘉奖,提升企业的知名度,打造品牌形象,鼓励企业更好地履行社会责任。

通过实质性的经济激励与荣誉性的精神引导相辅相成,将会有效地促进企业积极履行社会责任。政府的积极参与和引导有助于构建一个更加和谐、稳定的社会环境,促进社会各界共同发展。

2. 构建有效评价体系促进企业履行社会责任

建立完善的企业社会责任评价体系对于我国的发展具有重要意义。首先,完善企业社会责任评价体系具有重要意义。这一举措不仅可以为政府对企业进行评价提供参考标准,也能够为企业在履行社会责任时提供有力支持。其次,通过建立完善的评价体系,企业能够更清晰地认识到自身存在的不足,并确定在社会责任履行方面应采取的具体行动和目标。这一体系还能规定企业在经营过程中对消费者、员工、社会、环境等利益相关者的权益保护,为企业未来的经营方向提供明确的布局和指引。因此,完善企业社会责任评价体系是促进企业社会责任履行的重要举措。为了确保评价体系的有效合理,应当以某一总体评级体系为蓝本,进而针对不同地点不同行业具体分析,以确保地方制定的评价体系符合国家的总体要求。同时,各地方也可以根据当地的具体情况,在不违背国家评价体系的前提下制定符合当地实际的评价体系。以中国社科院发布的企业社会责任指标体系为蓝本,以履行情况良好的企业为标杆,对照企业自身的社会责任履行情况,能够明确企业在社会责任履行方面存在的不足并加以改进,最终实现企业社会责任履行水平的提高。

3. 推进相关法律出台推动企业履行社会责任

在构建和谐社会的进程中,政府借助法律手段对企业履行社会责任进行强制性规范已成为一种必然选择。我国政府出台了多项法律法规,如《中华人民共和国公司法》《中华人民共和国消费者权益保护法》《中华人民共和国食品安全法》《中华人民共和国劳动合同法》《中华人民共和国劳动争议调解仲裁法》等,旨在规范企业的社会责任行为。然而,当前我国的相关法律法规尚未形成一个完善的体系,而且分散程度较高,导致了执法的难度和效果受到一定影响。此外,法律的具体执行过程也应当与时俱进,存在着需要改进的地方,只有立法和执行并重,完备的法律和高效的执行兼备才能更好地促进企业社会责任的履行,因此,必须不断完善相关法律法规,明确企业应尽的社会责任义务和相关的法律规定,将对企业社会责任履行的措施制度化、法律化,形成完善的法律体系,并提高法律的可操作性和执行力。这样一来,不仅可以更好地规范企业的行为,也可以更有效地促进企业对社会责任的履行,为构建和谐社会提供更坚实的法律保障。

4. 完善监督机制督促企业履行社会责任

为了规范企业社会责任的履行,政府不仅仅要出台科学完备的法律法规来规范企业社会责任的履行,还需委托或者建立专门的职能机构对企业社会责任履行进行具体管理和监督。这样的独立机构不仅能够有效监督企业,防止出现多个部门相互推脱的现象,还能提高监管的效率,虽然政府参与监督管理的力度不断提升,但目前政府管理体制仍旧存在着一些问题,包括多头管理、标准不一和以罚代法等。在缺乏统一的标准的情况下,行政部门可以通过行政手段提高企业的犯错成本。此外,对企业社会责任缺乏完整统一的标准,使得企业在履行社会责任时感到困惑与抵触。在很多地方,执法部门倾向于以罚代法解决企业社会责任问题,却未能有效区分不履行和不到位履行的企业,这种做法削弱了一些企业履行社会责任的积极性,形成了恶性循环。因此,建立独立的企业社会责任监督管理机构显得至关重要。这样的机构将有助于形成对企业的监督压力,促使其提高社会责任履行的效率与质量。这一举措对我国企业社会责任的履行和构建和谐社会具有重要意义,是迈向更加可持续发展的关键一步。

(二)培养企业主观能动性

1. 丰富企业文化培育履责意识

企业文化是企业生存和发展的核心,它承载着企业的价值观和精神风貌,是企业的灵魂所在。优秀的企业文化往往反映企业的软性实力,有助于企业吸纳并留住更多的人才,也能够得到合作方的青睐与认可,特别是重视社会责任履行的企业文化,更是优秀企业文化中不可多得的重要部分,它不仅代表了企业对社会的承诺,也是企业可持续发展的重要保障。因此,企业通过培育优秀的企业文化,能够极大地促进企业社会责任的履行。

在我国,企业要想实现持续健康地发展,必须确立并不断强化良好的企业文化。这一进程需要将企业文化建设融入市场竞争、实际发展和工作实践中,通过持续总结经验,升华企业文化的内涵与层次,以塑造企业正确的发展观。特别值得关注的是,在当今社会对企业社会责任要求不断提升的背景下,建设具有社会责任观的企业文化显得尤为重要。这一举措有助于塑造企业正确的发展观念,促使企业更好地履行社会责任,为社会和谐构建做出积极贡献。

具体而言,企业应当培育富有社会责任感的企业文化,并将其贯穿企业经营的方方面面,培育员工的责任意识,形成良好的企业氛围,并从公司制度和倡议上加以大力宣传,其内容应包括企业对国家的责任、对人的责任、对环境的责任以及对公共利益的责任等。此外,企业还应将社会责任纳入员工的评价体系中,加强责任教育,培养员工的责任意识,从而塑造出责任感强的企业文化。真正把企业社会责任纳入企业文化中,内化于企业核心的价值观和行为准则当中。

在建设具有社会责任观的企业文化的过程中,企业需要与各利益相关者进行密切合作,倾听他们的意见和建议,不断优化和完善企业文化。只有这样,企业才能真正融入社会,实现与社会共同发展,为经济繁荣和社会和谐做出积极贡献。

2. 完善企业社会责任履行信息披露机制

建立完善的企业社会责任信息披露体系对于企业履行社会责任至关重要。长期以来,我国企业发布的社会责任报告虽然篇幅逐渐增长,但有价值的信息含量与报告篇幅却不成正比,企业在发布报告时,往往对自身的优势和取得的成绩进行大肆渲染,而对投资者和社会公众所真正关心的问题不着笔墨、避而不谈,使得报告形式重于内容,终归沦为摆设而丧失价值,并且导致投资者与企业之间的认知隔阂。

针对这一问题,有必要采取一系列措施来改善现状。首先,应该建立第三方审核制度,通过第三方的独立审核,可以提高企业社会责任报告的可信度和公信力,使公众更加信任企业披露的信息,从而减少信息的不对称性,增强投资者对企业的信任度。其次,需要规范企业社会责任报告的内容,确保报告真实准确,避免夸大其词和隐瞒问题。当前,不同企业使用不同的标准进行报告编制,这导致了报告内容的差异化和质量参差不齐的情况。国家应当制定相关法律法规,要求企业将财务、环境、社会责任等内容透明公开,规范企业社会责任报告的编制和披露,确保报告的真实性和全面性。最后,建立绿色准入制度也是必要的举措。只有企业在履行社会责任方面达到一定标准才能进入市场经济活动,这有利于促进企业承担社会责任,营造公平健康的市场环境。这样的制度在宏观上有助于我国社会主义市场经济的建设,从微观角度出发,也符合企业自身健康长久发展以及和谐社会建设的需要。

总的来说,建立完善的企业社会责任信息披露体系不仅有利于提升企业的社会形象和公信力,还能够推动企业更加积极地履行社会责任,促进经济社会的可持续发展。这些举措将有助于实现企业、社会和国家的共同利益,推动我国经济向高质量发展,为构建和谐社会做出积极贡献。

(三)重视社会力量的培育和监督

社会公众作为企业履行社会责任最有利的监督者,其监督力量的培育和重视至关重要。40多年来,改革开放政策不仅带来了经济上的腾飞,更促进了人们思想意识上的解放,大众的思想意识不断发展进步,对于事物的运动发展更多地加以独立地思考和判断,减少对权威的盲目服从,倾向于获取相关信息并参与社会监督。在这一背景下,企业和政府应当重视公众的作用,将相关信息进行披露和公开,接受大众监督,由社会各界的力量进行判断。信息公开机制能够最大限度地发挥公众的监督和制约作用,对于构建和谐社会下的企业社会责任履行机制至关重要。一方面,社会公众通过公众网络曝光企业违规行为,形成外部舆论压力,迫使企业履行责任;另一方面,对积极履行社会责任的企业进行正向宣传和报道,提高其社会声誉。通过公众网络和社会力量的舆论作用,树立正确的价值观,影响和引导企业履行社会责任,对企业给予积极的评价,推动和监督企业社会责任的履行。这样的举措将潜移默化地引导企业重视社会责任,进而促进社会的和谐发展。公众作为企业社会责任的监督者,其监督力量的培育和重视不仅能够促使企业更加积极地履行社会责任,还有助于加强社会各界对企业行为的关注和监督,推动社会各界形成对社会责任履行的共识和共同努力,为构建和谐社会营造了良好的氛围。

政府和企业应当高度重视社会公众的监督作用,积极倡导并支持公众参与社会责任履行的过程,建立起公众与企业之间相互信任和监督的良性互动机制,更好地促进企业社会责任履行,实现经济效益和社会效益的协调可持续。

第六章
战略视角下企业社会责任的主要影响要素

企业社会责任履行受诸多因素影响,一般可按照宏观、中观和微观三个层面进行归纳,具体来说,外部宏观环境、企业自身因素以及利益相关者压力等均会对企业社会责任履行产生影响,由于影响因素的多样性和影响机制的复杂性,在本书中无法对所有影响因素的作用机制一一进行剖析,本章拟选取利益相关者压力、经济与制度环境以及企业经营管理理念等主要影响因素,通过梳理相关文献,明确以上因素对于企业社会责任履行的作用机制,以对企业社会责任相关研究加以深入了解。

一、利益相关者压力对企业社会责任的影响

企业处于动态变化的环境当中,由于其处于利益交融的中心位置,企业在日常经营中不可避免与利益相关者进行商业合作或者产品、服务的提供,当企业的经营或者产品服务不能满足利益相关者期望时,利益相关者就会对企业施加压力,如当企业经营绩效较差,盈利能力较弱时,企业的股东和投资者就会要求企业管理者转变经营模式,为其带来盈利,当企业所生产的产品或者服务不能使顾客满意时,顾客会要求企业改进,同样,当企业的社会责任履行不能达到社会公众的期待时,或者企业的社会责任缺失行为具较强的负外部性,外部的利益相关者就会施加压力,责成企业履行自身的社会责任,对此,学术界做了大量研究,对于利益相关者压力和企业社会责任之间的关系做了详细研究。

(一) 利益相关者压力概述

1. 利益相关者压力的内涵

利益相关者是指受企业行为影响或者对企业绩效和利润产生影响的个人或团体(Freeman,1984)。在企业形成的系统中,利益相关者扮演着至关重要的角色,企业的生存和发展往往取决于它们是否能够满足这些利益相关者的需求和期望。

企业与利益相关者之间的互动是持续不断的,这种互动关系密不可分,利益相关者可能对企业投入了资本或者分担了企业的风险,因而企业的命运与利益相关者息息相关。利益相关者的存在对企业形成一种约束力(卫武等,2013),他们通过不同的渠道表达诉求和期望,会对企业施加实质性的压力。利益相关者压力,从组织认知视角来看属于一种环境刺激,由于企业资源是有限的,无法满足企业所有的利益相关者需求。因此,企业往往需要优先考虑一些利益相关者的诉求,将有限的资源投入更加突出的利益相关者的要求中,而忽略其他一些利益相关者压力。

研究表明,对利益相关者压力感知力较强的企业更有可能履行社会责任。这是因为企业感知到利益相关者的期望,并意识到满足这些期望对企业的长期发展和绩效至关重要。因此,这些企业更倾向于在行为中考虑到社会责任的因素,以此来回应利益相关者的期待,从而获得更多的支持和认可。

2. 利益相关者压力的分类

学者们对企业感知的利益相关者压力进行了不同的划分,这一划分主要涉及两种压力类型:直接利益相关者压力和间接利益相关者压力(Frederick等,1988)。直接利益相关者压力源自企业与其供应商、消费者、竞争者、股东和员工等直接合作关系的互动。这些利益相关者直接参与到企业的运营活动中,其行为和决策直接影响着企业的绩效和利润。而间接利益相关者压力则来自诸如中央政府、当地政府、外国政府、社区、媒体和公众等间接影响企业运作的相关方。

此外,利益相关者还可以进一步划分为主要利益相关者和次要利益相关者(Clarkson,1995)。主要利益相关者是指对企业的经营和发展具有直接影响的相关方,包括股东、员工、消费者和供应商等。这些利益相关者直接参与到企业的核心活动中,其满意度和利益追求直接关系到企业的生存和发展。与此相对,次要利益相关者主要包括社区、政府和媒体等,虽然他们不直接参与企业的日常经营活动,但他们的态度和行为仍然会对企业产生一定的影响。

还有学者将利益相关者进一步划分为监管利益相关者、组织利益相关者、社区利益相关者和媒体等不同类别。监管利益相关者包括政府等监管机构,其主要职责是监督和管理企业的行为。组织利益相关者则是指那些与企业有合作关系的组织,如合作伙伴和供应商。社区利益相关者是指企业所在社区的居民和相关组织。而媒体则是一个独立的利益相关者类别,他们通过报道和舆论引导来影响公众对企业的认知和态度(Henriques 和 Sadorsky,1999)。

尽管学者们对利益相关者压力的划分存在一定差异,但整体上并没有本质的区别。这些划分旨在帮助企业更好地理解和应对不同类型的利益相关者压力,从而更有效地管理企业与利益相关者之间的关系,实现企业的可持续发展。

(二)利益相关者压力与企业社会责任

现有学者基于利益相关者理论对利益相关者压力与企业社会责任之间的关系进行了深入研究,但国内外学者在研究利益相关者压力与企业社会责任的关系时有明显差异,下面分别对国外和国内利益相关者压力与企业社会责任之间的研究进行分析。

首先,在理论研究方面,许多学者从理论层面探讨了利益相关者压力对企业社会责任的影响。这些研究涉及各个利益相关者,如消费者、供应商和员工等,强调了重要利益相关者的压力会促使企业更多地从事慈善捐赠等社会责任行为。例如,Vazquez-Brust(2010)分析了企业管理者对利益相关者压力的感知与企业采取的社会责任战略之间的关系。在企业社会责任的具体细化研究方面,Egri(2012)等学者研究了主要利益相关者压力和社会利益相关者压力与企业环境责任之间的关系,指出了利益相关者的环境压力与企业环境实践之间的正向关系。

其次,在实证研究方面,学者们更多地关注了企业环境责任与利益相关者环境压力之间的关系。以往的研究发现,除了利益相关者压力外,还有其他因素会影响企业的环境战略,如企业特征、管理者期望和个人态度等。例如,González-Benito 等(2010)认为,企业感知的环境压力和管理者的环境意识是影响企业环境物流实践的重要因素,二者之间的相互作用对企业绿色物流和供应链管理具有重要影响。

再次,对于利益相关者压力与企业社会责任之间的关系,学者们进行了深入的研究,尤其是在国外学者的研究中,其对利益相关者压力与企业社会责任战略的影响进行了详尽的分析。然而,在发展中国家,特别是中国等国家,这方面的研究仍然相对不足。针对这一问题,一些学者对利益相关者进行了分类研究,以更全面地理解其对企业的影响。其中,Egri 等(2012)研究亚洲四个国家的企业社会责任时将利益相关者压力分为两类:主要利益相关者压力和社会利益相关者压力。前者包括投资者、股东、员工、消费者和供应商等,而后者则涵盖了监管机构、行业协会、当地社区和媒体等。这两类压力对企业社会责任的管理实践产生了显著影响,尤其是在企业社区责任和企业环境责任方面。在研究利益相关者压力与企业社会责任的关系时,一些学者将利益相关者压力视为一个整体,从顾客、竞争者、雇员、股东、社区、政府和媒体七个方面进行了深入研究。他们发现,不同类型的利益相关者压力对企业的社会责任实践产生着不同程度的影响,并且在企业社会责任与企业声誉之间发挥着调节作用(Tian 等,2012)。这种综合性的研究为我们更好地理解利益相关者对企业的影响提供了重要参考。另外,一些学者也将研究焦点放在了企业的供应链管理方面。他们发现,外部利益相关者压力是企业进行供应链管理的主要驱动力之一(Wolf,2013)。例如,绿色和平组织曾指责一些企业的供应商砍伐热带雨林,严重影响了企业的形象。这表明了外部利益相关者压力对企业的供应链管理和可持续发展绩效具有重要影响,而且还具有调节作用。

最后,学者们认为,利益相关者压力对企业社会责任战略的制定和实施具有重要影响。研究表明,这种压力在很大程度上影响了企业在环境保护等方面的战略决策。例如,Vazquez-Brust(2010)的研究发现,利益相关者的压力对企业采取环境保护等战略举措产生了明显的效果。此外,Castka 和 Prajogo(2013)的研究指出,利益相关者的压力还通过 ISO14001 认证体系对企业战略的影响产生了影响,ISO14001 认证已经成为企业环境战略管理的信号,对企业的环境利益和声誉利益的提升产生了显著效果。Fernandez-Feijoo 等人(2013)认为,透明度在提升投资者与企业之间社会责任沟通的质量方面发挥着关键作用。企业可持续发展报告的透明度受不同行业与利益相关者关系的影响,而重要的利益相关者压力对社会责任报告的透明度产生直接影响,从而影响了企业战略政策的制定方向。这些研究成果凸显了利益相关者压力对企业战略决策的重要性,也强调了企业需要积极应对不同利益相关者的需求和期望,以更好地实现社会责任目标。

我国学者对利益相关者压力的研究尚处于初级阶段,理论和实证研究相对缺乏。在这一领域的探索中,卫武等人(2013)提出了一个重要的观点,认为企业的可见性和脆弱性与利益相关者压力密切相关。他们指出,管理者的认知和动态能力在企业可见性、脆弱性与利益相关者压力之间发挥着中介作用,进一步调节了这些因素之间的关系。另一方面,张钢和张小军(2014)的研究表明,利益相关者压力作为外部情境变量对企业创新战略具有显著影响,特别是政府、员工、公众和媒体等方面的压力对企业实施绿色创新战略影响尤为显著。然而,卞雅莉(2013)的研究发现,利益相关者压力作为企业环境创新动因之一,与环境创新战略之间的关系并不显著。这表明了利益相关者压力对企业战略决策的影响具有复杂性和多样性。

此外,也有学者直接关注利益相关者压力与企业社会责任的关系,并结合中国特色进行研究,潘奇(2011)的研究表明,利益相关者压力对企业慈善捐赠具有重要影响。李明(2015)在其研究中发现,中国企业在面对利益相关者压力时更倾向于采取与中国国情相符合的社会责任实践,如扶贫济困和环境保护等。王志强(2018)等学者也探讨了中国企业利益相关者压力与企业社会责任之间的关系,认为中国企业在履行社会责任时需要兼顾政府、消费者、员工等多方利益。这些研究为理解中国企业社会责任实践提供了重要参考。

综上所述,利益相关者的压力对企业社会责任履行具有显著影响。不同来源的利益相关者压力对企业社会责任履行的影响程度各异。总体而言,企业在面对利益相关者的多样化压力时,会考虑到自身利益和企业发展的因素影响,从而积极承担社会责任。因此,利益相关者的压力作用督促企业更积极地履行社会责任,是推动企业社会责任履行的重要动力之一。

二、经济环境对企业社会责任的影响

(一)经济环境概述

宏观经济环境是指一个国家或地区所处的经济整体状况和环境。这一环境涵盖了多个方面,包括经济的发展阶段和水平、经济制度与市场体系、收入水平以及贸易与国际收支等因素。在宏观经济环境中,存在着两种主要因素:规律性因素和政策性因素。

规律性因素主要包括宏观经济的周期性波动等。这些波动是经济发展中的普遍规律,如经济周期中的繁荣期、衰退期和复苏期等。这些周期性的变化影响着整个经济体系的运行和发展。与之相对应的是政策性因素,这包括了国家政府颁布的各项经济政策。这些政策涉及货币政策、财政政策、产业政策等方面,对经济的发展和运行起着重要的引导和调控作用。政府通过这些政策来影响经济的增长速度、就业水平、物价稳定等方面的指标。

具体来说,宏观经济环境包括了经济发展阶段和发展水平,反映了一个国家或地区整体经济的发展水平和潜力。同时,经济制度及市场体系也是宏观经济环境的重要组成部分,不同的经济制度和市场体系会影响资源配置、企业竞争和政府调控等方面。此外,收入水平、财政预算规模和财政收支平衡状况以及贸易与国际收支状况也是宏观经济环境的重要方面,直接影响着一个国家或地区整体的经济状况和国际地位。

(二)经济环境与企业社会责任

企业是推动宏观经济发展的微观主体,外部经济环境的变化对企业生产经营会产生重大影响,换言之,一定程度上,经济发展的水平、质量和状态等都会影响企业社会责任的履行,一般认为,经济发展水平越高,企业履行社会责任的能力和意愿越强,同西方发达国家一样,在经济发展情况稳定在较高水平时,大众对于企业所带来的社会效益的重视程度远大于企业本身的经济效益,社会公众对企业的期待促使企业履行社会责任,树立良好的外部形象,将经济效益与社会效益相匹配以满足社会对企业履责的期待,同时,经济发展质量越高,履行社会责任所积累的企业声誉的潜在价值就越大。

国外学者对企业宏观经济与社会责任关系的研究主要聚焦于经济衰退或危机时期企业的表现。Ana 等(1970)的研究表明,在经济衰退时,企业通常会减少在社会责任方面的投入,这一现象主要受经济环境恶化和需求价格等因素的影响。另外,Vildan 等(2011)对航空工业企业进行了深入探究,发现在经济衰退时期,虽然企业普遍采取降低支出、追求利润最大化的策略,但增加社会责任投入有助于促进整个产业的进步,乃至国家经济的繁荣。这些研究结果表明,企业的社会责任行为受到经济环境的影响,无论其有利或不利。

外部经济环境对企业社会责任履行具有显著影响。谢梦珍(2011)指出,稳健的经济发展和社会和谐构建为企业社会责任的实施提供了良好的背景环境。她强调,只有企业在承担相应责任的同时,确保外部环境的稳定,才能有效促进社会的和谐进步。刘宝(2012)认为,企业社会责任的实践受到宏观经济环境和所在地区或国家整体环境因素的综合影响。在民营企业方面,李健(2013)的研究表明,其社会责任实践主要受自身获利能力、成长能力和竞争力的影响,但这种内部效应也受到外部环境的制约。薛天山(2016)提出,经济发展水平和制度变化是促进企业社会责任行为的两种重要机制,它们各自具有不同的推动作用。杨树旺和孟楠(2016)的研究发现,经济发达环境下,公司治理水平与社会责任信息披露之间存在正向促进关系,经济发展成果能够提升公司治理水平,进而提高社会责任信息披露质量。这些研究结果共同表明,企业在社会责任方面的实际行动深受外部环境变化的影响。

三、法律与规制环境对于企业社会责任的影响

(一)制度环境概述

法律与规制环境,即制度环境,对企业社会责任的实践和履行具有至关

重要的影响。随着制度理论的发展,特别是新制度经济学的兴起,人们开始更加关注制度环境对企业行为的塑造和影响。Meyer 和 Rowen 等学者指出,研究各类组织行为时,必须从组织与环境的关系角度出发,不能仅仅考虑技术环境,还必须关注制度环境。制度环境即是指组织所处的社会文化、法律法规、政策制度等因素所构成的环境,它直接影响着组织的形式、结构、内容和活动。只有将环境中的规范和惯例有效地体现在组织的各个方面,组织才能真正获得其存在的意义。

在研究企业社会责任时,必须考虑制度因素的重要性。社会责任这一话题是情境性的,它受制于企业所处的社会文化背景、法律法规和制度环境等因素的影响。因此,深入探讨制度环境对企业社会责任的塑造和影响,对于理解组织结构、组织行为以及组织与外界互动的模式具有重要的启示意义。

企业社会责任不仅仅是一种企业行为,更是对企业在社会中所处位置和作用的一种反映。这个概念中的"社会"一词,正是其重要性的体现,意味着企业在履行社会责任时必须考虑到其所处的社会环境,尤其是制度环境的影响。利益相关者理论虽然强调了企业的利益相关者,但往往忽视了社会和经济规则对企业行为的影响。这些规则包括法律法规、政府政策、社会习惯等,它们对企业的行为具有指导性和约束性作用。然而,制度理论能够弥补这一不足,它从宏观角度出发,分析了组织与环境之间的关系,并强调了制度环境对企业行为的重要影响。在不违背企业追求利益最大化和股东价值最大化的目标的前提下,运用制度理论可以更好地分析各类利益相关者之间的相互关系和作用,有利于理解企业为何会采取某种社会责任行为。制度理论赋予了企业社会责任行为更深层次的社会导向,使企业在追求经济利益的同时也能更好地履行其社会责任,促进社会的可持续发展。

制度环境是一个国家或地区经济发展的重要因素,它不仅包括政治、法律和社会基础准则,还涵盖了一系列对经济活动产生影响的因素的总和。组织社会学派的制度理论认为,企业的结构和行为应当符合制度环境的要求,并服从合法性机制,这意味着企业需要采用被广泛接受的组织形式和做法,以及遵守法律法规等规定。在这样的制度环境中,人们通常评价和判断一个组织的适当性,更多地考虑的是组织的形式是否符合社会期望,而不仅仅是关注其经济绩效。此外,根据新制度经济学派的观点,企业社会责任被视为一种制度安排,通过一系列规则来规范人们的行为选择,约束人们之间的相互关系,从而降低环境中的不确定性和交易成本。这些规则包括正式制度,如政策和法规,以及非正式制度,如价值观念和道德规范。因此,企业社会责任不仅仅是企业自愿行为,更是受制度环境约束的产物,是企业在满足社会适当性要求下的一种表现。

(二)制度环境与企业社会责任

国内外学者对制度环境与企业社会责任之间的关系进行了详细研究,研究认为不同的制度背景对企业的社会责任行为存在显著影响。

不同制度背景下,不同地区对企业社会责任认知不同。国外专家学者通过 Carroll 的社会责任金字塔模型对企业社会责任问题进行了广泛的研究。许多学者,包括 Pinkston 和 Carroll(1994)、Visser(2005)等,在不同的时间和地区应用了该模型,以探究不同国家对社会责任金字塔中各层次结构的认识和侧重。研究发现,虽然各国普遍对 Carroll 的金字塔模型持认同态度,但不同地区对金字塔结构中各部分的重要性有不同的认识和侧重。以非洲地区为例,由于地理位置和经济发展程度的不同,该地区对企业社会责任框架的重视程度和认知程度与欧美等发达国家存在显著的差异,他们普遍认为,Carroll 的社会责任金字塔模型中排在最底端的基础责任应为经济责任,慈善责任次之,再者是法律责任,最高纬度才是伦理责任(Visser,2005)。在亚洲地区,Ramsamy 和 Yeung(2009)将 Carroll 的金字塔模型应用到中国的上海和香港进行检验测试,结果显示金字塔结构成立,但不同地区对金字塔构架的各部分重要性排序仍旧存在差异。这些研究揭示了不同国家和地区对企业社会责任理解的多样性,为进一步探讨企业在不同文化和经济背景下的社会责任实践提供了重要参考。

企业会根据不同制度环境,动态调整其社会责任战略。针对不同国家和地区企业对社会责任履行认知各有不同的情况,大型跨国公司在全球范围内成为学者们研究的焦点。自 2006 年起,Husted、Allen 和 Gardberg 等学者开始选取大型跨国公司进行企业社会责任方面的研究。他们发现,尽管跨国公司在不同国家和地区的发展战略存在差异,但这并非导致它们在社会责任表现上不同的主要原因。相反,社会责任的表现差异主要源于这些公司需要适应不同国家和地区的制度背景和环境,因此会针对性地选择与当地环境相适应的社会责任战略。在经济全球化的背景下,Olberg(2009)建立了一个全面的结构型社会责任比较分析框架体系,他考察了全球九个通用的企业社会责任评价指标体系,并将20个国家的不同经济组织作为研究对象。研究结果表明,不同国家的制度环境和文化背景对企业社会责任表现仍然产生深远影响,这进一步强调了企业在不同国家和地区社会责任实践中需考虑当地环境的重要性。Maignan 和 Ralston(2002)进行了一项调查研究,选择了法国、荷兰、英国和美国各100家企业,通过浏览这些企业官方网站上发布的关于社会责任的公开承诺和誓言来了解它们的社会责任行为。他们发现,企业公开披露社会责任承诺的动机大致可以分为三类:一是出于管理者的主观能动性;二是认为披露这些承诺可以为企业带来经济效益,例如提升企业形象和绩效;三是受到外部压力和约束的影响,例如来自社会、政府、客户和各方监管者的压力。调查结果显示,在四个样本国家中,不同企业的社会责任披露动机存在系统性差异,这可能是因为它们所处的国家在政治、文化和制度环境方面存在差异。这表明企业的社会责任行为受到所处国家环境的影响,从而导致了不同国家企业间的系统性差异。

学者普遍认为外部制度环境是企业社会责任行为的重要驱动因素,并从政府环境、市场制度、法律制度及舆论环境等方面进行了深入研究。这些研究结果进一步强调了制度环境对企业社会责任行为的重要影响。研究表明,企业社会责任履行受多方面因素的影响。首先,法律环境的完善程度、要素市场的健全程度以及政府对经济的干预程度与企业社会责任的实践程度呈现出正相关关系(周中胜,2012)。其次,媒体关注度对企业社会责任的履行产生显著影响,特别是政策导向报道和非负面报道的影响更为明显。媒体报道能够通过参与公司治理提升企业的社会责任感,并增加社会责任信息的披露(陶莹等,2013;殷红,2015)。政府的行政干预和媒体的监督在促进企业社会责任方面发挥着重要作用,而法律制度也在一定程度上促进了企业社会责任的实践。然而,市场化程度对企业社会责任的影响相对较小。最后,地区的制度环境对企业社会责任具有显著的调节作用,制度环境越好,企业社会责任的表现也就越突出(何丹,2018)。

中国的学者们积极探索驱使企业承担社会责任行为的外部制度因素。根据王晶晶和范飞龙(2003)的观点,企业通常追求成本效益最大化,因此仅仅依靠社会期望和呼吁并不能长期保持企业的社会责任行为。他们认为,需要社会制度来约束企业的行为,特别是在政府约束与企业守法行为之间出现动态博弈的情况下。然而,鉴于中国当前法律制度的不够完善等情况,政府需要不断地完善法律法规,以确保对企业产生持续的社会责任约束力。此外,陈定洋、郝欣富、唐华(2011)指出,中国企业在国家从计划经济体制向市场经济体制转型的过程中存在严重的社会责任缺失问题。为了解决这一问题,需要加强社会责任的制度建设,包括从法制建设、评价体系科学化、监督主体多元化等方面入手。

多位学者对制度环境对企业社会责任行为的影响进行了深入研究,发现制度环境越完善,企业社会责任履行表现越好。沈奇泰松(2012)将制度环境压力分为三种类型:规制压力、规范压力与认知压力,并通过案例分析发现,外部制度压力能够激励企业提升社会绩效。刘敏(2012)以2008年336家发布企业社会责任报告的上市公司为研究对象,从上市公司面临的合法性压力等方面研究企业社会责任履行的驱动因素,研究表明,制度压力和政府干预对企业履行社会责任起到积极作用。陶莹(2013)将制度环境细分为法律制度环境和法律外环境,法律外制度环境指包括市场、媒体以及社会道德等方面在内的非法律因素,研究发现法律制度环境对企业社会责任具有显著正向影响,而法律外制度环境的影响则不太明显,甚至可能是负向的。此外,马胡杰、徐泰玲、石趋然(2013)引入了社会资本的概念,通过市场化程度、要素市场、法律环境这三个细分指数衡量制度环境,研究发现,制度环境发展越完善的地区,企业社会责任表现越积极,而这种积极表现需要充足的社会资本作为支撑。

同时,也有研究发现,在同一制度环境下,企业异质性会造成社会责任表现不同。张胜荣、汪兴东(2014)选取了225家农业公司作为研究对象,通过将企业社会责任划分为内部人责任、外部人责任和公共责任三个方面,采用结构化方程和问卷调查的方法获取数据,并运用单因素方差分析法研究法律法规、政府干预、民间组织等外部因素对不同责任方属性的影响。研究结果显示,民间组织对各责任方属性的影响最为广泛,法律法规次之,而政府干预对农业企业社会责任行为的影响较小。另一方面,邹洁、武常岐(2015)则着眼于国企和私企在制度环境下如何选择履行社会责任的问题。他们发现,国企受制度环境影响较大,更关注员工福利方面的社会责任,而私企则倾向于开展慈善行为,即研究表明不同类型企业在同一制度环境下企业社会责任表现不同。

四、战略目标与管理理念对企业社会责任的影响

(一)战略管理与企业社会责任概述

公司战略是企业长远可持续发展的指南针。随着经济全球化的发展和外部环境的快速变化,现代企业所面临的竞争激烈的市场环境要求企业自身不能仅仅只关注于生产经营,探究"做什么"比"怎么做"更重要,企业要想在激烈竞争中脱颖而出,就必须具备长远的发展理念,找到市场的切入点,以此指引公司未来的发展方向,对于现代企业而言,具有实远见的公司战略是企业长期可持续发展的关键。

1. 把握战略的内涵有助于将企业社会责任与之融合

其战略最早是指战争中军队作战的谋划,著名的德国军事战略家冯·克劳维茨曾将战略定义为:为达到战争目的而对战争的运用。要想充分明确战略的内涵,就要将其与企业经营管理实践结合起来,我国学者张秀玉(2002)通过典型战略实例的分析得出,战略的本质在于对有关全局性、长远性的重大问题进行纲领性谋划和决策。这种战略具有全局性、长远性和纲领性的特征,其主体是组织。企业战略则是指企业为适应未来环境的变化,对其生产经营以及持续与稳定发展中的重大问题进行全局性、长远性、纲领性的谋划和决策。具体而言,企业战略就是在充分考虑内外部环境变化、自身资源和实力的现状,为获得竞争优势实现公司的长远发展而制定的企业目标和计划。随着经济的发展,越来越多的企业将社会责任履行放进了战

略规划当中,公司战略与企业社会责任之间的联系日益密切,企业社会责任战略成为企业总体战略不可或缺的一部分。

2. 企业承担社会责任是企业战略的必然选择

与此同时,随着公众对企业社会责任的关注度日益提升,企业社会责任履行也成了影响企业长远健康发展的关键性因素之一,因此,将企业社会责任履行纳入企业战略之中势在必行。当前,公众对企业的社会责任承担提出了越来越高的期望,这意味着企业的社会责任行为不仅仅是一种义务,更是对企业声誉和可持续发展的关键因素。企业如果不承担或者消极对待社会责任,可能会招致负面的反馈和被动的市场地位。因此,将企业社会责任与企业战略相结合,将被动态度转化为主动行动,不仅有助于树立企业良好的形象,更能够为企业创造良好的发展空间和竞争优势,将企业社会责任纳入战略考虑的必要性表述如下:

(1)提高企业社会责任行为的实施效果。将社会责任融入企业战略管理,提升企业对社会责任履行的重视程度,使企业社会责任不再是边缘性的管理问题,而是融入企业战略的重要组成部分。这种整合可以确保企业社会责任的执行与企业整体战略目标相一致,从而提高社会责任的实施效果和企业的社会形象。

(2)塑造良好的企业外部形象和声誉。从企业战略高度出发,将社会责任融入企业愿景与使命中,不仅可以明确企业的发展目标和方向,更能够为企业创造积极的社会影响和经济效益。通过将社会责任纳入企业愿景,企业可以积极塑造自身形象,赢得良好企业声誉,提升市场竞争力,获得广泛的社会资本,从而实现企业长远发展的目标。

(3)吸引优质人才打造企业核心竞争力。将企业社会责任提升至战略高度,使其成为全公司的共同目标,不仅有助于形成积极的企业文化和价值观,更能够吸引到优秀的人才和资源,形成企业独有的竞争能力,提升企业的整体竞争力和持续发展能力。

(4)实现企业利益和社会效益的统一。通过将企业社会责任融入企业战略,企业不再被动地承担社会责任,而是主动地将社会责任融入企业长期发展的战略规划中,从而实现企业与社会的双赢。

(5)避免短视行为从而把握发展机遇。企业社会责任的战略化管理可以帮助企业避免短视和盲目行为,使其更加关注长远发展和未来趋势,从而为企业发展提供更多的机遇和可能性。

(6)与利益相关者合作共赢。企业通过战略化管理社会责任,不仅可以吸引到更多优质的利益相关者,更能够建立起长期稳定的合作关系,实现企业与社会利益的双赢局面。

(7)保障企业社会责任的履行。将企业社会责任纳入战略管理,不仅可以提高企业的内部治理效率,更能够建立起有效的激励约束机制,从而保障企业社会责任的有效实施。

3. 战略性社会责任理论的提出将企业社会责任与企业战略有机地联系在了一起

Burke 和 Logsdon 在 1996 年首次明确提出了这一理论,将企业社会责任视为可以为企业带来利益的战略性行为。根据这一理论,企业在履行社会责任时不仅仅能够增加自身的利益,同时也会使利益相关者和社会公众受益。尤其是当企业的社会责任项目与其核心业务密切相关时,这种责任不仅可以更好地促进企业利润的实现,还有助于企业实现其使命和长期发展目标,因此被认为是战略性的。然而,这一定义依然将企业利益置于中心位置,将社会责任视为企业获取利润的手段之一。

Husted 和 Allen 等学者在对企业社会责任进行深入研究后,将其分为基本社会责任和非强制性社会责任两种类型。他们认为,即便企业只履行基本的强制性责任,也能够从中获得一定的利益,因此承担非强制性责任并非是企业的必要选择。为了更好地理解战略性企业社会责任,他们提出了四种能力,以扩展企业社会责任的内涵。这四种能力有:①整合企业资源和资产,使其与企业的战略目标保持一致;②具有预见性,能够在竞争中率先获得关键的战略要素;③通过对客户承担相应的社会责任,建立起良好的企业声誉和形象;④确保通过战略性社会责任所创造的价值是企业独有的,而非行业共享的。这些能力的提出有助于企业更好地理解和实践战略性企业社会责任,为企业的长期发展提供了有益的参考和指导。

Baron 等学者在探讨企业社会责任时引入了"非战略性企业社会责任"

的概念,并将企业社会责任划分为战略性和非战略性、利他主义和应对社会活动家威胁三种动机。Baron 认为,战略型企业社会责任是为了追求企业利润最大化而承担社会责任的行为,尽管在其他条件不变的情况下,这种动机对财务绩效的贡献更大,但其社会责任表现却不如其他两种动机活跃,涉及的内容也不全面。然而,Baron 并未进一步解释不同性质的企业社会责任的界限问题。

Lantos 将企业社会责任划分为战略性、伦理性和利他性三种类型。他将战略性企业社会责任定义为服务社会责任慈善活动,通过这种活动可以提高企业声誉、树立良好形象,从而增加企业利润。而伦理型社会责任则是指企业活动尽量减小对社会的威胁,而利他性责任是指企业的行为纯粹为公共谋福利,企业不能确定是否可以在其中获得利益。这种划分方式有助于更全面地理解企业社会责任的不同类型及其对企业和社会的影响。

在 Porter 和 Kramer 的研究中,他们强调了战略性慈善行为对企业的竞争优势和社会利益共赢的重要性。通过将社会责任融入企业战略目标,企业能够提高声誉和威望,培育创新能力,从而获得比其他企业更强的竞争力,为企业未来的发展提供机会。根据企业对社会责任的态度,可将企业社会责任划分为战略型社会责任和回应型社会责任。战略型社会责任以企业战略为出发点,通过慈善活动和企业价值整合,全面提升企业竞争力。而回应型社会责任则关注持续满足公众社会责任需求,同时减轻企业在生产经营活动中的负面影响。这种划分有助于企业更有针对性地履行社会责任,达到战略目标的同时实现社会效益。

近年来,中国学者也在积极研究企业社会责任战略的问题。徐超和陈继祥(2005)认为,战略性企业社会责任的实施通过制定企业社会责任政策和建立社会责任管理体系,能够有力地支持企业战略,促进核心业务整合,进而为企业带来丰厚的利润,从而有效支持企业使命的实现。陈明(2006)从竞争力的角度对企业社会责任进行了定义,将其视为企业战略的一部分,通过实施这种战略,企业能够培养自身的核心竞争力。而刘斌则从创新战略的角度出发,将企业社会责任视为一种能够提高企业竞争优势并追求企业和社会可持续发展的新型战略。尽管这些概念与战略性社会责任存在一定的交叉,但它们并不完全相同,代表着研究者对企业社会责任战略性思考的不同视角和理解。

总而言之,尽管上述理论以各自视角探讨战略性企业社会责任,但具有内在一致性。战略性企业社会责任将企业利益和社会利益统一,使企业社会责任行为可以成为企业有效的竞争优势,从而更有助于实现企业效益。将企业社会责任行为上升到战略高度,推动企业社会责任战略管理理论和实践的发展。

(二) 战略管理理念与企业社会责任

现有研究当中对于企业战略管理理念与企业社会责任之间的关系也进行了剖析,主要观点认为,企业迥异的战略管理理念会形成不同的战略类型,并从融资需求的角度解释了不同战略类型对企业社会责任履行行为的作用差异。Miles 等(1978)在研究中将企业战略类型大致划分为进攻型和防御型两类,前者具有旺盛的市场开拓热情,致力于研发扩张,增加市场占有率,后者维持现状,致力于企业的平稳运行,维持市场占有率,两种风格迥异的战略类型在融资需求方面会出现显著差异,为了不断研发和扩张,进攻型公司往往需要更多的资金投入,因此相对于防御型公司而言,他们往往具有更高的融资需求,此外,进攻型公司更易因现金流不足而发生财务困难。

社会责任信息作为企业非财务信息的重要组成部分,在塑造利益相关者对公司的印象和判断方面具有关键作用。这些信息涵盖了诸如环保节能的新技术开发、员工福利保障以及社会公益活动等内容,直接影响着公众对公司的认知和评价。2008 年,上海证交所发布通知要求部分上市公司必须在年报中披露社会责任报告,并鼓励所有上市公司积极开展这一举措。随着中国对社会责任重视程度的提高,上市公司披露的社会责任信息逐渐增多,其中一些信息对公司未来价值产生重要影响。研究表明,为了减少公司与外部投资者之间信息不对称所带来的更高融资成本,管理层往往会主动进行更多的自愿性信息披露,包括对环境保护等方面的承诺。此外,越来越多的研究发现,企业履行社会责任有助于缓解融资约束、降低融资成本。因此,企业对融资的需求越大,提高社会责任表现的动机也越强。

现有文献表明，不同公司的战略定位会显著影响它们的融资需求。具体而言，进攻型公司往往需要更多的资金来支持不断地研发和扩张，因此它们通常具有较高的融资需求。相比之下，防御型公司由于战略定位的不同，其融资需求相对较低。此外，进攻型公司更容易因现金流不足而陷入财务困境，因为它们的运营模式通常更加需要资金。孙健等（2016）进行的研究也证实了这一点，显示进攻型公司的融资需求明显高于防御型公司。综上所述不难得出结论，公司战略越激进，其融资需求相应地也就越大。

作为企业非财务信息的一部分，社会责任信息在塑造利益相关者对公司的评价中扮演着关键角色。这些信息范畴涵盖了包括环保节能新技术开发、员工福利保障以及社会公益事业支持等内容，对公司外部形象和声誉产生显著影响。国资委、上交所等机构的鼓励使得上市公司在年度报告中越来越多地披露社会责任信息，其中一些信息对公司未来价值产生显著影响。根据 Myers 和 Mailuf 的研究，为了降低信息不对称所引发的融资成本，管理层往往更倾向于主动进行更多的自愿性信息披露，其中包括对环境保护和社区责任等方面的承诺。其他研究者发现，制造业上市公司在融资需求增强时倾向于提高社会责任表现（翟华云，2010），同时企业履行社会责任也能够缓解融资约束，降低融资成本（钱明等，2016；王建玲等，2016）。因此，总体而言，相较于防御型公司，进攻型公司在更强烈的融资需求下通常表现出更好的社会责任意识和实践，这亦意味着战略较为激进的公司在社会责任方面表现较为优异。

上述研究结论仍有一定的局限，即在实际情况中，企业的战略类型视具体情况而定，不能简单地区分为进攻型或者防御型，更多时候，企业战略属于混合战略，即有侧重点的战略，在不同的发展方向战略不同，因此对于企业战略的类型区分较为复杂，不能一概而论。随着企业战略内涵的不断延伸，企业战略与社会责任融合成为大势所趋，即企业社会责任战略成为企业总体战略的一部分，当企业战略方向与社会责任履行融为一体并保持一致，那么企业利益就将与社会效益保持一致，企业履行社会责任的过程即战略实行的过程，在此情况下，企业社会责任战略成为指导企业发展的新方向，战略管理理念与企业社会责任之间不是两个独立的个体，而是成为一个全新的整体,二者的关系也由相互影响转变为相互融合共同促进,将社会责任履行纳入企业战略当中,有利于企业社会责任的履行和经济效益的共同提高,形成双赢的局面。

五、品牌形象与声誉是企业社会责任的体现

(一)品牌形象与声誉概述

市场经济的不断发展带来了商业的繁荣,市场竞争日渐激烈,如何在消费者心中占据一席之地是企业在激烈竞争中保有市场占有率面临的一大问题之一,在此情况下,打造良好的品牌形象和优质的企业声誉是解决该问题的重要办法,品牌形象与声誉是企业所拥有的独特的无形资源,在企业经营的各个方面都能发挥其作用,提升企业的竞争力。

一方面,随着我国经济市场化程度的不断提高,卖方市场向买方市场逐渐过渡,在市场竞争愈发激烈的情况之下,企业生产产品的同质性也越来越大,从而产品本身之外的差异变得越来越重要,消费者在选购同类型产品时,必然会将品牌形象和企业声誉纳入决策范围之内,品牌形象与企业声誉这种独特资源的作用得到进一步凸显。另一方面,随着我国市场经济体制的逐渐完善,市场秩序进一步规范,具有经营劣迹的企业不仅会受到严厉的处罚,而且其在消费者和公众心目中的形象也会大打折扣,甚至失去市场的认可最终在市场竞争中被淘汰出局,良好的品牌形象与企业声誉对企业的发展尤为重要,常言道,人无信不立,这句话对于企业而言同样适用,只有具备良好品牌形象和企业声誉的企业才能够在市场中占据一席之地。

在现代商品经济流通过程中,产品质量与企业声誉并重,质量是建立良好企业声誉的基础,声誉是产品得以在市场推广的有效助益,消费者进行购买决策时往往进行双重考虑,即产品质量和品牌形象与声誉的匹配,因此,形象和声誉是现代企业立足于激励市场竞争中的关键,对于任何一个致力于长期持续发展的企业而言,加强企业声誉管理,使企业声誉得到有效的培育、积累和维护具有十分重要的意义。

(二)品牌形象及声誉与企业社会责任

企业社会责任是建立良好品牌形象和企业声誉的驱动因素。当今理论

界对于企业社会责任和企业声誉关系的研究很多,从企业声誉测量的理论回顾和梳理中,可以发现所有的评价体系都无一例外地把社会责任作为其重要的且不可或缺的测量指标。如《财富》的"全球最受尊敬企业(GMAC)""全美最受尊敬企业(AMAC)"评选的指标中均包含"社区和环境责任";《德国管理者杂志》公布的"综合声誉"所采用的指标包含"环境责任感";中国《经济观察报》的"中国最受尊敬企业"评选的指标中包含"社会责任感"等。企业社会责任并不是企业声誉的组成部分,从概念上来看,品牌形象与企业声誉是企业外部利益相关群体对企业所形成的综合评价,是企业取得社会认可,进而取得资源、机会和支持完成价值创造的能力总和。而企业社会责任则是企业应对利益相关者和社会所应承担的责任,两者之间有着显著的区别。企业社会责任在企业运作中扮演着重要的角色,尤其是在影响企业声誉方面。根据沈泽(2006)的研究,企业社会责任的履行不仅是一种企业对社会的责任担当,更是一种打造良好品牌形象和企业声誉的有效手段。这种关系可以被看作是目标和方法之间的密切联系,表明企业通过积极履行社会责任实现对良好声誉的追求。刘靓(2005)在其关于企业声誉构成因素和驱动因素的研究中进一步澄清了企业社会责任与声誉之间的关系。她指出,企业声誉主要由情感和认知两大因素构成,而企业社会责任在这构成因素中是其中一个重要的驱动因素,而不是构成因素。因此,企业社会责任被视为建立良好品牌形象和企业声誉的关键驱动因素之一。

研究指出,企业社会责任对企业声誉具有正向的影响作用。普遍认为,对社会负责任的企业,其品牌形象和声誉较好。Formbrun 和 Shanley(1990)的研究发现,企业的社会责任对企业声誉具有正面影响。该研究以企业的慈善捐款和慈善基金为衡量指标。研究指出,公众会根据企业在非经济领域的行为来评价它,而企业对外部世界的关注程度会影响公众对企业的评价。此外,Williams 和 Barrett(2000)的研究结果也证实了企业参与慈善活动对企业声誉有正向提升作用,积极参与慈善活动的企业获得了更高的企业声誉评价。

美国第十二大研究组织沃克资讯也进行过一项旨在评估企业社会责任影响的研究。沃克资讯的这一研究十分重视企业社会责任对企业声誉的影响,以及企业与其利益相关者在购买、雇佣或投资方面的关系。沃克资讯的这项调查的结论是,公众认为,企业社会责任因素与诸如质量、服务以及价格等传统企业因素一样,对一家企业的声誉起影响作用。与这项调查相关的一个问题是对社会不负责任的企业对自身声誉的影响。沃克资讯的这项研究发现,按伦理规范行事和遵守法律的企业能够从对社会负责的活动中得到回报,企业声誉也可得以提高。而那些被认为是不合乎伦理或不守法的企业就没有开展过多少社会责任活动,其企业声誉也就欠佳(任巧巧,2005)。

在关于企业社会责任对企业声誉产生作用的机理上,现有研究认为,企业社会责任在塑造企业声誉方面发挥着重要作用,主要体现在联系企业与合作方的关系上,良好的社会责任表现能够促进企业和利益相关者形成良好的关系(Brammer 和 Pavelin,2004)。研究人员指出,通过履行社会责任,企业与利益相关者之间的关系得到加强。Brammer 和 Pavelin(2004)的研究发现,企业社会责任有助于加速利益相关者对企业价值观的识别和认同过程,使利益相关者更加认同企业的核心价值观。Donaldson 和 Preston 提出,利益相关者们都希望通过企业达成自己的利益目标,因此希望自己的利益诉求引起企业的足够重视,当企业满足他们的期望时,他们会更愿意持续关注企业的发展。因此,企业社会责任对满足利益相关者的需求具有建设性的作用,能够同时满足内部管理者的期望,进而对企业声誉产生积极影响。这一系列机制的运作,有助于企业与其利益相关者之间建立起良好的互动关系,从而提升企业的声誉和形象(沈洋,2006)。

不同行业的企业社会责任对企业声誉产生差异性影响,这一问题已有多方学者进行了深入研究。Clemens(2001)和 Bowen(2000)的研究显示,在环境影响较大的行业中,企业面临来自社会和政府的详细审查,同时环保组织提出了降低环境压力的要求。在这些行业中,强化环保方面的社会责任对企业声誉产生积极影响,表明企业在社会和环境关切上持积极态度。Brammer 和 Pavelin(2004)的研究进一步支持了这一观点,总体而言,企业社会责任与企业声誉呈现显著正相关关系。具体而言,金融、化学、资源和消费品等行业中,企业社会责任与声誉之间的关系尤为显著。而在零售、公共设施和商业服务等行业中,企业对社区的社会责任也对其声誉产生显著影响(沈泽,2006)。这些研究结果表明,企业应该根据所处行业的特点和社会期望制定和实施相应的社会责任策略,以提升声誉和社会形象。

综上所述,企业社会责任对企业的品牌形象和声誉具有重要的正向影响。积极承担社会责任不仅有助于树立企业的良好形象,还能提升企业的声誉。换言之,企业的品牌形象和声誉可被视为企业社会责任的直接体现。这意味着,通过履行社会责任,企业不仅赢得外部认可和信任,而且提高了在市场竞争中的竞争力。

社会责任不仅仅是一种义务,更是一种战略。在当今竞争激烈的市场环境中,企业的社会责任履行已成为吸引消费者、投资者和其他利益相关者的关键因素之一。消费者更倾向选择那些在道德和社会责任方面表现出色的企业作为合作伙伴或购买对象。同时,投资者也越来越注重企业的社会责任表现,他们更愿意投资那些在环境、社会和治理方面做得好的企业,这样的企业通常更能够持续取得良好的经济绩效。通过履行社会责任,企业能够建立起与社会各界的良好关系网络,增强了企业与利益相关者之间的信任和合作关系。这不仅有利于企业获得更多的资源和支持,还有助于降低企业的运营风险,提高企业长期发展的稳定性。

企业在制定经营战略时,应当充分考虑到社会责任的履行,并将其视为提升品牌形象和声誉的重要途径之一。只有通过积极承担社会责任,企业才能够赢得社会的认可和尊重,提升企业的竞争力,实现可持续发展的目标。

第七章
考虑企业社会责任战略的上下游企业博弈模型研究

一、考虑企业社会责任战略的上下游企业系统分析及研究框架设计

企业社会责任(CSR)已经成为一个备受关注的话题,越来越多的企业意识到在追求盈利的同时也要承担起社会责任。根据毕马威的研究,2015年全球接近75%的百强企业发布了社会责任报告,而中国百强企业中有78%也发布了企业社会责任报告。这显示了企业对CSR的关注程度在不断增加。CSR要求企业不仅在经济层面追求利润,还要关注其经营活动对利益相关方、环境以及社会的影响和贡献。一些知名企业如华为、英特尔、惠普、IBM等通过积极履行CSR,不仅实现了可观的经济利润,还赢得了良好的社会声誉。这些企业的成功案例表明,实践企业社会责任不仅可以带来商业上的好处,而且对于企业的长期发展也具有重要意义。通过与利益相关者的积极互动、关注环境保护以及支持社会公益事业,企业可以树立良好的企业形象,赢得消费者的信任,从而实现可持续发展的目标。有学者研究表明,积极承担CSR的企业能够获得更高的企业价值。在此基础上,Panda等的研究表明,CSR行为有助于扩大新产品市场需求,提高废旧产品回收效率。

随着信息技术产业的迅速发展,产品更新速度不断加快,这导致了大量废弃产品的产生,给环境带来了严重的污染和资源的浪费问题。因此,社会

广泛关注如何高效回收废旧产品的议题。针对这一挑战,引入再制造技术成为解决方案之一。再制造技术的引入为解决废弃产品带来的环境和资源问题提供了新的可能性。通过再制造技术,可以构建起一个循环型的发展链条,实现从资源到产品、从报废到再制造的全生命周期管理。这种全面管理的方式有助于促进节能环保,推动可持续绿色工业的发展。《中国制造2025》将再制造技术被明确列为发展制造业的重要战略。这一战略强调了推动再制造技术在企业中广泛应用的重要性。为了实现再制造技术的广泛应用,企业需要在供应链的采购、生产、销售等方面进行探索和创新。同时,他们也需要创新废旧物品的回收和再利用流程,实施企业上下游的闭环管理。这种正向的上下游管理方式将有助于减少废物的产生,推动经济的可持续发展。

(一)上下游企业系统分析

1. 上下游企业系统特点

在当前全球经济可持续发展的大背景下,企业已经开始巧妙地融合上游和下游的运作模式,这一趋势在推动着循环经济和低碳经济的崛起。尽管学术界尚未就上下游企业系统形成权威性的定义达成共识,但通过对典型案例的归纳与整理,我们可以揭示出其本质和内涵。这种上下游融合的模式对于促进资源的有效利用、减少废弃物的产生具有显著的推动作用,从而推动经济朝着更为可持续的方向迈进。

在回收再制造的过程中,我们实现了信息的高度整合,这意味着我们能够有效地利用已有的资源和知识,将它们重新整合以创建新的产品或材料。这不仅仅是简单的废物回收,更是一种资源优化的过程,最大限度利用了已有的资源,减少了对新资源的需求。另一个关键点是实现废弃物的再利用。通过回收和再制造,我们能够将废弃物转化为有用的资源,延长其使用寿命。这样做不仅减少了废物对环境的负面影响,还有助于减少新资源的消耗。最后,回收再制造也带来了获取废弃物的剩余价值的机会。通过对废弃物进行处理和再加工,我们可以从中提取出潜在的价值,创造出新的经济机会。这种剩余价值的获取不仅有助于经济的增长,也为社会创造了更多的就业机会和财富。Guide(2003)等学者指出,从产品的整个生命周期来看,企业上下游可理解为产品生产、销售、回收及再制造的全过程,即将上下游企业的正向物流与逆向物流相融合,相互影响。Kaya(2016)等将企业上下游管理概括为正向物流中的生产、销售等活动与逆向物流中的回收、再制造等活动的无缝衔接。

在当前的商业环境中,企业重新审视了传统的上下游关系,并从循环和再制造的角度进行了重新定义。这种重新定义强调了通过正向生产销售和逆向回收这一封闭循环组合来实现制造业的可持续性。企业通过对产品生产、销售、回收以及再制造等经济活动的全面控制,确保了整个生命周期的可追溯性和可控性。这种控制不仅限于产品本身,还包括物流、信息和资金等各种资源的整合与优化。其目的在于通过回收再制造实现行业上下游资源的整合和信息的联动,从而降低成本并提供更高质量的服务。总的来说,企业通过采用循环和再制造的方法重新定义了上下游关系,从而实现了对整个产品生命周期的全面控制。这种控制不仅使企业能够提供更高质量的服务,同时也降低了成本,使得企业在竞争激烈的市场中更具竞争力。这种全面控制的实现,标志着企业对可持续发展理念的深入贯彻,为未来的发展奠定了坚实的基础。

由上述分析可知,上下游企业系统具有以下显著特点:

(1)复杂性。逆向的回收再制造系统影响着企业传统模式的各个层面,从战略制定到商业运作都面临着挑战,这使得整个系统变得错综复杂。

(2)多样性。企业在管理上下游关系时需要考虑社会环境和经济效益,因此管理具有多重优化目标,这增加了系统的多样性。

(3)不确定性。从消费端返回的产品在质量、数量、回收方式、损耗程度、再处理时间和再制造利用率等方面存在着不确定性,这给系统的规划和运作带来了挑战。

(4)不均衡性。废旧物品的回收再制造可能存在与成品市场需求之间的时间滞后问题,导致产品供应与市场销售需求不匹配。

综上所述,逆向的回收再制造系统面临着诸多挑战,包括复杂性、多样性、不确定性和不均衡性。为了确保系统的有效运作并实现经济和社会效益的最大化,企业需要在管理和运营中采取灵活应对策略。

2. 上下游企业系统类型

基于回收物品种类和回收处理方式的差异,上下游企业系统可以分为以下四种情形:

(1)再利用,是一种处理方式,其特点包括简单的处理过程和相对较少的产品种类。这种方式通常适用于处理包装盒、玻璃容器等产品。

(2)再循环,涉及更为复杂的处理方式,同样适用于较少的产品种类。在再循环中,产品被转化为更低层次的组成成分,例如将废旧衣服、纸张、塑料等进行处理。

(3)再制造,是一项复杂的处理过程,适用于较多种类的产品。在再制造中,废旧产品经过清洗、拆解、维修、装配、调试等步骤,使其质量和性能与全新产品无异。

(4)退货,其处理方式相对简单,但涉及较多种类的产品。这种情形主要出现在各个消费领域,当消费者要求退货时,就需要调用逆向系统的资源来处理。

综上所述,上下游企业系统可以根据回收物品种类和处理方式的不同,将其分为再利用、再循环、再制造和退货四种情形。每种情形都有其特定的处理方式和适用产品种类,因此需要有针对性地管理和运营,以实现有效的资源回收和利用,并同时达到经济和环保的双重目标。

3. 上下游企业成员博弈分析

基于已有研究,专注于建立一套涉及上下游企业的合作与非合作博弈决策模型,旨在优化各方的决策过程,同时制定可行的实施策略。其参与主体包括上游企业制造商、下游企业零售商以及第三方参与主体消费者。深入分析这些参与主体之间的合作与非合作关系,探讨在博弈过程中可能出现的利益冲突,以及制定相应的博弈策略。

(1)博弈参与主体。上下游企业系统是一个紧密相连的封闭系统,由上游企业和下游企业通过信息、物资和资金的流动相互联系而成。在这个系统中,参与主体主要包括制造商、零售商和消费者。本书的研究聚焦于上下游企业系统中的三个主要参与主体:制造商、零售商和消费者,着重分析它们之间的相互关系和相互作用。通过深入研究这些关系,为理解上下游企业系统的运作机制提供了理论基础和实践指导。这些分析和结论有助于我们更好地把握上下游企业系统的运行方式,为相关领域的决策者提供了重要参考。

1)制造商。制造商在企业上下游中扮演着至关重要的角色,作为产品的创造者和生产者。他们通过正向销售过程,通常以批发的形式将产品提供给零售商,最终使产品流通至消费者手中。而在逆向回收过程中,制造商则承担了对废弃品进行回收或回购,并进行再制造的责任,再次将这些产品引入市场。回收再制造不仅对制造商自身有利,也对环境和社会产生积极影响。通过回收再制造,制造商能够有效减少环境污染,并节约宝贵的资源。同时,这也有助于提升企业的社会责任形象,获得更多公众认可。总的来说,制造商在整个企业系统中发挥着关键作用,通过促进产品的生产和再利用,既推动了经济的发展,又保护了环境。这种积极的做法不仅增强了企业的社会责任感,也为可持续发展目标做出了积极贡献。

2)零售商。在企业上下游系统中,零售商由于直接面向消费者,能够深入了解他们对新产品和再制造品的需求偏好,这种对消费者需求的了解对制造商的决策具有深远影响。制造商可以通过借助零售商提供的消费者需求信息来指导生产和再制造决策,从而更好地满足市场需求。合作成为实现共赢的关键。如果零售商和制造商之间能够建立紧密的合作关系,充分利用彼此的资源优势,就能够提高废旧产品的回收效率,降低成本,增加利润,并且还能够共同履行社会责任,树立良好的品牌形象。综上所述,零售商在上下游企业系统中的作用不可忽视,而与制造商之间的合作关系对于废旧产品的回收和再利用至关重要。通过充分利用消费者需求信息并加强合作,企业可以实现双方的利益最大化,同时也能够履行社会责任,提升品牌形象,为可持续发展做出积极贡献。

3)消费者。在销售和回收过程中,消费者扮演着双重角色。他们不仅在购买新产品时是终结者,而且在废弃产品回收阶段是初始者。近年来,中国一直在倡导绿色、循环和可持续经济,并且实施了生产者责任延伸制度。这意味着消费者不仅要求企业履行社会责任,而且自己也有责任保护环境,减少资源浪费。总体而言,消费者在上下游企业系统中扮演着关键角色。他们不仅是产品的最终消费者,也是废品的供应者。为实现循环经济的发展,除了企业履行社会责任外,消费者也需要积极参与,减少资源浪费,保护环境。只有企业和消费者共同努力,才能实现废品回收和再利用的可持续发展。

(2)参与主体的博弈关系。在企业上下游系统中,制造商和零售商之间的博弈关系呈现出两种主要模式:Nash 均衡博弈和 Stackelberg 主从博弈。在 Nash 均衡博弈中,各方地位相当,彼此博弈以确定最优策略,最终达成一种稳定的均衡状态。而在 Stackelberg 主从博弈中,通常是制造商拥有主导地位,先制定策略,而零售商则根据制造商的行动做出反应。综合而言,这两种博弈模型为分析和优化企业上下游之间的关系提供了有力工具。在不同情境下,可以选择适用的博弈模型,以便更好地理解和解决利益冲突和合作问题。因此,对于企业管理者来说,了解并熟练应用这些博弈理论是至关重要的,这有助于制定更有效的决策,实现更有利的合作关系。

1)Nash 均衡博弈。在企业上下游系统中,制造商和零售商之间存在着一种复杂而微妙的博弈关系,被称为 Nash 均衡博弈。这种博弈的核心特征在于,双方都追求着自身利益的最大化,而彼此之间却缺乏对对方决策的透彻了解。因此,每个企业都在力求通过自身的决策来实现最佳结果,而这些决策是独立于对方的。在这种情况下,制造商和零售商之间并不存在直接的合作或协调。相反,他们各自采取行动,力图在市场上取得优势地位。然而,尽管双方决策的独立性使得博弈过程变得错综复杂,但最终却可能会达到一种均衡状态。这种均衡状态通常是通过联合求解各自的决策变量来实现的,从而找到一种共同的最优策略。值得注意的是,在 Nash 均衡博弈的框架下,制造商和零售商之间存在着信息的对称性。这意味着双方拥有相似的信息水平,没有一方能够通过信息不对称获得不公平的优势。因此,他们在决策过程中都处于相对平等的地位。Nash 均衡博弈下,制造商和零售商之间展开了一场既竞争又协同的博弈。尽管彼此追求自身利益的最大化,但通过联合求解和信息的对称性,双方最终能够找到一种稳定的均衡策略,以在市场中取得相对优势。

2)Stackelberg 主从博弈。在上下游企业系统中,采用 Stackelberg 主从博弈模型时,成员企业之间存在着明显的地位差异和决策权不对等的情况。通常情况下,制造商被视为主导者,而零售商则是追随者,但也存在相反的情况,即零售商担任主导者,制造商为追随者。这种主从关系意味着主导者在决策上具有明显的优势,能够通过预测追随者的反应函数来制定相应的决策。这种优势地位使得主导者能够在博弈中占据主动地位,并更有效地控制局势。针对 Stackelberg 主从博弈模型的求解方法通常采用逆向归纳法。通过逆向归纳法,可以从追随者的反应函数出发,推导出主导者的最优策略,从而使得整个博弈模型的解得以确定。这种方法的应用有助于深入理解上下游企业系统中的博弈关系,并为优化决策提供了理论支持。Stackelberg 主从博弈模型为理解和优化上下游企业系统中的博弈关系提供了一个有效的框架。在这个框架下,制造商和零售商的地位差异明显,主导者能够通过预测追随者的反应函数来制定相应的决策。逆向归纳法的应用有助于求解模型,为实际决策提供了指导和支持。

(二)上下游企业系统中企业社会责任界定

1. 企业社会责任的内涵

谢尔顿在《管理哲学》中首次提出了企业社会责任(Corporate Social Responsibility,简称 CSR)的概念,强调了利益相关者理论的基础。CSR 指的是企业在承担对社会和公众等利益相关者的经济与非经济责任的前提下,追求社会福利最大化的目标。此概念要求企业不仅关注经济利益,还要在生产过程中对上下游企业、消费者、环境、员工、商业伙伴和社区等方面负责。通过构建紧密联系的利益共同体,企业超越法律和经济义务,致力于提高生产质量,同时努力实现经济可持续发展和环境友好的目标。下面将从六个维度,即消费者、环境、公司员工、商业伙伴、社区以及政府,介绍企业社会责任(CSR)的具体内容。

(1)企业对消费者承担确保货真价实的责任。在商业运营中,企业有责任确保产品的品质和价格公平,并积极满足消费者的需求,以及保护消费者的权益。根据数据显示,因企业缺乏诚信而导致的消费者福利损失大约占国内生产总值的1%至1.3%,相当于每年10 000亿~12 500亿元的经济损失。这种缺乏诚信的行为不仅会对消费者造成损害,还会使企业陷入经营困境。为了解决这一问题,企业需要采取一系列措施。首先,企业应将产品质量放在首要位置,通过加强设计和创新来提供高质量的产品和服务。其次,建立良好的沟通机制,与消费者建立起信任和良好的关系,从而有效保障消费者的权益。总的来说,企业的成功与否与其是否诚信经营密切相关。因此,企业必须认识到诚信经营的重要性,以维护消费者的信任和品牌声誉,从而实现长期可持续发展。

(2)企业对环境承担可持续发展与节约资源的责任。在当今社会,环境问题日益受到各级政府的重视,并达成共识:企业不应以破坏环境为代价。这种关注环境的态度促使企业意识到必须朝着可持续发展的方向前进。因此,企业应该在整个产品生命周期中始终以可持续发展为指导原则,并加大研发力度,增加对节能环保产品的投资。为了治理环境污染,企业需要采取严格的污染排放控制措施,并加强对污染物和废弃物的回收管理,以提高资源利用效率。此外,企业也应积极参与各种环境治理活动,通过实际行动来倡导绿色发展理念。总的来说,随着环境问题的日益突出,企业在生产经营活动中面临着更高的环境要求。为了实现可持续发展,企业需要加大对环保产品的研发和投资,严格控制污染排放,提高资源利用效率,并积极参与环境治理活动,以推动绿色发展理念的实现。

(3)企业对社区承担文化建设与发展慈善事业的责任。社区环境对企业的发展至关重要。社区为企业提供了社会服务和支持,为其提供了必要的背景和资源。尽管社区文化和慈善活动需要政府的支持,但企业也应该积极参与,因为它们与社区之间存在着密切的联系。企业的责任在于将企业的发展与社区的进步结合在一起,相互促进和支持。通过积极参与公益慈善活动、援助弱势群体、支持科学文化事业、提供就业机会等方式,企业为社区发展做出贡献。与此同时,社区通过积极沟通、提供公平竞争环境、支持基础设施建设等方面为企业的可持续发展创造良好条件。这种相互支持和合作关系使得社区和企业得以共同繁荣。企业在社区中扮演着重要的角色,而社区的繁荣也为企业的可持续发展提供了必要的支持。因此,社区环境和企业之间的合作关系对于社会的稳定和发展至关重要。

(4)企业对商业伙伴承担互利共赢与协同发展的责任。在商业合作中,企业有责任确保产品质量和服务达标,同时与商业伙伴建立有效的监督机制。这种监督包括确保商业伙伴严格遵守生产规范,履行其生产责任,并确保其经营理念与企业的长远利益一致。通过共同遵守法律法规,双方尊重和维护彼此的合法权益,共同营造良好的市场秩序。商业伙伴的重要性不言而喻,他们为企业提供了生产所需的各种要素,包括但不限于能源、原材料、生产设备和分销渠道。因此,企业在选择商业伙伴时必须谨慎,这将直接影响到企业的经营发展和成功。最终,企业应对商业伙伴负责,确保他们严格遵守规定,共同维护市场秩序,推动经营发展的蓬勃展示。

(5)企业对员工承担保护身体健康与价值实现的责任。在企业经营中,企业对员工的责任至关重要。企业应该秉持以人为本的理念,意识到员工的权益保护与公司发展之间的平衡至关重要。这意味着关注员工的各个方面,从提供良好的工作环境开始,设计薪酬和福利制度,以及提供良好的教育培训条件,从而促使员工能够实现自我发展和完善。另外,企业也应该致力于提供公平合理的职业发展机会,切实保障员工的合法权益,全面支持员工的生命健康和个人价值实现。这不仅有助于增强员工的工作满意度和忠诚度,也能提高员工的工作效率和创造力。最终,通过履行这些责任,企业不仅可以促进自身的健康发展,还能够为社会和谐稳定做出积极贡献。因此,对员工的责任不仅仅是企业的义务,更是企业实现可持续发展并回馈社会的重要途径。

(6)企业对政府承担科技发展与缴纳税收的责任。企业的发展目标旨在为投资者创造价值,并承担国家科技创新和税收增加的使命。在履行对政府的责任时,企业应扮演良好的社会公民角色。这包括重视科技创新,以提高生产效率;依法规范经营,合法纳税;自觉接受政府监督和检查,并履行社会责任,以推动国家经济的可持续发展。总的来说,企业对政府的责任不仅涵盖了注重科技创新、提高生产效益等内在发展要素,还包括了依法经营、合法纳税等外在行为准则。企业积极履行这些责任,不仅有助于企业自身的发展,也为国家经济的稳定和繁荣做出了积极贡献。

2. 企业上下游系统中的企业社会责任及其特点

上下游企业间协同合作程度提升,企业社会责任由企业层面上升到企业上下游系统层面成为不可避免的趋势,也是其获得市场占有率和竞争优势的必然选择。上下游系统中企业社会责任涉及多方主体的共同行为。要求企业履行社会责任,将其嵌入企业上下游管理中,促使其他利益相关者自觉履行社会责任。在经济责任方面,企业需满足消费者需求,并提升整个上下游系统盈利能力。法律责任要求所有节点企业无违法经营,确保整个系统的守法运行。伦理责任要求企业遵守道德准则和伦理标准,保障信息透明,扶持弱势企业。慈善责任要求各企业积极参与慈善活动,推动社会慈善事业。

在当今商业环境中,上下游企业间的协同合作程度提升已经成为不可抗拒的趋势。这种合作不仅有助于这些企业在市场上获得更大的份额和竞争优势,还促进了整个企业上下游系统的发展和稳定。企业社会责任已经不再局限于单一企业的范畴,而是涉及整个上下游企业系统的层面。在这个系统中,企业需要承担多方面的责任,包括经济责任、法律责任、伦理责任以及慈善责任。首先,从经济责任来看,企业需要不断满足消费者的需求,提升整个系统的盈利能力。这意味着不仅要关注自身利润,还要考虑到其他企业的利益,确保整个系统的稳定和繁荣。其次,法律责任也是企业社会责任的重要组成部分。所有参与企业都必须遵守法律法规,确保其经营活动的合法性和合规性。这不仅是为了避免法律风险,更是为了保障整个系统的顺利运行。除此之外,伦理责任也至关重要。企业需要遵守道德准则和伦理标准,保障信息透明,同时关注和扶持弱势企业。这不仅有助于建立良好的企业形象,还有助于增强系统的社会责任感和可持续发展。最后,慈善责任是企业社会责任的另一个方面。企业应该积极参与慈善活动,回馈社会,推动社会慈善事业的发展。企业社会责任在上下游企业系统中涉及多方主体的共同行为。除了满足消费者需求和提升盈利能力外,企业还需遵守法律规定、遵循道德准则,保障信息透明,同时积极参与慈善活动,推动社会慈善事业。这些责任的履行有助于提升整个上下游系统的稳定性和可持续发展,同时也是企业获得市场竞争优势的重要途径。企业上下游系统中的企业社会责任主要有以下几个特点:

(1)企业社会责任实施主体更加复杂。企业上下游系统的节点涵盖了三个主要参与方:供应商、制造商和零售商。这些参与方扮演着不同的角色,彼此之间的互动和合作对于实现良好的运作至关重要。企业性质的多样性体现在营利组织和非营利组织的存在。营利组织包括各种形式的企业,如国有企业、集体企业、民营企业、外资企业以及中外合资企业。而非营利组织则包括政府机关、事业单位和行业组织等。这种多样性意味着不同类型的企业在面对企业社会责任时会面临不同的挑战和考量。企业社会责任(CSR)的实施复杂性源于不同类型和性质企业之间的差异。每种企业都有其独特的社会责任考量和实施方式,这增加了上下游企业之间的协调和合作的复杂性。行业和规模的差异也是影响企业社会责任协作难度的因素之一。不同行业的企业可能面临不同的社会责任压力和准入条件,而企业规模的大小也会影响到其在社会责任实施方面的能力和资源分配。综上所述,企业上下游系统中存在着各种类型和性质的企业,这使得上下游关系变得更加错综复杂。为了有效推动企业社会责任的实施,需要各方共同努力,建立合作机制,促进上下游企业之间的协作与沟通。这样的合作才能够在更广泛的范围内实现社会责任的最大化效益。

(2)企业实施企业社会责任关注内容增加。随着时间的推移,企业的关注范围已经逐渐扩大,不再局限于仅关注内部运营,而是开始关注整个上下游系统的运作情况。这种转变反映在企业的CSR管理框架上,它已经不再局限于内部,而是延伸至整个系统。在这一过程中,企业不仅要履行自身的社会责任,还要认真考虑其行为对上下游企业的影响。因此,现代企业已经认识到,单靠自身的努力可能无法实现可持续发展的目标。相反,它们需要与其他企业建立合作关系,共同推动整个上下游企业系统的可持续发展。这种合作精神不仅有助于实现共同的商业目标,还有助于减少资源浪费,提高效率,并最大程度地减少对环境的负面影响。综上所述,企业不仅要履行自身的社会责任,还要考虑其行为对整个上下游企业系统的影响。这种意识的转变推动了CSR管理框架的延伸,促使企业与其他企业共同合作,以实现整个系统的可持续发展。这种趋势不仅反映了企业在社会责任履行方面的进步,还彰显了企业对社会和环境的更广泛的责任感。

(3)企业实施企业社会责任水平不同。经济体系中的上下游企业之间存在着明显的不对称性,这一现象在经济责任、环境责任和社会责任等方面表现得尤为突出。特别是在零售商主导的情况下,这种不对称性更加显著。在这种情况下,制造商通常承担了更多的企业社会责任(CSR),但他们的收益相对较少。与此相反,处于下游的零售商在 CSR 方面的实施程度相对较低,但却获得了最多的收益。这种不对称性反映了不同上下游企业节点在履行企业社会责任时所承担的责任与获得的回报之间存在的巨大差异。事实上,这种差异可能会对整个上下游系统的协作和可持续发展产生负面影响。因此,必须建立更加平衡和公平的合作机制,以促进 CSR 的全面实施,并实现所有参与者的共赢。这意味着需要重视上游制造商在收益和责任之间的平衡,并鼓励零售商在利润最大化的同时,也要积极履行企业社会责任。通过这种方式,可以更好地推动上下游企业之间的合作,并推动整个供应链向着更加可持续的方向发展。

(4)企业实施企业社会责任具有传递性。企业社会责任的传递性指的是在上下游企业中,一家企业实施了企业社会责任(CSR)举措后,这种影响会向上下游扩散。这种传递的路径主要通过物流和信息流进行。这种传递性不仅可以提高整个系统的社会责任水平,还能影响到消费者的态度和行为。具体来说,一家企业实施了 CSR,这种举措可能会通过物流网络和信息传播渠道传递到其他相关企业或直接到达消费者。这种传递有助于整体提高社会责任水平,因为每个节点企业都被激励跟随这一潮流,以保持竞争力和合规性。消费者也更倾向于支持那些实施 CSR 的企业,因为他们认为这些企业更加负责任和可信赖。然而,传递性也存在一定的风险。如果某个节点企业缺乏社会责任,这种缺失可能通过上下游传播,损害其他企业的声誉,并导致消费者对整个系统的不信任。因此,在实施 CSR 时,企业需要认识到其行为的传递性,并采取措施确保整个系统都遵循相同的高标准。这样才能确保整个上下游企业系统的社会责任得到有效履行,从而维护良好的企业声誉并赢得消费者的支持。

3.上下游企业系统中企业社会责任的刻画方式

综合学术界的观点和结论,对企业社会责任(CSR)的解释通常涉及经济、利益相关者以及社会这三个核心维度。企业在这一框架下被视为创新的主体,通过实施技术创新、管理创新等手段来赢得利润、保持市场竞争力,并且提高社会群体的生活质量和福利水平(Hediger W. ,2010)。然而,值得注意的是,学术界尚未就 CSR 的具体表现形式形成统一的共识,因此在实践中呈现出多样性。这一现象表明，需要进一步深入研究和探讨，以明确 CSR 的实践标准和指导原则。以下简要介绍了企业社会责任的三种典型刻画方法。

（1）基于消费者剩余的企业社会责任刻画方式。Bolvig（2005）的研究表明，大多数管理者更倾向于将企业社会责任（CSR）理念与企业利益相关者的社会福利联系起来。随后的研究，如 Panda（2016）和 Modak（2019）等，也从利益相关者的视角将 CSR 描述为相应的消费者剩余。

上述有关企业社会责任（CSR）的描述存在一定的差异，本书仅简要说明 Panda（2016）等提出的 CSR 表示方法。首先，假定市场需求函数为 $q=a-\beta p$，其中，a 为潜在的市场规模，β 为消费者对产品价格的敏感系数。在这种情况下，消费者剩余可以表示为：

$$\theta \int_{p}^{p_{\max}} q dp = \theta \int_{\frac{a-q}{\beta}}^{\frac{a}{\beta}} (a-\beta p) dp = \frac{\theta}{2\beta}(a-\beta p)^2 \tag{7-1}$$

在上述描述中，θ 表示上下游企业成员对企业社会责任（CSR）的关注程度，且 $0<\theta<1$，其中 $\theta=0$ 表示较低的关注程度，即成员企业更倾向于追求自身利润最大化，$\theta=1$ 表示较高的关注程度，即成员企业更注重追求社会责任的最大化。

（2）基于成本投入的企业社会责任刻画方式。Cruz（2008），Nematollahi（2017）以及 Raza（2018）等学者，从量化的企业社会责任（CSR）投入角度出发，将 CSR 描述为与需求函数相关的决策变量。这种描述使得企业能够通过调整这些变量来实现对一个或多个目标的优化。换言之，企业可以在满足约束条件的前提下，通过调整这些决策变量来改善利益相关者的福祉。这样的描述方式突显了企业对利益相关者福祉的投资活动，从而将 CSR 视为一种与经济决策密切相关的策略，而非仅仅是一种道德义务。

（3）嵌入式的企业社会责任刻画方式。Beltratti（2005）指出，注重社会责任的企业已不再将单一利润最大化作为其唯一经营目标，而是转向关注利益相关者的社会福利最大化，构建了双重目标函数。Hediger（2010）提出了两种关于企业社会责任（CSR）的嵌入式刻画方式，本书选取其中一种常见的方式进行介绍。

企业社会责任可以融入企业的双重目标函数，既追求利润最大化又关注社会福利的最大化。在这一情境下，企业的决策问题可简要概括为：

$$\max_{(x)} V(\pi(x), \Delta\Pi(x)) \tag{7-2}$$

其中，V 为成员企业的效用函数；$\pi(x)$ 表示成员企业利润；x 为其决策变量；$\Delta\Pi(x)$ 为成员企业对社会福利的净贡献值，式（7-2）表明该成员企业在自身利润与社会福利之间进行一种权衡。进一步，式（7-2）可具体表示为：

$$\max_{(x)} [(1-\theta)(\pi(x) + \theta\Delta\Pi(x)] \tag{7-3}$$

在上述描述中，θ 表示上下游企业对企业社会责任（CSR）的关注程度，且 $0 < \theta < 1$，其中 $\theta = 0$ 表示较低的关注程度，即成员企业更倾向于追求自身利润最大化，表明该企业为营利性企业；$\theta = 1$ 表示较高的关注程度，即成员企业更注重追求社会责任的最大化，表明该企业为公益性企业。

（三）企业社会责任战略对上下游企业决策的影响

企业积极履行社会责任表现是指诸如格力、苹果、华为等制造企业以及阿里巴巴、苏宁、国美等零售企业这样的国际知名企业，积极参与并发布企业社会责任报告。通过这种积极的参与，企业树立了良好的品牌形象，在公众中赢得了广泛认可。这种趋势不仅引起了学术界的关注，也吸引了工业界的眼球。学者们开始关注企业社会责任实施水平与企业价值之间的关系，并发现它们之间存在着正相关的趋势。

近年来，随着经济全球化和国际分工的加深，企业正逐渐朝着双赢的管理模式迈进。因此，企业社会责任的研究也开始扩展到整个上下游企业系统。不仅如此，研究表明上下游企业的社会责任实施水平不仅仅影响自身的品牌形象，还会对整个上下游企业系统的形象、产品市场需求以及废旧产品回收水平产生影响，进而影响其他成员企业的利润。

企业积极履行社会责任不仅有助于塑造良好的品牌形象和赢得广泛认可，而且与企业的价值密切相关。从整个上下游企业系统的视角来看，企业社会责任的实施水平对系统内各个成员企业的形象、市场需求以及利润情况产生深远影响，进而影响整个系统的运行和发展。研究企业社会责任与整个上下游企业系统的关系具有重要意义，有助于更好地理解企业社会责任对企业和整个系统的影响，并为构建更加和谐、可持续的产业生态系统提供参考和指导，具体影响过程如图7-1所示。

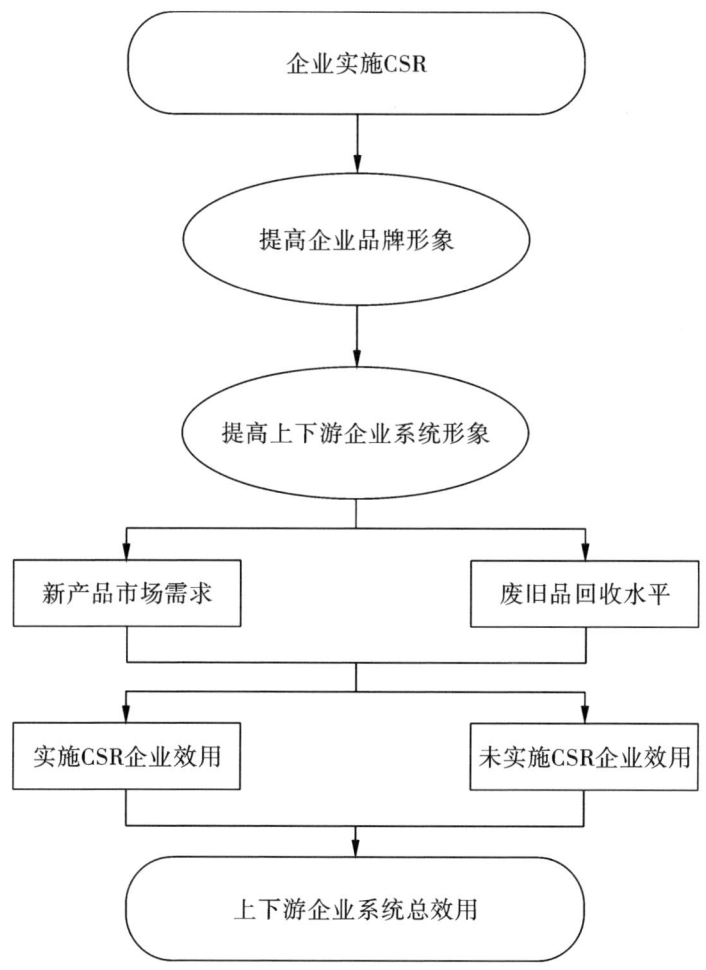

图 7-1　成员企业实施 CSR 对上下游企业决策的影响过程

(四) 本章研究框架设计

基于对企业上下游系统的渠道权力结构、回收模式以及企业社会责任 (CSR) 问题研究现状的综合梳理,我们从利益相关者的视角出发,描述了成员企业在考虑 CSR 时所面对的效用函数。并构建了一个考虑 CSR 的企业利润模型,将成员企业的利润最大化作为决策目标,重点关注了回收模式、CSR 实施主体和渠道权力结构这三个方面。通过运用 Nash 非合作博弈与 Stackelberg 主从博弈理论,提出了在不同决策情境下企业上下游系统的最优定价、回收决策以及各成员企业与系统整体的利润与效用。进一步,通过比较分析与数值仿真,我们探讨了重要参数对上下游企业系统最优决策的影响。采用控制变量法,我们给出了在不同决策情境下选择最佳渠道权力结构、CSR实施策略及回收渠道的条件。将数学理论模型与企业实践相结合,旨在为上下游企业在CSR实施策略和回收决策问题上提供理论参考,以推动企业社会责任的有效落实。考虑CSR的上下游企业系统研究框架结构,如图7-2所示。

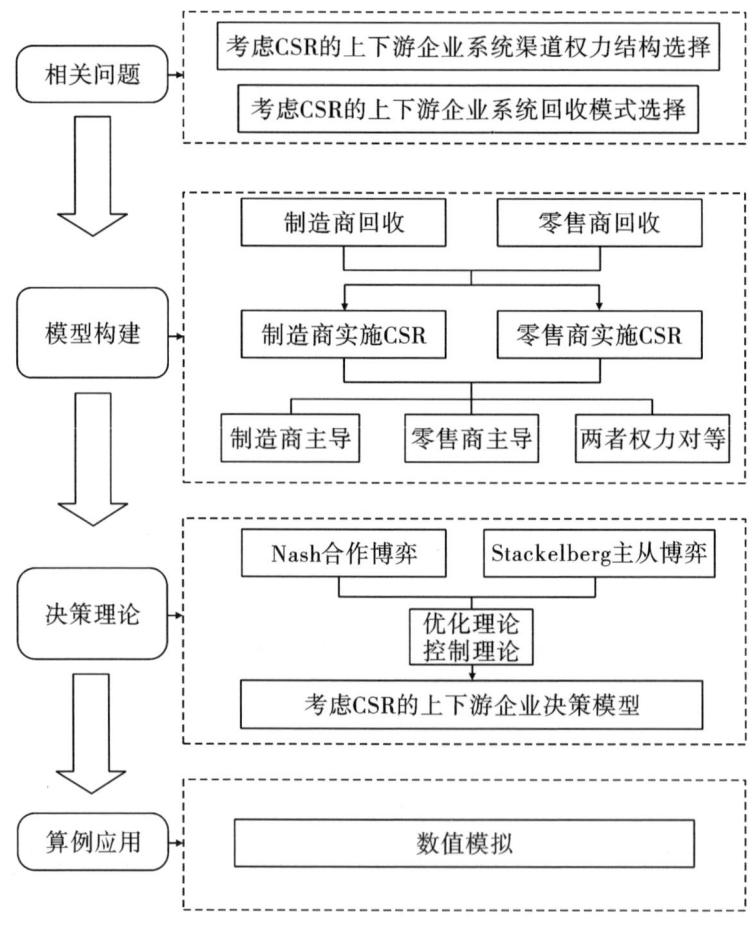

图7-2 考虑企业社会责任的上下游企业研究框架

二、考虑企业社会责任战略的制造商回收博弈模型

(一) 问题描述与基本假设

在处理电子废弃物方面,制造商采取了一项积极的举措,即通过建立逆向物流回收系统,直接回收废弃物,并承担相关成本。这一举措不仅有助于缓解电子废弃物对环境的负面影响,还展现了企业的社会责任担当。更重要的是,通过自建回收渠道,制造商能够更敏感地了解消费者的需求,并将这些洞察融入产品设计流程中,从而优化产品设计,提高市场竞争力。此外,制定和实施自建回收政策也可以帮助企业树立良好的企业形象。通过积极参与废弃物回收,并将回收率作为企业社会责任的一部分,制造商不仅能够赢得公众的认可,还能够传递出积极的环保信息,为企业树立良好的品牌形象。然而,尽管自建回收系统带来了诸多益处,但也需要承担较大的固定投资。建立和维护逆向物流回收系统需要大量资金和资源,这可能会对企业的盈利能力造成一定影响。因此,选择自建回收体系通常是那些经济实力较强的制造企业所做的决策,如 IBM、松下、戴尔、苹果等。综上所述,自建回收体系在提高产品设计流程效率、传递企业社会责任形象等方面带来了诸多益处,但也需要承担较大投资且可能影响企业盈利。这种方法更适用于那些经济实力较强的企业,能够在长期发展中更好地实现环境和社会责任目标,具体如图 7-3 所示。

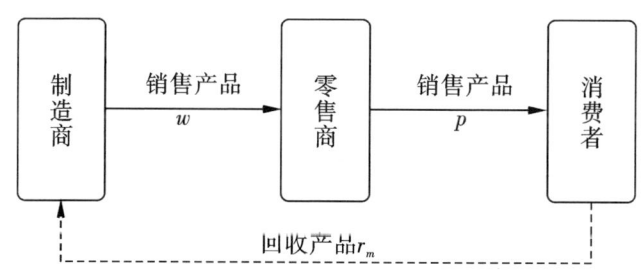

图 7-3 制造商回收时的结构示意

基于此,本节提出以下基本假设:

假设 1 假设企业上下游系统是单周期的,仅由制造商和零售商两个成员构成。

假设 2 假设这两个成员之间的信息是完全对称透明的,且均属于风险中性(Dong J. 等,2021)。

假设 3 由于技术壁垒和授权等问题的存在,新产品的生产和旧产品的再制造都由制造商全权负责。假设回收的废旧产品经过严格的评估监测,以确保使用二手零件与使用全新原材料生产的产品在性能和外观上无差异,消费者对这两种产品的认可程度是一致的(Savaskan R. C. 等,2006)。

假设 4 假设制造商负责废旧产品的回收,类似于一些电子设备制造商如 IBM、松下、戴尔等,它们通常设立全资子公司或回收车间进行废旧产品的回收。而零售商则主要负责产品的销售。

假设 5 假设消费者对产品的需求函数为:

$$q = a - \beta p \tag{7-4}$$

其中,$a(a>0)$ 表示市场规模;p 表示产品价格;$\beta(\beta>0)$ 表示消费者对产品价格的敏感程度。

假设 6 假设制造商废旧产品回收率为 $r_m = \sqrt{\dfrac{I_m}{k}}$,其中,$I_m$ 表示制造商回收成本,$k(k>0)$ 表示回收废旧产品的难易程度(Dong J. 等,2021)。

本章涉及的相关参数符号如表 7-1 所示。

表 7-1 符号定义及说明

参数符号	参数说明
w	批发价格
p	零售价格
m	零售商单位利润
θ	企业承担企业社会责任(CSR)程度
c_m	单位生产成本
c_r	单位在制造成本
b	制造商支付给零售商的回收转移价格
k	回收废旧产品的难易程度
a	产品市场规模
β	消费者对产品价格的敏感系数

续表 7-1

参数符号	参数说明
q	产品需求
r_m	制造商废旧产品回收率
r_s	零售商废旧产品回收率
π_m	制造商利润
π_s	产品零售商利润
π_t	企业上下游系统整体利润
CS	消费者剩余
V_m	制造商追求社会福利最大化效用
V_s	零售商追求社会福利最大化效用
V_t	企业上下游系统追求社会福利最大化效用

基于上述问题描述与基本假设,制造商的利润主要包括两部分:一部分是通过以批发价格 w 向零售商批发产品获得的利润;另一部分是通过将自家回收的废旧产品进行再制造而节省的成本。因此,制造商的利润函数可以表达为:

$$\pi_m(w, r_m) = (w - c_m)q + (c_m - c_r)qr_m - kr_m^2 \tag{7-5}$$

零售商利润主要来源于制造商和消费者的价格差值,故零售商的利润函数可以表达为:

$$\pi_s(p) = (p - w)q \tag{7-6}$$

在实际运营中,企业通过积极履行企业社会责任(CSR)展示了对社会和环境的关注与贡献,从而获得了公众的认可,塑造了良好的品牌形象。在闭环供应链的框架下,实施 CSR 使得企业的决策目标不再仅仅局限于追求经济利润的最大化,而是更加综合地考虑了社会福利。这里的社会福利被理解为消费者剩余(CS)和生产者剩余(PS)的总和,其中 CS 代表了消费者愿意支付的价格与实际价格之间的差额。经济学研究表明,通过实施 CSR,企业能够提高社会福利,从而增加消费者剩余和生产者剩余的总和。在闭环供应链中,企业实施 CSR 不仅有助于提升其品牌形象,更重要的是,它还能够增加社会福利,促进消费者和生产者剩余的增长。因此,消费者剩余可表示为:

$$CS = \int_{p}^{p_{\max}} q dp = \int_{\frac{a-q}{\beta}}^{\frac{a}{\beta}} (a - \beta p) dp = \frac{(a - \beta p)^2}{2\beta} \quad (7-7)$$

在企业战略管理中,实施企业社会责任(CSR)并非一成不变的标准化模式,而是受到多种因素的综合影响。第一,地理位置是一个重要的考量因素。不同地区的社会文化、法律法规和环境状况各不相同,这将直接影响到企业在该地区实施 CSR 的方式和效果。举例来说,一个位于发展中国家的工厂可能会面临与环境保护和劳工权益相关的挑战,而这些问题在发达国家的企业可能并不突出。第二,市场结构也对 CSR 产生重要影响。在竞争激烈的市场中,企业可能更倾向于利用 CSR 来塑造品牌形象和提升市场竞争力;而在垄断或垄断性竞争的市场中,CSR 的重点可能更多地放在维护社会和利益相关者的利益上。

不同成员企业可能拥有不同的 CSR 目标和策略,这与其自身的经营模式和市场定位密切相关。例如,生产环节的企业可能更注重减少生产过程中的环境污染和资源浪费,而零售企业则可能更关注与消费者的互动和产品可持续性。因此,企业在制定 CSR 策略时,必须充分考虑到自身所处的地理位置、市场结构以及经营业务情况。因此,本书将分别探讨制造商和零售商分别实施 CSR 时的情形。当制造商实施 CSR 时,其目标函数可以表示为:

$$V_m = \pi_m + \theta CS = \pi_m + \frac{\theta (a - \beta p)^2}{2\beta} \quad (7-8)$$

当零售商实施 CSR 时,其目标函数可以表示为:

$$V_s = \pi_s + \theta CS = \pi_s + \frac{\theta (a - \beta p)^2}{2\beta} \quad (7-9)$$

其中,θ 表示上下游成员企业对企业社会责任(CSR)的关注程度,且 $0 < \theta < 1$,其中 $\theta = 0$ 表示较低的关注程度,即成员企业更倾向于追求自身利润最大化;$\theta = 1$ 表示较高的关注程度,即成员企业更注重追求社会责任的最大化。

渠道权力结构的变化对上下游企业的定价决策、利润和效用也会产生深远的影响。为了更全面地理解这一影响,本书主张系统研究由两种 CSR 实施主体(制造商和零售商)和三种渠道权力结构(制造商主导、零售商主导、Nash 均衡)组成的六种博弈模型下的决策问题。不同的 CSR 实施主体和渠道权力结构可能会引导企业采取不同的定价策略、利润分配方式和效用实现方式。通过分析这些博弈模型,可以更深入地理解 CSR 对渠道权力结构和企业决策的影响,从而为企业制定更有效的策略提供理论支持。简单地说,研究不同 CSR 实施主体和渠道权力结构下的博弈模型有助于揭示 CSR 对企业决策的影响机制,为企业在不同情境下制定更为合适的策略以实现长期利益最大化提供指导。

(二)制造商实施企业社会责任战略时制造商回收博弈模型

本节研究了在制造商回收并实施企业社会责任(CSR)的情况下,闭环供应链中各成员企业在三种不同渠道权力结构下的最优决策问题。根据式(7-5)和式(7-8)可知,制造商实施 CSR 时的目标函数为:

$$V_m(w, r_m) = (w - c_m)(a - p\beta) + (c_m - c_r)(a - p\beta)r_m - kr_m^2 \tag{7-10}$$

在这种情况下,零售商仍然追求利润最大化,其目标函数见式(7-6)。

1. 制造商主导的 Stackelberg 博弈模型(MMM 模型)

在 MMM 模型中,主导制造商首先根据自身效用最大化确定其决策变量 w^{MMM} 和 r_m^{MMM};随后,零售商根据制造商的决策确定产品零售价格 p^{MMM}。具体可采取逆向归纳法对其进行求解。

首先对 π_s^{MMM} 关于 p 分别求一阶、二阶偏导为:

$$\frac{\partial \pi_s^{MMM}}{\partial p} = a + (w - 2p)\beta \tag{7-11}$$

$$\frac{\partial^2 \pi_s^{MMM}}{\partial p^2} = -2\beta \tag{7-12}$$

由式(7-12)可知,π_s^{MMM} 是 p 的严格凹函数,进一步由式(7-11)可求得零售商最优反应函数为:

$$p^{MMM*} = \frac{a + w\beta}{2\beta} \tag{7-13}$$

将式(7-13)代入式(7-10)有:

$$V_m^{MMM} = \frac{4\beta\{-2kr_m^2 + a[c_m(r_m - 1) - c_r r_m + w] + w\beta(c_m - c_m r_m + c_r r_m - w)\} + \theta(a - w\beta)^2}{8\beta} \tag{7-14}$$

对式(7-14)计算关于 w^{MMM} 和 r_m^{MMM} 的 Hessian 矩阵,得

$$H^{MMM} = \begin{pmatrix} \frac{1}{4}\beta(-4+\theta) & \frac{1}{2}(-c_m+c_r)\beta \\ \frac{1}{2}(-c_m+c_r)\beta & -2k \end{pmatrix} \quad (7\text{-}15)$$

由式(7-15)可知,该矩阵的一阶顺序主子式为 $\frac{\beta(\theta-4)}{4} < 0$,二阶顺序主子式为 $-\frac{\beta[\beta(c_m-c_r)^2 + 2k(\theta-4)]}{4}$,故当 $\beta[2k(4-\theta) - \beta(c_m-c_r)^2] > 0$ 时,H^{MMM} 负定,式(7-14)存在极大值。在该条件约束下,对式(7-14)分别求关于 w^{MMM} 和 r_m^{MMM} 的一阶偏导为:

$$\frac{\partial V_m^{MMM}}{\partial_w} = \frac{\beta[2c_r c_m + w(\theta-4) - 2c_m(r_m-1)] - a(\theta-2)}{4} \quad (7\text{-}16)$$

$$\frac{\partial V_m^{MMM}}{\partial_{r_m}} = \frac{(c_m-c_r)(a-w\beta) - 2kr_m}{2} \quad (7\text{-}17)$$

联立式(7-16)和式(7-17)并令其为 0,得出制造商最优批发价格 w^{MMM*} 和最优回收率 r_m^{MMM*} 为:

$$w^{MMM*} = \frac{a\beta(c_m-c_r)^2 - 4k\beta c_m + 2ak(\theta-2)}{\beta[(c_m-c_r)^2\beta + 2k(\theta-4)]} \quad (7\text{-}18)$$

$$r_m^{MMM*} = \frac{(c_m-c_r)(c_m\beta-a)}{(c_m-c_r)^2\beta + 2k(\theta-4)} \quad (7\text{-}19)$$

进一步将式(7-18)和式(7-19)代入式(7-13),得零售商最优零售价格 p^{MMM*} 为:

$$p^{MMM*} = \frac{a\beta(c_m-c_r)^2 - 2k\beta c_m + 2ak(\theta-3)}{\beta[\beta(c_m-c_r)^2 + 2k(\theta-4)]} \quad (7\text{-}20)$$

最后,将式(7-18)、式(7-19)及式(7-20)代入式(7-4)、式(7-5)、式(7-6)、式(7-7)及式(7-8)中,得到制造商的利润、效用,零售商的利润和消费者剩余,进一步通过表达式 $\pi_t^{MMM} = \pi_m^{MMM} + \pi_s^{MMM}$ 和 $V_t^{MMM} = V_m^{MMM} + \pi_s^{MMM}$ 可得企业上下游系统的总利润及总效用。

$$q^{MMM*} = -\frac{2k(a-c_m\beta)}{(c_m-c_r)^2\beta + 2k(\theta-4)} \quad (7\text{-}21)$$

第七章 考虑企业社会责任战略的上下游企业博弈模型研究

$$\pi_m^{MMM*} = -\frac{k(a-\beta c_m)^2[\beta(c_m-c_r)^2+4(\theta-2)k]}{\beta[\beta(c_m-c_r)^2+2(\theta-4)k]^2} \quad (7-22)$$

$$\pi_r^{MMM*} = \frac{4k^2(a-c_m\beta)^2}{\beta[(c_m-c_r)^2\beta+2k(-4+\theta)]^2} \quad (7-23)$$

$$CS^{MMM*} = \frac{2k^2(a-c_m\beta)^2}{\beta[(c_m-c_r)^2\beta+2k(-4+\theta)]^2} \quad (7-24)$$

$$\pi_t^{MMM*} = -\frac{k(a-c_m\beta)^2[(c_m-c_r)^2\beta+4k(-3+\theta)]}{\beta[(c_m-c_r)^2\beta+2k(-4+\theta)]^2} \quad (7-25)$$

$$V_m^{MMM*} - \frac{k(a-cm\beta)^2}{\beta[(cm-cr)^2\beta+2k(-4+\theta)]} \quad (7-26)$$

$$V_t^{MMM*} - \frac{k(a-cm\beta)^2[(cm-cr)^2\beta+2k(-6+\theta)]}{\beta[(cm-cr)^2\beta+2k(-4+\theta)]^2} \quad (7-27)$$

命题 1 为确保 MMM 模型中各种表达式具有一定的经济意义,需满足 $0 \leq r_m^{MMM} \leq 1$, $k > \frac{\beta(c_m-c_r)^2}{2(4-\theta)}$。

2. 零售商主导的 Stackelberg 博弈模型(MMS 模型)

在 MMS 模型中,零售商作为主导者率先根据自身利润最大化确定最大单位利润 m^{MMS}。然后,制造商以社会福利最大化为目标,依据零售商的决策来确定产品的批发价格 w^{MMS} 和回收率 r_m^{MMS}。具体仍可采取逆向归纳法对其进行求解。

令 m^{MMS} 表示零售商每售出一件产品获得的单位利润,则 $p^{MMS} = w^{MMS} + m^{MMS}$,将其代入式(7-10)中,计算制造商效用 V_m^{MMS} 关于 w^{MMS} 和 r_m^{MMS} 的 Hessian 矩阵,有

$$H^{MMS} = \begin{pmatrix} \beta(-2+\theta) & (-c_m+c_r)\beta \\ (-c_m+c_r)\beta & -2k \end{pmatrix} \quad (7-28)$$

由式(7-28)可知,该矩阵的一阶顺序主子式为 $\beta(\theta-2) < 0$,二阶顺序主子式为 $-\beta[(cm-cr)^2\beta+2k(-2+\theta)]$,故当 $2k(\theta-2)-(cm-cr)^2\beta > 0$ 时,H^{MMS} 负定,式(7-10)存在极大值。在该条件约束下,对式(7-10)分别求关于 w^{MMS} 和 r_m^{MMS} 的一阶偏导为:

$$\frac{\partial V_m^{MMS}}{\partial w} = a + \beta[c_m - c_m r_m + c_r r_m + w(-2+\theta) + m(-1+\theta)] - a\theta$$

$$(7-29)$$

$$\frac{\partial V_m^{MMS}}{\partial r_m} = -2kr_m + (c_m - c_r)[a - (m+w)\beta] \qquad (7-30)$$

联立式(7-29)和式(7-30)并令其为0,得出制造商 w^{MMS} 和 r_m^{MMS} 的反应函数为:

$$w^{MMS} = \frac{a - m\beta + \dfrac{2k[a - (c_m + m)\beta]}{(c_m - c_r)^2 \beta + 2k(-2+\theta)}}{\beta} \qquad (7-31)$$

$$r_m^{MMS} = \frac{(c_m - c_r)[-a + (c_m + m)\beta]}{(c_m - c_r)^2 \beta + 2k(-2+\theta)} \qquad (7-32)$$

将式(7-31)和式(7-32)代入式(7-6)中,并对其分别求关于 m^{MMS} 的一阶和二阶偏导数为:

$$\frac{\partial \pi_s^{MMS}}{\partial m} = \frac{2k[-a + (c_m + 2m)\beta]}{(c_m - c_r)^2 \beta + 2k(-2+\theta)} \qquad (7-33)$$

$$\frac{\partial^2 \pi_m^{MMS}}{\partial m^2} = \frac{4k\beta}{(c_m - c_r)^2 \beta + 2k(-2+\theta)} \qquad (7-34)$$

由式(7-34)可知 $\dfrac{4k\beta}{(c_m - c_r)^2 \beta + 2k(-2+\theta)} < 0$,$\pi_s^{MMS}$ 存在极大值。令式(7-33)为0,得零售商最大单位利润为:

$$m^{MMS} = \frac{a - c_m \beta}{2\beta} \qquad (7-35)$$

然后,将 m^{MMS} 代入 w^{MMS} 和 r_m^{MMS} 中可得制造商最优批发价格 w^{MMS*} 和 r_m^{MMS*} 为:

$$w^{MMS*} = \frac{a + c_m \beta + \dfrac{2k(a - c_m \beta)}{(c_m - c_r)^2 \beta + 2k(-2+\theta)}}{2\beta} \qquad (7-36)$$

$$r_m^{MMS*} = \frac{(c_m - c_r)(-a + c_m \beta)}{2(c_m - c_r)^2 \beta + 4k(-2+\theta)} \qquad (7-37)$$

根据 $p^{MMS*} = w^{MMS*} + m^{MMS*}$ 求出 p^{MMS*},接着代入式(7-4)、式(7-5)、式(7-6)、式(7-7)及式(7-8)中,得到制造商的利润、效用,零售商的利润和消费者剩余,进一步通过表达式 $\pi_t^{MMS} = \pi_m^{MMS} + \pi_s^{MMS}$ 和 $V_t^{MMS} = V_m^{MMS} + \pi_s^{MMS}$ 可得企业上下游系统的总利润及总效用分别为:

$$p^{MMS*} = \frac{a + \frac{k(a - c_m\beta)}{(c_m - c_r)^2\beta + 2k(-2 + \theta)}}{\beta} \tag{7-38}$$

$$q^{MMS*} = -\frac{k(a - c_m\beta)}{(c_m - c_r)^2\beta + 2k(-2 + \theta)} \tag{7-39}$$

$$\pi_m^{MMS*} = -\frac{k(a - c_m\beta)^2[(c_m - c_r)^2\beta + 4k(-1 + \theta)]}{4\beta[(c_m - c_r)^2\beta + 2k(-2 + \theta)]^2} \tag{7-40}$$

$$\pi_s^{MMS*} = -\frac{k(a - c_m\beta)^2}{2\beta[(c_m - c_r)^2\beta + 2k(-2 + \theta)]} \tag{7-41}$$

$$CS^{MMS*} = \frac{k^2(a - c_m\beta)^2}{2\beta[(c_m - c_r)^2\beta + 2k(-2 + \theta)]^2} \tag{7-42}$$

$$\pi_t^{MMS*} = -\frac{k(a - c_m\beta)^2[3(c_m - c_r)^2\beta + 4k(-3 + 2\theta)]}{4\beta[(c_m - c_r)^2\beta + 2k(-2 + \theta)]^2} \tag{7-43}$$

$$V_t^{MMS*} = -\frac{3k(a - c_m\beta)^2}{4\beta[(c_m - c_r)^2\beta + 2k(-2 + \theta)]} \tag{7-44}$$

命题2 为确保 MMS 模型中各种表达式具有一定的经济意义,需满足 $0 \leq r_m^{MMS} \leq 1$, $k > \frac{\beta(c_m - c_r)^2}{2(\theta - 2)}$。

3. 制造商与零售商的 Nash 均衡博弈模型(MMN 模型)

在 MMN 模型中,制造商与零售商权力对等,二者同时做出效益最大化的决策,制造商决策自身变量 w^{MMN} 和 r_m^{MMN},零售商决策出自身变量 m^{MMN}。这种情况属于 Nash 均衡博弈,具体求解过程如下。

令 m^{MMN} 表示 Nash 均衡状态下零售商的单位利润,则 $p^{MMN} = w^{MMN} + m^{MMN}$,将其代入式(7-10)中,计算制造商效用 V_m^{MMN} 关于 w^{MMN} 和 r_m^{MMN} 的 Hessian 矩阵,有

$$H^{MMN} = \begin{pmatrix} \beta(-2 + \theta) & (-c_m + c_r)\beta \\ (-c_m + c_r)\beta & -2k \end{pmatrix} \tag{7-45}$$

由式(7-45)可知,该矩阵的一阶顺序主子式为 $\beta(\theta - 2) < 0$,二阶顺序主子式为 $-\beta[(cm - cr)^2\beta + 2k(-2 + \theta)]$,故当 $2k(\theta - 2) - (cm - cr)^2\beta > 0$ 时,H^{MMN} 负定,式(7-10)存在极大值。在该条件约束下,对式(7-10)分别求关于 w^{MMN} 和 r_m^{MMN} 的一阶偏导为:

$$\frac{\partial \pi_m^{MMN}}{\partial w} = a + \beta[c_m - c_m r_m + c_r r_m + w(-2+\theta) + m(-1+\theta)] - a\theta \tag{7-46}$$

$$\frac{\partial \pi_m^{MMN}}{\partial r_m} = -2kr_m + (c_m - c_r)[a - (m+w)\beta] \tag{7-47}$$

对式(7-6)求关于 m 的一阶和二阶偏导为：

$$\frac{\partial \pi_s^{MMN}}{\partial m} = a - (2m+w)\beta \tag{7-48}$$

$$\frac{\partial^2 \pi_s^{MMN}}{\partial m^2} = -2\beta \tag{7-49}$$

易知，式(7-49)小于零，表明 π_s^{MMN} 存在极大值。然后，联立式(7-46)、式(7-47)及式(7-48)，并令其为0，解得制造商与零售商最优决策 w^{MMN*}、r_m^{MMN*} 及 m^{MMN*} 分别为：

$$m^{MMN*} = -\frac{2k(a-c_m\beta)}{\beta[(c_m-c_r)^2\beta + 2k(-3+\theta)]} \tag{7-50}$$

$$w^{MMN*} = \frac{a(c_m-c_r)^2\beta - 4c_m k\beta + 2ak(-1+\theta)}{\beta[(c_m-c_r)^2\beta + 2k(-3+\theta)]} \tag{7-51}$$

$$r_m^{MMN*} = \frac{(c_m-c_r)(-a+c_m\beta)}{(c_m-c_r)^2\beta + 2k(-3+\theta)} \tag{7-52}$$

$$m^{MMN*} = -\frac{2k(a-c_m\beta)}{\beta[(c_m-c_r)^2\beta + 2k(-3+\theta)]} \tag{7-53}$$

根据 $p^{MMN*} = w^{MMN*} + m^{MMN*}$ 求出 p^{MMS*}，接着代入式(7-4)、式(7-5)、式(7-6)、式(7-7)及式(7-8)中，得到制造商的利润、效用，零售商的利润和消费者剩余，进一步通过表达式 $\pi_t^{MMN} = \pi_m^{MMN} + \pi_s^{MMN}$ 和 $V_t^{MMN} = V_m^{MMN} + \pi_s^{MMN}$ 可得企业上下游系统的总利润及总效用分别为：

$$p^{MMN*} = \frac{a(c_m-c_r)^2\beta - 2c_m k\beta + 2ak(-2+\theta)}{\beta[(c_m-c_r)^2\beta + 2k(-3+\theta)]} \tag{7-54}$$

$$q^{MMN*} = -\frac{2k(a-c_m\beta)}{(c_m-c_r)^2\beta + 2k(-3+\theta)} \tag{7-55}$$

$$\pi_m^{MMN*} = -\frac{k(a-c_m\beta)^2[(c_m-c_r)^2\beta + 4k(-1+\theta)]}{\beta[(c_m-c_r)^2\beta + 2k(-3+\theta)]^2} \tag{7-56}$$

$$\pi_s^{MMN*} = \frac{4k^2(a-c_m\beta)^2}{\beta[(c_m-c_r)^2\beta + 2k(-3+\theta)]^2} \tag{7-57}$$

$$CS^{MMN*} = \frac{2k^2(a-c_m\beta)^2}{\beta[(c_m-c_r)^2\beta + 2k(-3+\theta)]^2} \tag{7-58}$$

$$\pi_t^{MMN*} = -\frac{k(a-c_m\beta)^2[(c_m-c_r)^2\beta + 4k(-2+\theta)]}{\beta[(c_m-c_r)^2\beta + 2k(-3+\theta)]^2} \tag{7-59}$$

$$V_t^{MMN*} = -\frac{k(a-c_m\beta)^2[(c_m-c_r)^2\beta + 2k(-4+\theta)]}{\beta[(c_m-c_r)^2\beta + 2k(-3+\theta)]^2} \tag{7-60}$$

命题3 为确保 MMN 模型中各种表达式具有一定的经济意义，需满足 $0 \leqslant r_m^{MMN} \leqslant 1, k > \frac{\beta(c_m-c_r)^2}{2(\theta-2)}$。

（三）零售商实施企业社会责任战略时制造商回收博弈模型

本节在深入研究零售商实施企业社会责任（CSR）时，在三种不同权力结构下，上下游成员企业将如何做出决策。根据式（7-7）与式（7-9）可知，零售商实施 CSR 时的目标函数为：

$$V_s(p) = (p-w)(a-p\beta) + \frac{(a-p\beta)^2\theta}{2\beta} \tag{7-61}$$

在这种情况下，制造商仍然追求利润最大化，其目标函数见式（7-5）。

1. 制造商主导的 Stackelberg 博弈模型（MSM 模型）

在 MSM 模型中，主导制造商首先根据自身效用最大化确定其决策变量 w^{MSM} 和 r_m^{MSM}；追求社会福利最大化的零售商根据制造商的决策确定产品零售价格 p^{MSM}。具体可采取逆向归纳法对其进行求解。

对 V_s^{MSM} 关于 p 分别求一阶、二阶偏导为：

$$\frac{\partial V_s^{MSM}}{\partial p} = a + \beta[w + p(-2+\theta)] - a\theta \tag{7-62}$$

$$\frac{\partial^2 V_s^{MSM}}{\partial p^2} = \beta(-2+\theta) \tag{7-63}$$

由式（7-63）可知，V_s^{MSM} 是 p 的严格凹函数，进一步由式（7-62）可求得零售商最优反应函数为：

$$p^{MSM} = \frac{a + w\beta - a\theta}{2\beta - \beta\theta} \tag{7-64}$$

将式(7-64)代入式(7-5)并计算关于 w^{MSM} 和 r_m^{MSM} 的 Hessian 矩阵,得

$$H^{MSM} = \begin{pmatrix} \dfrac{2\beta}{-2+\theta} & \dfrac{(c_m-c_r)\beta}{-2+\theta} \\ \dfrac{(c_m-c_r)\beta}{-2+\theta} & -2k \end{pmatrix} \quad (7-65)$$

由式(7-65)可知,该矩阵的一阶顺序主子式为 $\dfrac{2\beta}{-2+\theta} < 0$,二阶顺序主子式为 $-\dfrac{\beta[(c_m-c_r)^2\beta+4k(-2+\theta)]}{(-2+\theta)^2}$,故当 $4k(-2+\theta)-(c_m-c_r)^2\beta > 0$ 时,H^{MSM} 负定,式(7-5)存在极大值。在该条件约束下,对式(7-5)分别求关于 w^{MSM} 和 r_m^{MSM} 的一阶偏导为:

$$\frac{\partial \pi_m^{MSM}}{\partial w} = \frac{a+(c_m-c_m r_m+c_r r_m-2w)\beta}{2-\theta} \quad (7-66)$$

$$\frac{\partial \pi_m^{MSM}}{\partial r_m} = -2kr_m - \frac{(c_m-c_r)(a-w\beta)}{-2+\theta} \quad (7-67)$$

联立式(7-66)和式(7-67)并令其为 0,得出制造商最优批发价格 w^{MSM*} 和最优回收率 r_m^{MSM*} 为:

$$w^{MSM*} = \frac{a(c_m-c_r)^2\beta+2ak(-2+\theta)+2c_m k\beta(-2+\theta)}{\beta[(c_m-c_r)^2\beta+4k(-2+\theta)]} \quad (7-68)$$

$$r_m^{MSM*} = \frac{(c_m-c_r)(-a+c_m\beta)}{(c_m-c_r)^2\beta+4k(-2+\theta)} \quad (7-69)$$

进一步将式(7-68)和式(7-69)代入式(7-64),得零售商最优零售价格 p^{MSM*} 为:

$$p^{MSM*} = \frac{a+\dfrac{2k(a-c_m\beta)}{(c_m-c_r)^2\beta+4k(-2+\theta)}}{\beta} \quad (7-70)$$

将式(7-68)、式(7-69)及式(7-70)代入式(7-4)、式(7-5)、式(7-6)、式(7-7)及式(7-64)中,得到制造商的利润,零售商承担企业社会责任获得的效用、利润及消费者剩余,进一步通过表达式 $\pi_t^{MSM} = \pi_m^{MSM} + \pi_s^{MSM}$ 和 $V_t^{MSM} = V_m^{MSM} + \pi_s^{MSN}$ 可得企业上下游系统的总利润及总效用分别为:

$$q^{MSM*} = -\frac{2k(a-c_m\beta)}{(c_m-c_r)^2\beta+4k(-2+\theta)} \quad (7-71)$$

$$\pi_m^{MSM*} = -\frac{k(a-c_m\beta)^2}{\beta[(c_m-c_r)^2\beta + 4k(-2+\theta)]} \quad (7-72)$$

$$\pi_s^{MSM*} = -\frac{4k^2(a-c_m\beta)^2(-1+\theta)}{\beta[(c_m-c_r)^2\beta + 4k(-2+\theta)]^2} \quad (7-73)$$

$$CS^{MSM*} = \frac{2k^2(a-c_m\beta)^2}{\beta[(c_m-c_r)^2\beta + 4k(-2+\theta)]^2} \quad (7-74)$$

$$\pi_t^{MSM*} = -\frac{k(a-c_m\beta)^2[(c_m-c_r)^2\beta + 4k(-3+2\theta)]}{\beta[(c_m-c_r)^2\beta + 4k(-2+\theta)]^2} \quad (7-75)$$

$$V_s^{MSM*} = -\frac{2k^2(a-c_m\beta)^2(-2+\theta)}{\beta[(c_m-c_r)^2\beta + 4k(-2+\theta)]^2} \quad (7-76)$$

$$V_t^{MSM*} = -\frac{k(a-c_m\beta)^2[(c_m-c_r)^2\beta + 6k(-2+\theta)]}{\beta[(c_m-c_r)^2\beta + 4k(-2+\theta)]^2} \quad (7-77)$$

命题4 为确保MMS模型中各种表达式具有一定的经济意义,需满足 $0 \leq r_m^{MMS} \leq 1, k > \frac{\beta(c_m-c_r)^2}{4(2-\theta)}$。

2.零售商主导的Stackelberg博弈模型(MSS模型)

在MSS模型中,以社会福利最大化为目标的零售商作为主导者,首先确定最大单位利润 m^{MMS}。然后,制造商依据零售商的决策来确定产品的最优批发价格 w^{MSS} 和最优回收率 r_m^{MSS}。具体仍可采取逆向归纳法对其进行求解。

令 m^{MSS} 表示零售商每售出一件产品获得的单位利润,则 $p^{MSS} = w^{MSS} + m^{MSS}$,将其代入式(7-5)中,计算制造商效用 π_m^{MSS} 关于 w^{MSS} 和 r_m^{MSS} 的Hessian矩阵,有:

$$H^{MSS} = \begin{pmatrix} -2\beta & (-c_m+c_r)\beta \\ (-c_m+c_r)\beta & -2k \end{pmatrix} \quad (7-78)$$

由式(7-78)可知,该矩阵的一阶顺序主子式为 $-2\beta < 0$,二阶顺序主子式为 $-\beta[-4k+(c_m-c_r)^2\beta]$,故当 $-\beta[-4k+(c_m-c_r)^2\beta] > 0$ 时,H^{MSS} 负定,式(7-5)存在极大值。在该条件约束下,对式(7-5)分别求关于 w^{MSS} 和 r_m^{MSS} 的一阶偏导为:

$$\frac{\partial \pi_m^{MSS}}{\partial w} = a + (c_m - m - c_m r_m + c_r r_m - 2w)\beta \quad (7-79)$$

$$\frac{\partial \pi_m^{MSS}}{\partial r_m} = -2kr_m + (c_m - c_r)[a - (m+w)\beta] \tag{7-80}$$

联立式(7-79)和式(7-80)并令其为0,得出制造商 w^{MSS} 和 r_m^{MSS} 的反应函数为:

$$w^{MSS} = -\frac{-2k[a+(c_m-m)\beta]+(c_m-c_r)^2\beta(a-m\beta)}{\beta[4k-(c_m-c_r)^2\beta]} \tag{7-81}$$

$$r_m^{MSS} = \frac{(c_m-c_r)[-a+(c_m+m)\beta]}{-4k+(c_m-c_r)^2\beta} \tag{7-82}$$

将式(7-81)和式(7-82)代入式(7-61)中,并分别求关于 m^{MMS} 的一阶和二阶偏导数为:

$$\frac{\partial V_s^{MSS}}{\partial m} = \frac{2k\{[4k-(c_m-c_r)^2\beta][a-(c_m+2m)\beta]+2k[-a+(c_m+m)\beta]\theta\}}{[-4k+(c_m-c_r)^2\beta]^2} \tag{7-83}$$

$$\frac{\partial^2 V_s^{MSS}}{\partial m^2} = \frac{4k\beta[(c_m-c_r)^2\beta+k(-4+\theta)]}{[-4k+(c_m-c_r)^2\beta]^2} \tag{7-84}$$

由式(7-82)可知,$(c_m-c_r)^2\beta+k(\theta-4)<0$,表明 V_s^{MSS} 存在极大值,令式(7-83)为0,得零售商最大单位利润为:

$$m^{MSS*} = \frac{(a-c_m\beta)[(c_m-c_r)^2\beta+2k(-2+\theta)]}{2\beta[(c_m-c_r)^2\beta+k(-4+\theta)]} \tag{7-85}$$

将式(7-85)代入式(7-81)和式(7-82)中可得制造商最优批发价格 w^{MSS*} 和最优回收率 r_m^{MSS*} 为:

$$w^{MSS*} = \frac{-2ak+a(c_m-c_r)^2\beta+c_m\beta[(c_m-c_r)^2\beta+2k(-3+\theta)]}{2\beta[(c_m-c_r)^2\beta+k(-4+\theta)]} \tag{7-86}$$

$$r_m^{MMS} = \frac{(c_m-c_r)(-a+c_m\beta)}{2[(c_m-c_r)^2\beta+k(-4+\theta)]} \tag{7-87}$$

根据 $p^{MMN*} = w^{MMN*} + m^{MMN*}$ 求出 p^{MSS*},然后代入式(7-4)、式(7-5)、式(7-6)、式(7-7)及式(7-64)中,得到制造商的利润,零售商承担企业社会责任获得的效用、利润及消费者剩余,进一步通过表达式 $\pi_t^{MSS} = \pi_m^{MSS} + \pi_s^{MSS}$ 和 $V_t^{MSS} = V_s^{MSS} + \pi_m^{MSS}$ 可得企业上下游系统的总利润及总效用分别为:

$$p^{MSS*} = \frac{a + \dfrac{k(a - c_m\beta)}{(c_m - c_r)^2\beta + k(-4 + \theta)}}{\beta} \qquad (7-88)$$

$$q^{MSS*} = -\frac{k(a - c_m\beta)}{(c_m - c_r)^2\beta + k(-4 + \theta)} \qquad (7-89)$$

$$\pi_m^{MMS*} = \frac{k(a - c_m\beta)^2[4k - (c_m - c_r)^2\beta]}{4\beta[(c_m - c_r)^2\beta + k(-4 + \theta)]^2} \qquad (7-90)$$

$$\pi_s^{MMS*} = -\frac{k(a - c_m\beta)^2[(c_m - c_r)^2\beta + 2k(-2 + \theta)]}{2\beta[(c_m - c_r)^2\beta + k(-4 + \theta)]^2} \qquad (7-91)$$

$$\pi_t^{MSS*} = -\frac{k(a - c_m\beta)^2[3(c_m - c_r)^2\beta + 4k(-3 + \theta)]}{4\beta[(c_m - c_r)^2\beta + k(-4 + \theta)]^2} \qquad (7-92)$$

$$CS^{MSS*} = \frac{k^2(a - c_m\beta)^2}{2\beta[(c_m - c_r)^2\beta + k(-4 + \theta)]^2} \qquad (7-93)$$

$$V_s^{MSS*} = -\frac{k(a - c_m\beta)^2}{2\beta[(c_m - c_r)^2\beta + k(-4 + \theta)]} \qquad (7-94)$$

$$V_t^{MSS*} = -\frac{k(a - c_m\beta)^2[3(c_m - c_r)^2\beta + 2k(-6 + \theta)]}{4\beta[(c_m - c_r)^2\beta + k(-4 + \theta)]^2} \qquad (7-95)$$

命题 5 为确保 MSS 模型中各种表达式具有一定的经济意义,需满足 $0 \leq r_m^{MSS} \leq 1, k > \dfrac{\beta(c_m - c_r)^2}{4}$。

3. 制造商与零售商的 Nash 均衡博弈模型(MSN 模型)

在 MSN 模型中,制造商与零售商权力对等,二者同时做出效益最大化的决策,制造商决策自身变量 w^{MSN} 和 r_m^{MSN},零售商决策自身变量 m^{MSN}。这种情况属于 Nash 均衡博弈,具体求解过程如下:

令 m^{MSN} 表示 Nash 均衡状态下零售商的单位利润,则 $p^{MSN} = w^{MSN} + m^{MSN}$,将其代入式(7-5)中,计算制造商效用 π_m^{MSN} 关于 w^{MSN} 和 r_m^{MSN} 的 Hessian 矩阵,有

$$H^{MSN} = \begin{pmatrix} -2\beta & (-c_m + c_r)\beta \\ (-c_m + c_r)\beta & -2k \end{pmatrix} \qquad (7-96)$$

由式(7-96)可知,该矩阵的一阶顺序主子式为 $-2\beta < 0$,二阶顺序主子式为 $-\beta[-4k + (c_m - c_r)^2\beta]$,故当 $-\beta[-4k + (c_m - c_r)^2\beta] > 0$ 时,H^{MSS}

负定,式(7-5)存在极大值。在该条件约束下,对式(7-5)分别关于求关于 w^{MSS} 和 r_m^{MSS} 的一阶偏导为:

$$\frac{\partial \pi_m^{MSN}}{\partial_w} = a + (c_m - m - c_m r_m + c_r r_m - 2w)\beta \tag{7-97}$$

$$\frac{\partial \pi_m^{MSN}}{\partial r_m} = -2kr_m + (c_m - c_r)[a - (m + w)\beta] \tag{7-98}$$

式(7-61)求关于 m 的一阶和二阶偏导为:

$$\frac{\partial V_s^{MSN}}{\partial m} = a + m\beta(-2 + \theta) + w\beta(-1 + \theta) - a\theta \tag{7-99}$$

$$\frac{\partial^2 V_s^{MSN}}{\partial m^2} = -2\beta + \beta\theta \tag{7-100}$$

易知,式(7-100)小于零,表明 V_s^{MSN} 存在极大值。然后,联立式(7-97)、(7-98)及(7-99)并令其为0,解得制造商与零售商最优决策 w^{MSN*}、r_m^{MSN*} 及 m^{MSN*} 分别为:

$$w^{MSN*} = \frac{-2ak + a(c_m - c_r)^2\beta + 2c_m k\beta(-2 + \theta)}{\beta[(c_m - c_r)^2\beta + 2k(-3 + \theta)]} \tag{7-101}$$

$$m^{MSN*} = \frac{2k(a - c_m\beta)(-1 + \theta)}{\beta[(c_m - c_r)^2\beta + 2k(-3 + \theta)]} \tag{7-102}$$

$$r_m^{MSN*} = \frac{(c_m - c_r)(-a + c_m\beta)}{(c_m - c_r)^2\beta + 2k(-3 + \theta)} \tag{7-103}$$

根据 $p^{MSN*} = w^{MSN*} + m^{MSN*}$ 求出 p^{MMS},然后代入式(7-4)、(7-5)、(7-6)、(7-7)及(7-64)中,得到制造商的利润,零售商承担企业社会责任获得的效用、利润及消费者剩余,进一步通过表达式 $\pi_t^{MSN} = \pi_m^{MSN} + \pi_s^{MSN}$ 和 $V_t^{MSS} = V_s^{MSS} + \pi_m^{MSS}$ 可得企业上下游系统的总利润及总效用分别为:

$$p^{MSN*} = \frac{a(c_m - c_r)^2\beta - 2c_m k\beta + 2ak(-2 + \theta)}{\beta[(c_m - c_r)^2\beta + 2k(-3 + \theta)]} \tag{7-104}$$

$$q^{MSN*} = -\frac{2k(a - c_m\beta)}{(c_m - c_r)^2\beta + 2k(-3 + \theta)} \tag{7-105}$$

$$\pi_m^{MSN*} = \frac{k(a - c_m\beta)^2[4k - (c_m - c_r)^2\beta]}{\beta[(c_m - c_r)^2\beta + 2k(-3 + \theta)]^2} \tag{7-106}$$

$$\pi_s^{MSN*} = -\frac{4k^2(a - c_m\beta)^2(-1 + \theta)}{\beta[(c_m - c_r)^2\beta + 2k(-3 + \theta)]^2} \tag{7-107}$$

$$\pi_t^{MSN*} = -\frac{k(a-c_m\beta)^2[(c_m-c_r)^2\beta+4k(-2+\theta)]}{\beta[(c_m-c_r)^2\beta+2k(-3+\theta)]^2} \quad (7-108)$$

$$CS^{MSN*} = \frac{2k^2(a-c_m\beta)^2}{\beta[(c_m-c_r)^2\beta+2k(-3+\theta)]^2} \quad (7-109)$$

$$V_s^{MSN*} = -\frac{2k^2(a-c_m\beta)^2(-2+\theta)}{\beta[(c_m-c_r)^2\beta+2k(-3+\theta)]^2} \quad (7-110)$$

$$V_t^{MSN*} = -\frac{k(a-c_m\beta)^2[(c_m-c_r)^2\beta+2k(-4+\theta)]}{\beta[(c_m-c_r)^2\beta+2k(-3+\theta)]^2} \quad (7-111)$$

命题6 为确保 MSN 模型中各种表达式具有一定的经济意义,需满足 $0 \leq r_m^{MSN} \leq 1$, $k > \frac{\beta(c_m-c_r)^2}{4}$。

(四)考虑社会责任战略的制造商企业回收博弈均衡结果分析

1. 成员企业实施社会责任战略程度的影响分析

(1) 制造商实施社会责任战略程度的影响分析。通过对制造商实施企业社会责任战略(CSR)时三种权力结构下参数 θ 的边际分析,可得出以下结论:

性质1 当制造商实施企业社会责任战略时,①对任意的权力结构,$\frac{\partial w^{D*}}{\partial \theta} < 0$,$\frac{\partial p^{D*}}{\partial \theta} < 0$,$\frac{\partial q^{D*}}{\partial \theta} > 0$,$\frac{\partial r_m^{D*}}{\partial \theta} > 0$,其中,$D = \{MMM, MMS, MMN\}$。②在制造商主导或 Nash 均衡博弈的权力结构下,$\frac{\partial m^{MMM*}}{\partial \theta} > 0$,$\frac{\partial m^{MMN*}}{\partial \theta} > 0$;零售商主导博弈权力结构下,$\frac{\partial m^{MMS*}}{\partial \theta} = 0$。

证明:①以 MMM 模型为例,根据上述相关博弈均衡结果可知,

$$\frac{\partial w^{MMM*}}{\partial \theta} = -\frac{8k^2(a-c_m\beta)}{\beta[(c_m-c_r)^2\beta+2k(-4+\theta)]^2} < 0,$$

$$\frac{\partial p^{MMM*}}{\partial \theta} = -\frac{4k^2(a-c_m\beta)}{\beta[(c_m-c_r)^2\beta+2k(-4+\theta)]^2} < 0 \quad \frac{\partial q^{MMM*}}{\partial \theta}$$

$$= \frac{4k^2(a-c_m\beta)}{[(c_m-c_r)^2\beta+2k(-4+\theta)]^2} > 0,$$

$$\frac{\partial r_m^{MMM*}}{\partial \theta} = \frac{2(c_m-c_r)k(a-c_m\beta)}{[(c_m-c_r)^2\beta+2k(-4+\theta)]^2} > 0。$$

MMS 模型与 MMN 模型的证明过程同 MMM 模型类似,故省略。

②根据上述三种权力结构下零售商的单位利润,可得

$$\frac{\partial m^{MMM*}}{\partial \theta} = \frac{4k^2(a - c_m\beta)}{\beta[(c_m - c_r)^2\beta + 2k(-4 + \theta)]^2} > 0,$$

$$\frac{\partial m^{MMN*}}{\partial \theta} = \frac{4k^2(a - c_m\beta)}{\beta[(c_m - c_r)^2\beta + 2k(-3 + \theta)]^2} > 0_\circ$$

性质 1 中的①表明,在制造商回收且实施企业社会责任战略时,无论在怎样的渠道权力结构下,随着 θ 的增强,产品的批发价格 w^* 与零售价格 p^* 均在降低,市场需求 q^* 与废旧产品回收率 r_m^* 均在提高。由此可知,制造商实施企业社会责任(CSR)的效果体现在两个方面:首先,通过降低产品价格促使零售商降价,从而刺激消费和提高消费者剩余;其次,制造商通过提高废品回收效率展现了企业的 CSR 行为。这两方面的努力旨在经济层面和环境层面实现可持续的发展。②进一步表明,在制造商主导或在 Nash 均衡博弈的权力结构下,零售商的单位利润 m^* 随着 θ 的增强而增加,而在自身主导权力结构下不受 θ 的影响。这是因为,主导零售商在制造商实施企业社会责任战略时的情境下,不会采取"搭便车"的行为。零售商作为渠道领导者时,不仅追求自身利益最大化,还关注整个企业上下游系统中其他成员企业的效益。因此,主导零售商在实施 CSR 的过程中,会确保自身的利润不受影响,以维持整个企业上下游系统的协调和效益。

性质 2 当制造商实施企业社会责任战略时,①对任意的权力结构, $\frac{\partial \pi_m^{D*}}{\partial \theta} < 0, \frac{\partial \pi_s^{D*}}{\partial \theta} > 0, \frac{\partial \pi_t^{D*}}{\partial \theta} > 0, \frac{\partial V_t^{D*}}{\partial \theta} > 0, \frac{\partial CS^{D*}}{\partial \theta} > 0$,其中, $D = \{MMM, MMS, MMN\}$。②在制造商主导或 Nash 均衡博弈的权力结构下, $\frac{\partial V_m^{MMM*}}{\partial \theta} > 0, \frac{\partial V_m^{MMS*}}{\partial \theta} > 0$;当 $0 \leq \theta \leq \frac{2k - \beta(c_m - c_r)^2}{2k}$ 时, $\frac{\partial V_m^{MMN*}}{\partial \theta} \geq 0$;当 $\frac{2k - \beta(c_m - c_r)^2}{2k} < \theta < \frac{4k - \beta(c_m - c_r)^2}{4k}$ 时, $\frac{\partial V_m^{MMN*}}{\partial \theta} < 0_\circ$

证明:①以 MMM 模型为例,根据上述相关博弈均衡结果可知,

$$\frac{\partial \pi_m^{MMM*}}{\partial \theta} = \frac{8k^3(a - c_m\beta)^2\theta}{\beta[(c_m - c_r)^2\beta + 2k(-4 + \theta)]^3} < 0,$$

$$\frac{\partial \pi_s^{MMM*}}{\partial \theta} = -\frac{16k^3(a-c_m\beta)^2}{\beta[(c_m-c_r)^2\beta+2k(-4+\theta)]^3} > 0,$$

$$\frac{\partial \pi_t^{MMM*}}{\partial \theta} = \frac{8k^3(a-c_m\beta)^2(-2+\theta)}{\beta[(c_m-c_r)^2\beta+2k(-4+\theta)]^3} > 0,$$

$$\frac{\partial V_t^{MMM*}}{\partial \theta} = \frac{2k^2(a-c_m\beta)^2[(c_m-c_r)^2\beta+2k(-8+\theta)]}{\beta[(c_m-c_r)^2\beta+2k(-4+\theta)]^3} > 0$$

$$\frac{\partial CS^{MMM*}}{\partial \theta} = -\frac{8k^3(a-c_m\beta)^2}{\beta[(c_m-c_r)^2\beta+2k(-4+\theta)]^3} > 0$$

MMS 模型与 MMN 模型的证明过程同 MMM 模型类似,故省略。

②根据上述制造商三种权力结构下的效用可知,$\frac{\partial V_m^{MMM*}}{\partial \theta} = \frac{2k^2(a-c_m\beta)^2}{\beta[(c_m-c_r)^2\beta+2k(-4+\theta)]^2} > 0$, $\frac{\partial V_m^{MMS*}}{\partial \theta} = \frac{k^2(a-c_m\beta)^2}{2\beta[(c_m-c_r)^2\beta+2k(-2+\theta)]^2} > 0$。然后,令 $f_1(\theta) = \frac{\partial V_m^{MMN*}}{\partial \theta} = \frac{2k^2(a-c_m\beta)^2[(c_m-c_r)^2\beta+2k(-1+\theta)]}{\beta[(c_m-c_r)^2\beta+2k(-3+\theta)]^3} = 0$,解得唯一非负根为 $\theta = 1 - \frac{(c_m-c_r)^2\beta}{2k}$。进一步可知,$f_1(\theta)$ 在 $\left[0, \frac{2k-\beta(c_m-c_r)^2}{2k}\right]$ 上单调递增的,故当 $0 \leq \theta \leq \frac{2k-\beta(c_m-c_r)^2}{2k}$ 时,$\frac{\partial V_m^{MMN*}}{\partial \theta} \geq 0$; $f_1(\theta)$ 在 $\left(\frac{2k-\beta(c_m-c_r)^2}{2k}, \frac{4k-\beta(c_m-c_r)^2}{4k}\right)$ 上是单调递减的,故当 $\frac{2k-\beta(c_m-c_r)^2}{2k} < \theta < \frac{4k-\beta(c_m-c_r)^2}{4k}$ 时,$\frac{\partial V_m^{MMN*}}{\partial \theta} < 0$。

性质 2 中的①表明,制造商实施企业社会责任(CSR)策略会导致其盈利减少,但这一举措将为零售商带来更多的利润,同时也将增加整体系统的利润,并增加消费者的剩余。尽管制造商可能会牺牲一部分自身利润,但他们愿意这样做是为了实现社会福利的最大化,从而使零售商和消费者受益。随着制造商实施 CSR 的程度不断提高,整个系统的总利润和总效用也会随之增加。通过实施 CSR,制造商不仅让下游企业获益,还向消费者和社会展示了其贡献,实现了"共赢"的局面。这种做法体现了企业在追求经济利益和社会责任之间的平衡,从而促进了可持续发展的目标。②进一步表明,在由制造商或零售商主导的商业环境中,企业社会责任(CSR)的实施对制造商的效用具有显著影响。研究表明,随着制造商实施 CSR 的程度增加,其效用也随之增加。这意味着,采取更多的社会责任举措可以为制造商带来更多的利益,可能通过增强品牌声誉、提高消费者忠诚度或满足监管要求等方式实现。然而,当考虑到 Nash 均衡博弈时,情况变得更加复杂。在这种情况下,当制造商的 CSR 程度较低时,其效用随 CSR 实施程度的增加而增加,这可能是因为适度的社会责任举措有助于提高公司形象,吸引更多消费者或投资者的青睐。当制造商的 CSR 程度较高时,其效用却随着 CSR 实施程度的增加而减小。这可能反映了企业面临的边际成本,随着 CSR 活动的不断增加,可能会出现边际成本超过边际收益的情况,从而降低了企业的整体效用。因此,在商业决策中,制造商需要在利益最大化和社会责任之间寻找平衡。适度的 CSR 实施可能有助于提高企业的声誉和竞争力,但过度的 CSR 活动可能会导致效用减小,甚至可能对企业的盈利能力产生负面影响。

(2)零售商实施社会责任战略程度的影响分析。通过对零售商实施企业社会责任战略(CSR)时三种权力结构下参数 θ 的边际分析,可得出以下结论:

性质 3 当零售商实施企业社会责任战略时,①对任意的权力结构,$\frac{\partial w^{D*}}{\partial \theta} < 0, \frac{\partial m^{D*}}{\partial \theta} < 0, \frac{\partial q^{D*}}{\partial \theta} > 0, \frac{\partial r_m^{D*}}{\partial \theta} > 0$,其中,$D = \{MSM, MSS, MSN\}$。②在制造商主导博弈的权力结构下,$\frac{\partial w^{MSM*}}{\partial \theta} < 0$;在零售商主导或 Nash 均衡博弈的权力结构下,$\frac{\partial w^{MSS*}}{\partial \theta} > 0, \frac{\partial w^{MSN*}}{\partial \theta} > 0$。

证明过程与性质 1 类似,故省略。

性质 3 中的①表明,在制造商回收、零售商实施企业社会责任战略时,无论在怎样的渠道权力结构下,随着 θ 的增强,产品的零售价格 p^* 和零售商单位利润 m^* 均在降低,市场需求 q^* 与废旧产品回收率 r_m^* 均在提高。②进一步表明,在自身主导博弈的权力结构下,制造商的批发价格随着企业社会责任程度的增强而减小,这意味着制造商更倾向于降低价格以响应社会责任的呼声。然而,在零售商主导或达到 Nash 均衡的博弈情况下,随着企业社会责任程度的提升,制造商的批发价格却呈现增大的趋势。这暗示着零售商在社会责任的实践中起到了引导作用,制造商则根据市场力量调整价格。零售商通常采取降低价格和牺牲利润的策略来实现社会福利的最大化。他们通过这种方式激励消费,同时提高废旧产品的回收率,从而对社会和环境产生积极影响。在零售商执行企业社会责任行为的同时,制造商作为主导者也会考虑其他成员企业的利益。这可能导致制造商适度降低自身的批发价格,以让利于零售商,从而实现共同的社会责任目标。然而,在零售商主导或双方势均力敌的情况下,制造商可能会选择提高产品价格,以获取更多利润。这突显了不同权力结构下各成员企业对企业社会责任行为的反应和利润分配存在明显的差异。

性质 4 当零售商实施企业社会责任战略时,①对任意的权力结构,$\frac{\partial \pi_m^{D*}}{\partial \theta} > 0$,$\frac{\partial V_s^{D*}}{\partial \theta} > 0$,$\frac{\partial \pi_t^{D*}}{\partial \theta} > 0$,$\frac{\partial V_t^{D*}}{\partial \theta} > 0$,$\frac{\partial CS^{D*}}{\partial \theta} > 0$,其中,$D = \{MSM, MSS, MSN\}$。②在零售商主导或 Nash 均衡博弈的权力结构下,$\frac{\partial \pi_s^{MSS*}}{\partial \theta} < 0$,$\frac{\partial \pi_s^{MSN*}}{\partial \theta} < 0$;在制造商主导博弈情况下,当 $0 \leqslant \theta \leqslant \frac{\beta(c_m - c_r)^2}{4k}$ 时,$\frac{\partial \pi_s^{MSM*}}{\partial \theta} \geqslant 0$;当 $\frac{\beta(c_m - c_r)^2}{4k} < \theta \leqslant 1$ 时,$\frac{\partial \pi_s^{MSM*}}{\partial \theta} < 0$。

证明过程与性质 2 类似,故省略。

性质 4 中的①表明,制造商回收、零售商实施企业社会责任战略时,无论在怎样的渠道权力结构下,随着 θ 的增强,制造商利润 π_m^*、零售商效用 V_s^*、系统总利润 π_t^*、总效用 V_t^* 及消费者剩余 CS^* 均在提高。②进一步表明,在经济中,零售商和制造商之间的权力结构对企业社会责任的实施和利润之间存在着复杂的关系。研究发现,在自身主导或 Nash 均衡博弈权力结构下,零售商的利润通常会随着企业社会责任程度的增强而减小,这表明社会责任的承担会带来一定的成本压力。然而,在制造商主导的情况下,情况却并非如此。零售商实施企业社会责任程度较低时,其利润可能会随着程度的增强而增加,这可能是因为消费者对社会责任的期待较低,因此价格调整对其影响较小。然而,当零售商实施程度较高的企业社会责任时,其利润可能会减小,因为实施更高水平的社会责任需要零售商通过大幅降低产品价格来实现,这会直接影响到其利润。研究还发现,成员企业主要通过调整批发和零售价格来追求社会福利的最大化,从而刺激消费。当零售商的企业社会责任实施程度较低时,他们可能只需轻微降低产品价格以满足要求,从而增加利润。然而,当实施程度较高时,为履行更高水平的社会责任,零售商可能需要通过大幅降低产品价格的方式来实现,这会导致利润受到较大影响。

2. 不同成员企业实施企业社会责任战略时三种权力结构的比较分析

(1)制造商实施企业社会责任战略时三种权力结构的比较分析。通过比较制造商在实施企业社会责任(CSR)时三种不同权力结构下的均衡结果以及各成员企业的利润与效用,可以得出以下结论:

结论1 当制造商实施企业社会责任战略时,对比三种不同权力结构下的均衡结果可以发现:①产品批发价格满足 $w^{MMS*} < w^{MMN*} < w^{MMM*}$。②产品零售价格、市场需求、废旧产品回收率及零售商的单位利润满足:当 $0 \leq \theta \leq \frac{2k - \beta(c_m - c_r)^2}{2k}$ 时,$p^{MMN*} \leq p^{MMS*} < p^{MMM*}$,$q^{MMN*} \geq q^{MMS*} > q^{MMM*}$,$r_m^{MMN*} \geq r_m^{MMS*} > r_m^{MMM*}$,$m^{MMS*} \geq m^{MMN*} > m^{MMM*}$;当 $\frac{2k - \beta(c_m - c_r)^2}{2k} < \theta < \frac{4k - \beta(c_m - c_r)^2}{4k}$ 时,$p^{MMS*} < p^{MMN*} < p^{MMM*}$,$q^{MMS*} > q^{MMN*} > q^{MMM*}$,$r_m^{MMS*} > r_m^{MMN*} > r_m^{MMM*}$,$m^{MMN*} > m^{MMS*} > m^{MMM*}$。

证明:①根据上述三种权力结构下产品批发价格的博弈均衡,可知

$$w^{MMM*} - w^{MMN*} = \frac{8k^2(a - c_m\beta)}{\beta[(c_m - c_r)^2\beta + 2k(-4 + \theta)][(c_m - c_r)^2\beta + 2k(-3 + \theta)]} > 0,$$

$$w^{MMN*} - w^{MMS*} = \frac{a - c_m\beta + \frac{8k(a - c_m\beta)}{(c_m - c_r)^2\beta + 2k(-3 + \theta)} - \frac{2k(a - c_m\beta)}{(c_m - c_r)^2\beta + 2k(-2 + \theta)}}{2\beta} > 0,$$

在上述假设条件下 $w^{MMS*} < w^{MMN*} < w^{MMM*}$ 成立。

②以零售价格为例,根据上述不同权力结构下零售价格博弈均衡,可知

$$p^{MMM*} - p^{MMS*} = \frac{k(a - c_m\beta)[(c_m - c_r)^2\beta + 2k\theta]}{\beta[(c_m - c_r)^2\beta + 2k(-4 + \theta)][(c_m - c_r)^2\beta + 2k(-2 + \theta)]} > 0,$$

$$p^{MMM*} - p^{MMN*} = \frac{4k^2(a - c_m\beta)}{\beta[(c_m - c_r)^2\beta + 2k(-4 + \theta)][(c_m - c_r)^2\beta + 2k(-3 + \theta)]} > 0,$$

接着，令 $f_2(\theta) = p^{MMS*} - p^{MMN*} = \dfrac{k(-a+c_m\beta)[(c_m-c_r)^2\beta + 2k(-1+\theta)]}{\beta[(c_m-c_r)^2\beta + 2k(-3+\theta)][(c_m-c_r)^2\beta + 2k(-2+\theta)]} = 0$，解得唯一非负根为 $\theta = 1 - \dfrac{(c_m-c_r)^2\beta}{2k}$。进一步可知，当 $0 \le \theta \le \dfrac{2k-\beta(c_m-c_r)^2}{2k}$ 时，$f_2(\theta) \ge 0$，即 $p^{MMS*} \ge p^{MMN*}$；当 $\dfrac{2k-\beta(c_m-c_r)^2}{2k} < \theta < \dfrac{4k-\beta(c_m-c_r)^2}{4k}$ 时，$f_2(\theta) < 0$，即 $p^{MMS*} < p^{MMN*}$。综上可知，当 $0 \le \theta \le \dfrac{2k-\beta(c_m-c_r)^2}{2k}$ 时，$p^{MMN*} \le p^{MMS*} < p^{MMM*}$；当 $\dfrac{2k-\beta(c_m-c_r)^2}{2k} < \theta < \dfrac{4k-\beta(c_m-c_r)^2}{4k}$ 时，$p^{MMS*} < p^{MMN*} < p^{MMM*}$。其他博弈均衡结果的证明过程与之类似，故省略。

结论 1 表明，在制造商回收并实施企业社会责任战略（CSR）的情况下，不同渠道权力结构对闭环供应链的影响是明显的。零售商主导权力结构下，批发价格始终最低，制造商主导时最高，而 Nash 均衡居中。此外，当制造商的 CSR 程度相对较低时，Nash 均衡状态下获得较低零售价格和较高市场需求与回收水平，而制造商主导效果最差；反之，制造商实施 CSR 程度较高时，零售商主导权力结构下的产品零售价格、市场需求和废旧产品回收水平更为优越，Nash 均衡次之，而制造商主导效果最差。这表明制造商在提高 CSR 程度时，零售商在供应链中的主导地位更有助于实现社会责任与经济效益的平衡。

结论 2 当制造商实施企业社会责任战略时，对比三种不同权力结构下的均衡结果可以发现：①零售商利润满足 $\pi_s^{MMS*} > \pi_s^{MMN*} > \pi_s^{MMM*}$。②制造商的利润与效用、系统整体的总利润和总效用以及消费者剩余满足：当 $0 \le \theta \le \dfrac{2k-\beta(c_m-c_r)^2}{2k}$ 时，$\pi_m^{MMM*} > \pi_m^{MMN*} \ge \pi_m^{MMS*}$，$V_m^{MMM*} > V_m^{MMN*} \ge V_m^{MMS*}$，$\pi_s^{MMN*} \ge \pi_s^{MMS*} \ge \pi_s^{MMM*}$，$V_s^{MMN*} > V_s^{MMS*} \ge V_s^{MMM*}$，$CS^{MMN*} \ge CS^{MMS*} > CS^{MMM*}$；当 $\dfrac{2k-\beta(c_m-c_r)^2}{2k} < \theta < \dfrac{4k-\beta(c_m-c_r)^2}{4k}$ 时，

$\pi_m^{MMM*} > \pi_m^{MMS*} > \pi_m^{MMN*}$, $V_m^{MMM*} > V_m^{MMS*} \geq V_m^{MMN*}$, $\pi_s^{MMS*} > \pi_s^{MMN*} > \pi_s^{MMM*}$, $V_s^{MMS*} > V_s^{MMN*} > V_s^{MMM*}$, $CS^{MMS*} > CS^{MMN*} > CS^{MMM*}$。

证明：①根据上述三种权力结构下零售商利润的博弈均衡，可知

$$\pi_s^{MMS*} - \pi_s^{MMN*} = \frac{k(a-c_m\beta)^2 \left\{-\frac{8k}{[(c_m-c_r)^2\beta+2k(-3+\theta)]^2} - \frac{1}{(c_m-c_r)^2\beta+2k(-2+\theta)}\right\}}{2\beta} > 0$$

$$\pi_s^{MMN*} - \pi_s^{MMM*} = \frac{4k^2(a-c_m\beta)^2 \left\{-\frac{1}{[(c_m-c_r)^2\beta+2k(-4+\theta)]^2} + \frac{1}{[(c_m-c_r)^2\beta+2k(-3+\theta)]^2}\right\}}{\beta} > 0$$

在上述假设条件下 $\pi_s^{MMS*} > \pi_s^{MMN*} > \pi_s^{MMM*}$ 成立。

②以制造商利润为例，根据上述三种权力结构下制造商利润的博弈均衡可知

$$\pi_m^{MMM*} - \pi_m^{MMS*} = \frac{k(a-c_m\beta)^2 \left\{-\frac{4[(c_m-c_r)^2\beta+4k(-2+\theta)]}{[(c_m-c_r)^2\beta+2k(-4+\theta)]^2} + \frac{(c_m-c_r)^2\beta+4k(-1+\theta)}{[(c_m-c_r)^2\beta+2k(-2+\theta)]^2}\right\}}{4\beta} > 0$$

$$\pi_m^{MMM*} - \pi_m^{MMN*} = \frac{4k^3(a-c_m\beta)^2\{4k[-2+(-3+\theta)\theta]-(c_m-c_r)^2\beta(1+2\theta)\}}{\beta[(c_m-c_r)^2\beta+2k(-4+\theta)]^2[(c_m-c_r)^2\beta+2k(-3+\theta)]^2} > 0$$

接着，令

$$f_3(\theta) = \pi_m^{MMN*} - \pi_m^{MMS*} = \frac{k(a-c_m\beta)^2 \left\{-\frac{4}{[(c_m-c_r)^2\beta+2k(-3+\theta)]^2} + \frac{1}{[(c_m-c_r)^2\beta+2k(-2+\theta)]^2}\right\}[(c_m-c_r)^2\beta+4k(-1+\theta)]}{4\beta} = 0,$$

解得唯一非负根为 $\theta = 1 - \frac{(c_m-c_r)^2\beta}{2k}$。进一步可知，当 $0 \leq \theta \leq \frac{2k-\beta(c_m-c_r)^2}{2k}$ 时，$f_3(\theta) \geq 0$，即 $\pi_m^{MMS*} \geq \pi_m^{MMN*}$；当 $\frac{2k-\beta(c_m-c_r)^2}{2k} < \theta < \frac{4k-\beta(c_m-c_r)^2}{4k}$ 时，$f_3(\theta) < 0$，即 $\pi_m^{MMS*} < \pi_m^{MMN*}$。综上所述，当 $0 \leq \theta \leq \frac{2k-\beta(c_m-c_r)^2}{2k}$ 时，$\pi_m^{MMM*} > \pi_m^{MMN*} \geq \pi_m^{MMS*}$；当 $\frac{2k-\beta(c_m-c_r)^2}{2k} < \theta < \frac{4k-\beta(c_m-c_r)^2}{4k}$ 时，$\pi_m^{MMM*} > \pi_m^{MMS*} > \pi_m^{MMN*}$。其他博弈均衡结果的证明过程与之类似，故省略。

结论2表明,在制造商回收和实施企业社会责任(CSR)时,制造商和零售商之间的权力结构对利润分配产生了重大影响。研究表明,当零售商处于主导地位时,他们往往能够最大化其利润,而制造商的利润处于次要位置,形成了一种零售商主导的格局。然而,在纳什均衡状态下,虽然制造商的利润略有增加,但仍然不及零售商主导时的水平。而当制造商掌握主导权时,其利润则达到最低点,这表明零售商的主导地位对于制造商来说并不利。不管制造商在实施CSR方面的程度如何,这种权力结构下的利润分配格局仍然存在。制造商始终能够获得最大的利润和效用,但整个系统的总利润、总效用以及消费者剩余却始终是最小的。这意味着尽管制造商可能会从CSR中受益,但其对整体系统的影响却相对较小,而消费者和系统整体利益受到了抑制。然而,当制造商实施CSR的程度较低时,与零售商主导相比,制造商在纳什均衡状态下的利润、效用以及系统的总利润、总效用以及消费者剩余都更大。这表明在一定程度上,制造商的CSR实践可能会提高其在分配中的地位,但这种影响是有限的。值得注意的是,随着制造商实施CSR程度的提高,情况开始发生变化。在这种情况下,零售商主导的渠道权力结构对制造商更为有利。这表明高度的CSR实践可能会加强零售商的主导地位,从而降低制造商的利润和效用。这一发现突显了CSR实践对于上下游企业利润和效用的复杂影响,尤其是在制造商主导的情境下。

结论3 当制造商实施企业社会责任战略时,对比三种不同权力结构下的制造商和零售商利润均衡结果可以发现:①在制造商主导的权力结构下,当 $0 \leq \theta \leq \dfrac{4k - \beta(c_m - c_r)^2}{4k}$ 时, $\pi_m^{MMM*} \geq \pi_s^{MMM*}$;当 $\dfrac{4k - \beta(c_m - c_r)^2}{4k} < \theta \leq 1$ 时, $\pi_m^{MMM*} < \pi_s^{MMM*}$ 。②在零售商主导权力结构下, $\pi_s^{MMS*} \geq \pi_m^{MMS*}$ 。③在Nash均衡博弈情况下, $\pi_s^{MMS*} > \pi_m^{MMS*}$ 。

证明:①根据上述制造商主导时制造商和零售商利润博弈均衡可知,

$$\pi_m^{MMM*} - \pi_s^{MMM*} = \frac{k(a - c_m\beta)^2[4k(-1+\theta) - (c_m - c_r)^2\beta]}{\beta[(c_m - c_r)^2\beta + 2k(-4+\theta)]^2} = 0,令$$

$$f_4(\theta) = \pi_m^{MMM*} - \pi_s^{MMM*} = \frac{k(a - c_m\beta)^2[4k(-1+\theta) - (c_m - c_r)^2\beta]}{\beta[(c_m - c_r)^2\beta + 2k(-4+\theta)]^2} = 0$$

解得唯一非负根为 $\theta = 1 - \dfrac{(c_m - c_r)^2\beta}{4k}$ 。进一步可知,当 $0 \leq \theta \leq$

$\dfrac{4k-\beta(c_m-c_r)^2}{4k}$ 时, $f_4(\theta)\geqslant 0$, 即 $\pi_m^{MMM*}\geqslant\pi_s^{MMM*}$; 当 $\dfrac{4k-\beta(c_m-c_r)^2}{4k}<\theta<1$ 时, $f_4(\theta)<0$, 即 $\pi_m^{MMM*}<\pi_s^{MMM*}$。综上所述, 当 $0\leqslant\theta\leqslant\dfrac{4k-\beta(c_m-c_r)^2}{4k}$ 时, $\pi_m^{MMM*}\geqslant\pi_s^{MMM*}$; 当 $\dfrac{4k-\beta(c_m-c_r)^2}{4k}<\theta\leqslant 1$ 时, $\pi_m^{MMM*}<\pi_s^{MMM*}$。

②根据上述零售商主导时制造商和零售商利润博弈均衡可知

$$\pi_m^{MMS*}-\pi_s^{MMS*}=-\dfrac{k(a-c_m\beta)^2[4k-(c_m-c_r)^2\beta]}{4\beta[(c_m-c_r)^2\beta+2k(-2+\theta)]^2}<0,$$ 故在零售商主导权力结构下, $\pi_s^{MMS*}\geqslant\pi_m^{MMS*}$ 成立。

③根据 Nash 均衡时制造商和零售商利润博弈均衡可知

$$\pi_m^{MMN*}-\pi_s^{MMN*}=-\dfrac{k(a-c_m\beta)^2[(c_m-c_r)^2\beta+4k\theta]}{\beta[(c_m-c_r)^2\beta+2k(-3+\theta)]^2}<0,$$ 故在 Nash 均衡博弈情况下, $\pi_s^{MMS*}>\pi_m^{MMS*}$ 成立。

结论 3 表明,在制造商回收且主导的渠道结构中,制造商和零售商的利润关系取决于制造商实施企业社会责任(CSR)的程度。当 CSR 程度较低时,主导制造商的利润较大,相反,较高的 CSR 程度使零售商获得比制造商更多的利润。结合性质 2,随着制造商企业社会责任(CSR)实施力度的增强,观察到了一个显著的趋势:制造商的利润在减少,而零售商的利润则呈现增加的态势。这种此消彼长的现象揭示了 CSR 实践对利润分配的影响。具体而言,当制造商的 CSR 程度较低时,虽然其利润也会减少,但减少的幅度并不足以使其总利润降至低于零售商的水平。然而,当 CSR 程度过高时,制造商的利润可能会遭受重大损失,甚至可能降至低于零售商的水平。这一趋势还受到市场权力结构的影响。在零售商主导或达到 Nash 均衡的权力结构下,无论 CSR 程度如何,零售商始终能够获得比制造商更高的利润。这凸显了权力结构对于企业社会责任对利润分配影响的重要性。因此,企业在考虑和实施 CSR 时,必须认真评估权力结构,并意识到其对利润分配的潜在影响。

(2)零售商实施企业社会责任战略时三种权力结构的比较分析。通过比较零售商在实施企业社会责任(CSR)时三种不同权力结构下的均衡结果

以及各成员企业的利润与效用,可以得出以下结论:

结论 4 当零售商实施企业社会责任战略时,对比三种不同权力结构下的均衡结果可以发现:①制造商批发价格满足:$w^{MSS*} > w^{MSN*} > w^{MSM*}$。②产品零售价格、市场需求及废旧产品回收率满足:当 $0 \leq \theta \leq \dfrac{\beta(c_m - c_r)^2}{2k}$ 时,$p^{MSN*} < p^{MSS*} \leq p^{MSM*}$,$q^{MSN*} > q^{MSS*} \geq p^{MSM*}$,$r_m^{MSN*} > r_m^{MSS*} \geq r_m^{MSM*}$;当 $\dfrac{\beta(c_m - c_r)^2}{2k} < \theta \leq 1$ 时,$p^{MSN*} < p^{MSM*} < p^{MSS*}$,$q^{MSN*} > q^{MSM*} > p^{MSS*}$,$r_m^{MSN*} > r_m^{MSM*} \geq r_m^{MSS*}$。③零售商单位利润满足:$m^{MSS*} > m^{MSN*} > m^{MSM*}$。

证明过程与结论 1 类似,故省略。

结论 4 表明,在零售商主导渠道权力结构下,制造商回收并实施企业社会责任战略(CSR)时,产品的批发价格呈现最低水平。相比之下,在制造商主导的权力结构下,这些价格则相对较高。这一发现与制造商实施 CSR 时的结果一致,表明渠道权力结构对产品价格的影响非常显著。无论零售商实施 CSR 的程度如何,研究发现都能够在 Nash 均衡状态下获得更低的零售价格以及更高的市场需求和回收水平。这意味着即使在不同的 CSR 策略下,企业仍然能够实现一定程度的市场优势和可持续发展。比较两种主导权力结构下的均衡结果发现,在零售商实施 CSR 程度较低时,其主导权力结构下的定价策略更为优越。然而,在零售商实施 CSR 程度较高时,制造商主导时的定价策略则显得更为有效。这一发现提示了在不同的 CSR 实践下,权力结构对定价策略的影响存在差异性。此外,研究还指出,零售商在实施 CSR 时,通常能在自身主导的权力结构下获得更高的单位利润。其次是在 Nash 均衡状态下,这一结果进一步证实了渠道主导权对企业收益的积极影响。然而,当制造商处于主导地位时,零售商获得的单位利润最少,这也表明了权力结构对成员企业的利润分配产生重要影响的事实。

结论 5 当零售商实施企业社会责任战略时,对比三种不同权力结构下各成员企业的利润、效用以及消费者剩余可以发现:①制造商和零售商的利润及效用满足:$\pi_m^{MSM*} > \pi_m^{MSN*} > \pi_m^{MSS*}$,$\pi_s^{MSS*} > \pi_s^{MSN*} > \pi_s^{MSM*}$,$V_s^{MSS*} > V_s^{MSN*} > V_s^{MSM*}$。②企业上下游系统整体总利润、总效用及消费者剩余满足:

当 $0 \leq \theta \leq \dfrac{\beta(c_m - c_r)^2}{2k}$ 时，$\pi_t^{MSN*} > \pi_t^{MSS*} \geq \pi_t^{MSM*}$，$V_t^{MSN*} > V_t^{MSS*} \geq V_t^{MSM*}$，$CS^{MSN*} > CS^{MSS*} \geq CS^{MSM*}$；当 $\dfrac{\beta(c_m - c_r)^2}{2k} < \theta \leq 1$ 时，$\pi_t^{MSN*} > \pi_t^{MSM*} \geq \pi_t^{MSS*}$，$V_t^{MSN*} > V_t^{MSM*} \geq V_t^{MSS*}$，$CS^{MSN*} > CS^{MSM*} \geq CS^{MSS*}$。

证明过程与结论 2 类似，故省略。

当零售商实施企业社会责任战略时，对比三种不同权力结构下的均衡结果可以发现：①制造商批发价格满足：$w^{MSS*} > w^{MSN*} > w^{MSM*}$。②产品零售价格、市场需求及废旧产品回收率满足：当 $0 \leq \theta \leq \dfrac{\beta(c_m - c_r)^2}{2k}$ 时，$p^{MSN*} < p^{MSS*} \leq p^{MSM*}$，$q^{MSN*} > q^{MSS*} \geq p^{MSM*}$，$r_m^{MSN*} > r_m^{MSS*} \geq r_m^{MSM*}$；当 $\dfrac{\beta(c_m - c_r)^2}{2k} < \theta \leq 1$ 时，$p^{MSN*} < p^{MSM*} < p^{MSS*}$，$q^{MSN*} > q^{MSM*} > p^{MSS*}$，$r_m^{MSN*} > r_m^{MSM*} \geq r_m^{MSS*}$。③零售商单位利润满足：$m^{MSS*} > m^{MSN*} > m^{MSM*}$。

结论 5 表明，在制造商回收和零售商实施企业社会责任（CSR）战略的情况下，不论 CSR 程度如何，两者的利润或效用在不同的权力结构下存在显著差异。在制造商或零售商主导的权力结构下，其利润和效用最大，而在 Nash 均衡的权力结构下，次之。相反，在对方主导的权力结构下，利润和效用最小。进一步分析发现，不同权力结构下的系统总利润、总效用和消费者剩余之间存在着密切的关系。在这些因素中，Nash 均衡的权力结构对所有相关方都是最优的选择。此外，研究还揭示了零售商实施 CSR 程度与权力结构之间的复杂关系。当零售商的 CSR 程度较低时，与制造商主导的权力结构相比，零售商主导的情形更为有利；然而，当零售商的 CSR 程度较高时，则制造商主导的权力结构更为优越。这些综合分析为在不同情境下选择最优权力结构提供了重要的指导。通过最大化系统的总体效益，可以实现各方的利益最大化。

结论 6 当零售商实施企业社会责任战略时，对比三种不同权力结构下的制造商和零售商利润均衡结果可以发现：①在制造商主导的权力结构下，$\pi_m^{MSM*} \geq \pi_s^{MSM*}$。②在零售商主导的权力结构下，当 $0 \leq \theta \leq \dfrac{4k - \beta(c_m - c_r)^2}{4k}$ 时，$\pi_m^{MSS*} \leq \pi_s^{MSS*}$，当 $\dfrac{4k - \beta(c_m - c_r)^2}{4k} < \theta \leq 1$ 时，π_m^{MSS*}

$> \pi_s^{MSS*}$。③在 Nash 均衡博弈情况下,当 $0 \leq \theta \leq \dfrac{\beta(c_m-c_r)^2}{4k}$ 时,$\pi_s^{MSN*} \geq \pi_m^{MSN*}$;当 $\dfrac{\beta(c_m-c_r)^2}{4k} < \theta \leq 1$ 时,$\pi_m^{MSN*} > \pi_s^{MSN*}$。

证明过程与结论 3 类似,故省略。

结论 6 表明,在制造商回收且主导的渠道结构下,无论零售商在企业社会责任(CSR)方面采取何种程度的实施,它们的利润始终低于主导制造商。这意味着,即使零售商在 CSR 方面表现出积极的行为,其利润水平也受到制造商的主导影响而保持较低水平。然而,在零售商主导或达到 Nash 均衡的权力结构下,零售商和制造商之间的利润关系则受到零售商 CSR 实施程度的影响。当零售商的 CSR 实施程度较低时,它们可能会获得比制造商更高的利润;而当 CSR 实施程度提高时,则可能会导致零售商的利润低于制造商。综合性质 2,随着零售商 CSR 实施力度的增加,零售商的利润减少,而制造商的利润则增加。这意味着零售商的利润损失部分被制造商所获得。因此,当零售商的 CSR 实施程度较低时,虽然它们的利润可能会减少,但不至于导致其利润低于制造商;然而,在零售商的 CSR 实施程度较高时,可能会出现零售商的利润低于制造商的情况。

3. 不同权力结构下的企业社会责任战略实施策略分析

通过对比制造商与零售商各自实施企业社会责任战略时三种渠道权力结构下的均衡结果以及各成员企业的利润与效用,可得以下结论。

结论 7 在制造商主导权力结构下,可以发现:① $w^{MMM*} < w^{MSM*}$,$p^{MMM*} > p^{MSM*}$,$q^{MMM*} < q^{MSM*}$,$r_m^{MMM*} < r_m^{MSM*}$;② $\pi_m^{MMM*} < \pi_m^{MSM*}$,$\pi_s^{MMM*} > \pi_s^{MSM*}$,$\pi_s^{MMM*} < \pi_s^{MSM*}$,$V_s^{MMM*} < V_s^{MSM*}$,$CS^{MMM*} < CS^{MSM*}$。

结论 7 表明,在当前由制造商回收且主导的渠道结构下,零售商实施企业社会责任(CSR)带来了多方面的好处。首先,实施 CSR 意味着零售商能够为消费者提供更具竞争力的市场价格。这一举措激发了购买需求,因为消费者倾向于购买价格更为合理的产品,同时也鼓励了废旧产品的回收与再利用,从而促进了循环经济的发展。其次,通过比较两种不同 CSR 实施策略下成员企业的利润和效益,可以发现制造商和零售商在对方实施 CSR 时都能够获得更大的利润。然而,总体来看,当零售商实施 CSR 时,闭环供应链系统以及消费者都能够获得更大的总利润、总效用以及消费者剩余。这意味着,零售商在实施 CSR 时不仅能够增加自身利润,还能够提升整个供应链的效益,同时为消费者带来更多实惠和福利。因此,综合考虑从降低新产品零售价格、扩大市场需求,到增强环保水平以及提高社会福利等多个角度,可知在当前的渠道结构下,零售商实施 CSR 更为有利。这一举措不仅符合企业长远发展的战略目标,还有助于推动整个社会经济的可持续发展。

结论 8 在零售商主导权力结构下,可以发现:① $w^{MMS*} < w^{MSS*}$,$p^{MMS*} < p^{MSS*}$,$q^{MMS*} > q^{MSS*}$,$r_m^{MMS*} > r_m^{MSS*}$;② $\pi_m^{MMS*} < \pi_m^{MSS*}$,$\pi_s^{MMS*} > \pi_s^{MSS*}$,$\pi_{sc}^{MMS*} > \pi_{sc}^{MSS*}$,$V_s^{MMS*} > V_s^{MSS*}$,$CS^{MMS*} > CS^{MSS*}$。

结论 8 表明,在制造商回收、零售商主导的渠道结构下实施企业社会责任战略(CSR)产生了多方面的影响。首先,通过降低市场价格,产品更具竞争力,刺激了消费者的购买需求,并促进了废品回收。在这种渠道结构下,实施 CSR 的产品在批发价格上具有更大的优势,为企业的社会责任行动提供了经济支持。虽然未实施 CSR 时每个成员企业可以获得更大的利润,但 CSR 的实施实际上是为其他利益相关者让利的过程,考虑了更广泛的社会责任和可持续发展目标。在零售商主导的渠道权力结构下,制造商实施 CSR 实现了更大的总利润、总效用以及消费者剩余,通过降低零售价格、扩大市场需求、提高废旧产品回收水平等方式为社会和环境的可持续发展做出贡献。在企业上下游环境中,实施 CSR 对多方面利益的实现都具有积极作用,包括提高消费者满意度、增强品牌形象、改善供应链透明度、降低环境风险等,为可持续发展做出贡献。

结论 9 在 Nash 均衡博弈情况下,可以发现:① $w^{MMN*} < w^{MSN*}$,$p^{MMN*} = p^{MSN*}$,$q^{MMN*} = q^{MSN*}$,$r_m^{MMN*} = r_m^{MSN*}$;② $\pi_m^{MMN*} < \pi_m^{MSN*}$,$\pi_s^{MMN*} > \pi_s^{MSN*}$,$\pi_{sc}^{MMN*} = \pi_{sc}^{MSN*}$,$V_s^{MMN*} = V_s^{MSN*}$,$CS^{MMN*} = CS^{MSN*}$。

结论 9 表明,在渠道结构中,制造商回收产品并与零售商达成 Nash 均衡状态后,企业实施企业社会责任(CSR)战略的影响变得明显。首先,CSR 的实施对新产品的零售价格、需求量以及废旧产品回收水平产生了相似的趋势影响。这意味着,不论是制造商还是零售商实施 CSR,对市场的影响趋势是一致的。此外,在制造商或零售商实施 CSR 时,虽然对新产品零售价格、需求量和废旧产品回收水平的影响相同,但是在制造商实施 CSR 时,产品的批发价格更低。从整体角度来看,实施 CSR 的一方对企业上下游系统整体的总利润、总效用以及消费者剩余的影响是相同的,这表明 CSR 对整个企业生态系统的影响是均衡的。然而,个体利润会受到影响。当企业处于权力对等的 Nash 均衡状态时,未实施 CSR 的一方应该主动将部分利润分配给实施 CSR 的一方,以确保整个上下游企业系统的长期稳定运作。这个结论强调了在实施 CSR 时需要考虑企业上下游的整体利益和长期稳定性,而不仅仅是个别企业的短期利益。

结合结论 7、8、9 可以进一步发现,在实现自身利润最大化的角度下,不论是否存在渠道主导者,每个成员企业都倾向于希望对方实施 CSR,以便自身能够获得更多利润。这说明了在企业上下游系统中成员企业通常缺乏主动实施 CSR 的动力。然而,这样的观点也提示着一个更深层次的问题,即上下游中的成员企业不能仅仅将追求利润视为企业发展的唯一目标。相反,它们应当关注企业的社会福利目标,并着眼于整个系统的综合发展。这种综合性的关注不仅有助于实现长期稳定,还有助于促进社会责任感,使企业在追求经济利益的同时也能更好地履行其社会责任。

(五)数值模拟分析

本节将通过数值模拟对上述结论进行分析和验证,具体参数设置符合上述假设,设需求函数为 $q = 260 - 2p$,$c_m = 50$,$c_r = 20$,$k = 4000$。

在这一小节中,首先对制造商与零售商分别实施 CSR 的程度进行分析。随后,研究在不同渠道权力结构下的均衡结果,以及这些结果对各成员企业的利润和效用产生的影响。制造商实施 CSR 程度 θ 对不同权力结构下均衡结果的影响,如表 7-2 和图 7-4 所示;零售商实施 CSR 程度 θ 对不同权力结构下均衡结果的影响,如表 7-3 和图 7-5 所示。

表 7-2 制造商实施 CSR 程度 θ 对不同权力结构下均衡结果的影响

变量	MMM 模型			MMS 模型			MMN 模型		
θ	0.01	0.45	0.85	0.01	0.45	0.85	0.01	0.45	0.85
w^*	87.5033	81.8797	75.2991	67.3371	59.8113	46.7568	72.1338	61.1828	46.8831
p^*	108.7520	105.9400	102.6500	107.337	99.8113	86.7568	101.067	95.5914	88.4416
m^*	21.2483	24.0602	27.3504	40	40	40	28.9331	34.4086	41.5584
q^*	42.4967	48.1203	54.7009	45.3258	60.3774	86.4865	57.8662	68.8172	83.1169
r_m^*	0.1594	0.1805	0.2051	0.1700	0.2264	0.3243	0.2170	0.2580	0.3117
π_m^*	1695.35	1664.31	1552.2	901.38	797.437	140.248	1469.15	1035.96	129.533
π_s^*	902.984	1157.78	1496.09	1813.03	2415.09	3459.46	1674.25	2367.9	3454.21
π_t^*	2598.34	2822.09	3048.29	2714.41	3212.53	3599.71	3143.4	3403.86	3583.74
V_m^*	1699.87	1924.81	2188.03	906.516	1207.55	1729.73	1477.52	1568.74	1597.57
V_s^*	2602.85	3082.59	3684.13	2719.55	3622.64	5189.19	3151.77	3936.64	5051.78
CS^*	451.492	578.891	748.046	513.607	911.356	1869.98	837.124	1183.95	1727.1

综合分析表 7-2 中关于产品定价、市场需求和回收率的数据变化,可以发现制造商若选择成为回收方并实施 CSR,将会带来以下几个有利方面:首先,这会促使产品价格的下降,为消费者提供了更为实惠的选购机会。其次,市场对新产品的需求也会因此增加,因为消费者更愿意购买具备社会责任感的产品。此外,回收利用废旧品的水平也将得到提升,有助于减少资源浪费和环境负担。对比三种不同的决策模型得出的均衡结果后发现,当制造商实施 CSR 时,其影响取决于渠道中权力结构的不同:在零售商主导的权力结构下,批发价最低,这意味着消费者能够以更低的价格购买产品。其次是 Nash 均衡,这表示各方在没有更多信息的情况下做出的最优选择。而在制造商主导的权力结构下,批发价最高,这可能会导致产品价格上涨。另外,制造商实践 CSR 对产品的零售价格、市场需求和回收水平也会产生不同的影响趋势:当制造商的 CSR 程度较低时,Nash 均衡的权力结构是更优的选择,因为此时各方面对利益的争夺相对平衡。相反,当制造商高度实施 CSR 时,则零售商主导的权力结构更为优势,因为消费者更倾向于支持具有社会

责任感的企业。这一系列发现表明,制造商的 CSR 决策在渠道均衡和产品市场运作中扮演着至关重要的角色,并且对消费者和环境都有积极的影响。

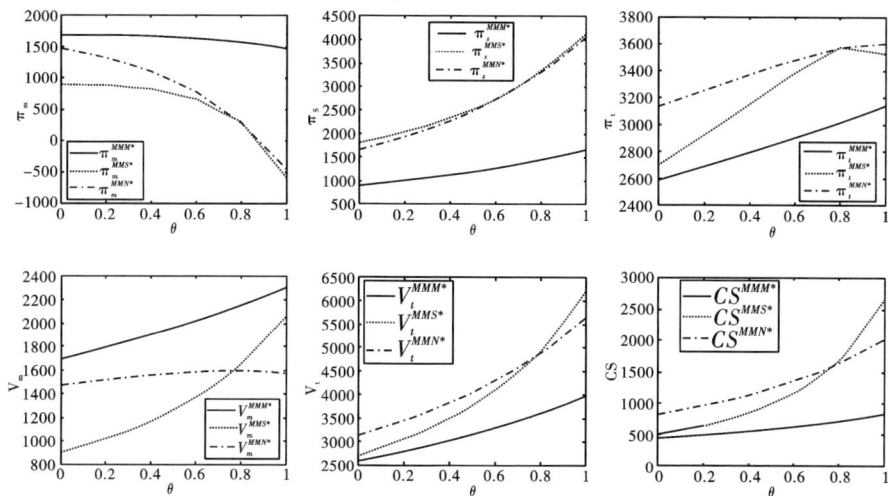

图 7-4　制造商实施 CSR 程度 θ 对不同权力结构下均衡结果的影响

进一步结合图 7-4 可知,CSR 的实施对整个体系和每个成员都产生了积极影响。尽管制造商自身更高程度的 CSR 可能会对利润造成不利影响,但却有助于提升整个系统和消费者的利益。在制造商和零售商主导的权力结构下,随着 CSR 实施力度的增加,制造商在考虑社会福利时的效用也随之增加。成员企业在自身主导权力结构下能够获得最大的利润和效用,但在 Nash 均衡的权力结构下,制造商低水平实施 CSR 对整个系统和消费者更有利,而高水平实施 CSR 时则更有利于零售商主导的权力结构。零售商通常在零售商主导或 Nash 均衡的权力结构下获得比制造商更高的利润,但在制造商主导的权力结构中,由于 CSR 实施程度的不同,情况会有所不同。这说明了企业在不同的市场环境下会采取不同的策略以最大化利益,而 CSR 的实施程度可能成为其中的关键因素。

表 7-3 零售商实施 CSR 程度 θ 对不同权力结构下均衡结果的影响

变量	MSM 模型			MSS 模型			MSN 模型		
θ	0.01	0.45	0.85	0.01	0.45	0.85	0.01	0.45	0.85
w^*	87.6032	86.8696	85.6627	67.5141	70	72.963	72.4231	76.6667	82.2078
p^*	108.695	102.174	91.4458	107.401	104.194	100.37	101.067	95.5914	88.4416
m^*	21.0919	15.3043	5.7831	39.887	34.1935	27.4074	28.6438	18.9247	6.23377
q^*	42.6099	55.6522	77.1084	45.1977	51.6129	59.2593	57.8662	68.8172	83.1169
r_m^*	0.1598	0.2087	0.2891	0.1695	0.1935	0.2222	0.2170	0.2581	0.3117
π_m^*	1704.39	2226.09	3084.34	906.508	1182.1	1558.3	1485.89	2101.51	3065.61
π_s^*	898.722	851.72	445.928	1802.8	1764.83	1624.14	1657.51	1302.35	518.131
π_t^*	2603.12	3077.81	3530.27	2709.31	2946.93	3182.44	3143.4	3403.86	3583.74
V_s^*	903.261	1200.15	1709.39	1807.91	2064.52	2370.37	1665.88	1835.13	1986.17
V_s^*	2607.65	3426.24	4793.73	2714.42	3246.62	3928.67	3151.77	3936.64	5051.78
CS^*	453.9	774.291	1486.43	510.709	665.973	877.915	837.124	1183.95	1727.1

综合分析表 7-3 中的数值可知,零售商实施企业社会责任战略(CSR)对于产品价格下降、新产品市场需求增加以及废旧产品回收利用水平提高等方面具有积极作用,然而对零售商自身单位利润的增长可能存在一定不利影响。研究表明,不论实施 CSR 的程度如何,在 Nash 均衡状态下,零售商都能够获得更低的零售价格、更高的市场需求以及更高的回收水平。此外,当零售商处于自身主导权力结构时,其单位利润达到最大化,这使得他们能够更好地影响市场,灵活制定策略,从而获得竞争优势。强调了渠道权力结构对整个企业上下游系统的重要性,尤其是在追求社会和环境效益的同时,渠道主导力量的强大将为成员企业带来更多利益,企业应注重渠道关系的建立与管理,以实现更好的绩效和持续发展。

接着,结合图 7-5 进一步可以看出,在企业上下游管理中,发现零售商加强企业社会责任战略(CSR)的实施有利于提高自身效用、其他成员企业的利润与效用,同时促进消费者剩余的增加。权力结构在这一关系中扮演关键角色,研究指出,无论零售商实施 CSR 的程度如何,制造商与零售商在各自主导的权力结构下获得的利润或效用最大,而 Nash 均衡的权力结构最有利于整个企业上下游系统和消费者的效益最大化。特别是在制造商主导的情况下,无论零售商实施 CSR 的程度如何,主导制造商始终能够获得相对更多的利润,而在零售商主导或 Nash 均衡的权力结构下,制造商与零售商的利润关系则取决于零售商对 CSR 的实施程度。这强调了企业上下游权力结构和 CSR 实施程度之间的相互关系,会对整体效用和利润产生重要影响。

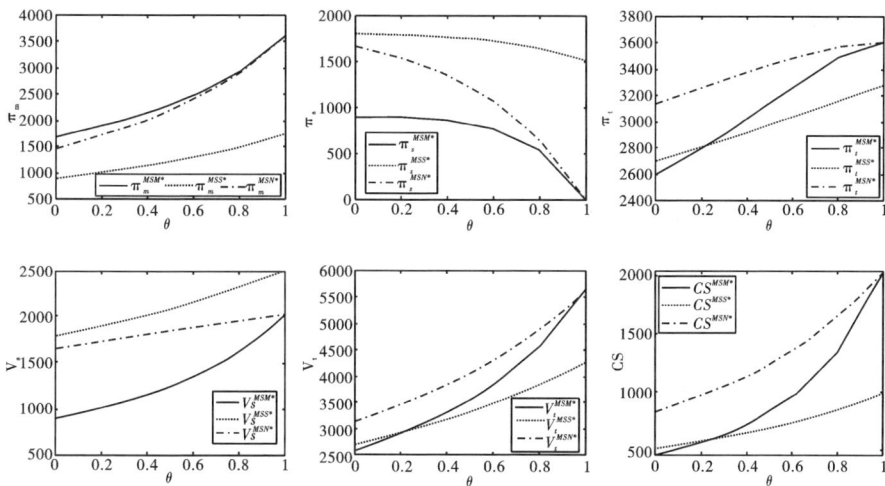

图 7-5　零售商实施 CSR 程度 θ 对不同权力结构下均衡结果的影响

综合考虑表 7-2 和表 7-3 的数值结果,在企业上下游系统中,渠道主导者的存在对企业社会责任战略(CSR)的影响十分显著。研究表明,在存在渠道主导者的情况下,跟随者选择实施 CSR 可以更有效地提升市场需求和回收水平,从而获得更高的市场表现。然而,在系统中成员企业地位相等时,无论 CSR 由谁实施,其对新产品市场需求和废旧产品回收的影响相似。不论渠道中是否存在主导者,各企业仍追求利润最大化,希望其他企业承担更多的社会责任以获取更多利润。对整个系统和消费者而言,渠道主导者的存在会影响到由跟随者实施 CSR 的效果,然而,在无主导者情况下,各方的 CSR 行为对整体绩效的影响相似。这些发现突显了在企业 CSR 战略制定中需考虑不同情境下渠道主导者的作用,以及企业追求利益最大化的动机,为制定有效的 CSR 战略提供了重要洞察。

三、考虑企业社会责任战略的零售商企业回收博弈模型

(一)问题描述与基本假设

零售商在整个企业上下游系统中扮演着重要角色,不仅销售新产品,还负责废旧产品的回收。为了实现有效的废旧产品回收服务,可以采取分离销售与回收以及以旧换新的政策,这有助于扩大产品销量和提高回收效率。零售商利用自身成熟的分销渠道和地理优势,降低运输成本,准确获取客户信息,提高回收效率。废旧产品回收服务不仅减轻环境负担,还为制造商提供资源回收渠道,促进企业核心竞争力的提升。然而,委托零售商进行产品回收可能面临着专业鉴定能力不足、处理效率低下、道德风险和逆向选择等挑战。因此,零售商需要不断改进回收服务质量和效率,确保顺利实施回收并充分发挥环境和社会责任。具体如图7-6所示:

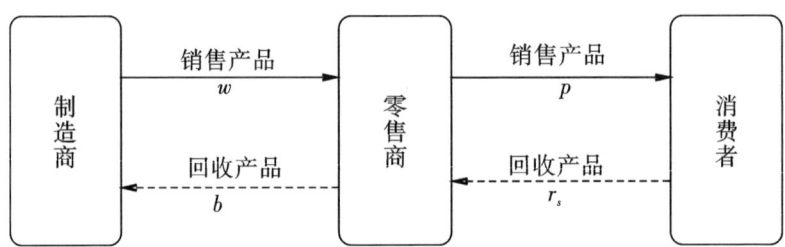

图7-6 零售商回收时的结构示意

基于此,本节在上述假设基础上提出以下基本假设:

假设7 假设制造商委托零售商进行废旧产品的回收,例如大型零售企业如国美、苏宁易购等,在销售大量产品的同时,通过全面提供以旧换新服务,实现了对出售产品的全方位资源回收利用。

假设8 假设零售商废旧产品回收率为 $r_s = \sqrt{\dfrac{I_s}{k}}$,其中,$I_s$ 表示零售商商回收成本,$k(k>0)$ 表示回收废旧产品的难易程度(Dong J. 等,2021)。

基于上述问题描述与基本假设,可知制造商的收益主要分为两部分:一方面,他们通过以价格 w 出售产品给零售商而实现利润;另一方面,他们通过以价格 b 从零售商处回购废品并通过再制造实现成本节省。因此,制造

的利润函数可以表示为：

$$\pi_m(w) = (w - c_m)q + (c_m - c_r - b)r_s q \qquad (7-112)$$

回收负责者零售商的收益主要由两个部分组成：首先，通过以价格 p 将产品销售给消费者而实现利润；其次，通过从终端消费者手中回收废弃产品，并将其以差价再售给制造商来获得收益。因此，零售商的利润函数可以表示为：

$$\pi_s(p, r_s) = (p - w)q + br_s q - kr_s^2 \qquad (7-113)$$

(二) 制造商实施企业社会责任战略时零售商回收博弈模型

当制造商实施企业社会责任战略（CSR）时，其决策目标是追求社会福利的最大化。根据式（4-2）可知，制造商的目标函数为：

$$v_m(w) = \pi_m + \theta CS \qquad (7-114)$$

此时，零售商仍追求利润最大化，其目标函数仍如式（7-113）一致。

1. 制造商主导的 Stackelberg 博弈模型（SMM 模型）

在 SMM 模型中，主导制造商首先根据自身效用最大化决定其决策变量 w^{SMM}；随后，零售商再根据制造商的决策确定其决策变量 p^{SMM} 和 r_s^{SMM}。详细求解过程与 MMM 模型类似，故省略，具体结果如式（7-115）至式（7-124）所示：

$$w^{SMM*} = \frac{2a + \dfrac{(4k - b^2\beta)(a - c_m\beta)}{b(c_m - c_r)\beta + k(-4 + \theta)}}{2\beta} \qquad (7-115)$$

$$p^{SMM*} = \frac{a + \dfrac{k(a - c_m\beta)}{b(c_m - c_r)\beta + k(-4 + \theta)}}{\beta} \qquad (7-116)$$

$$r_s^{SMM*} = \frac{b(a - c_m\beta)}{2b(-c_m + c_r)\beta - 2k(-4 + \theta)} \qquad (7-117)$$

$$q^{SMM*} = -\frac{k(a - c_m\beta)}{b(c_m - c_r)\beta + k(-4 + \theta)} \qquad (7-118)$$

$$CS^{SMM*} = \frac{k^2(a - c_m\beta)^2}{2\beta[b(c_m - c_r)\beta + k(-4 + \theta)]^2} \qquad (7-119)$$

$$\pi_m^{SMM*} = -\frac{k(a - c_m\beta)^2[b(c_m - c_r)\beta + 2k(-2 + \theta)]}{2\beta[b(c_m - c_r)\beta + k(-4 + \theta)]^2} \qquad (7-120)$$

$$\pi_s^{SMM*} = \frac{k(4k - b^2\beta)(a - c_m\beta)^2}{4\beta[b(c_m - c_r)\beta + k(-4 + \theta)]^2} \quad (7-121)$$

$$\pi_t^{SMM*} = -\frac{k(a - c_m\beta)^2[b(b + 2c_m - 2c_r)\beta + 4k(-3 + \theta)]}{4\beta[b(c_m - c_r)\beta + k(-4 + \theta)]^2} \quad (7-122)$$

$$V_m^{SMM*} = -\frac{k(a - c_m\beta)^2}{2\beta[b(c_m - c_r)\beta + k(-4 + \theta)]} \quad (7-123)$$

$$V_t^{SMM*} = -\frac{k(a - c_m\beta)^2[b(b + 2c_m - 2c_r)\beta + 2k(-6 + \theta)]}{4\beta[b(c_m - c_r)\beta + k(-4 + \theta)]^2} \quad (7-124)$$

命题7 为确保SMM模型中各种表达式具有一定的经济意义,需满足 $0 \le r_s^{SMM} \le 1$, $k > \frac{b^2\beta}{4}$。

2. 零售商主导的Stackelberg博弈模型(SMS模型)

在SMS模型中,主导零售商首先根据自身利润最大化决定其决策变量 m^{SMS} 和 r_s^{SMS};随后,考虑企业社会责任战略的制造商根据零售商的决策确定其决策变量 w^{SMS}。详细求解过程与MMS模型类似,故省略,具体结果如式(7-125)至式(7-135)所示:

$$m^{SMS*} = \frac{(a - c_m\beta)[b(c_m - c_r)\beta + 2k(-2 + \theta)]}{\beta[(c_m - c_r)^2\beta + 4k(-2 + \theta)]} \quad (7-125)$$

$$w^{SMS*} = \frac{c_m\beta[b(c_m - c_r)\beta + 2k(-3 + \theta)] + a\{-[(c_m - c_r)(b - c_m + c_r)\beta] + 2k(-1 + \theta)\}}{\beta[(c_m - c_r)^2\beta + 4k(-2 + \theta)]} \quad (7-126)$$

$$p^{SMS*} = \frac{a + \frac{2k(a - c_m\beta)}{(c_m - c_r)^2\beta + 4k(-2 + \theta)}}{\beta} \quad (7-127)$$

$$r_s^{SMS*} = \frac{(c_m - c_r)(-a + c_m\beta)}{(c_m - c_r)^2\beta + 4k(-2 + \theta)} \quad (7-128)$$

$$q^{SMS*} = -\frac{2k(a - c_m\beta)}{(c_m - c_r)^2\beta + 4k(-2 + \theta)} \quad (7-129)$$

$$\pi_m^{SMS*} = -\frac{4k^2(a - c_m\beta)^2(-1 + \theta)}{\beta[(c_m - c_r)^2\beta + 4k(-2 + \theta)]^2} \quad (7-130)$$

$$\pi_s^{SMS*} = -\frac{k(a-c_m\beta)^2}{\beta[(c_m-c_r)^2\beta + 4k(-2+\theta)]} \tag{7-131}$$

$$CS^{SMS*} = \frac{2k^2(a-c_m\beta)^2}{\beta[(c_m-c_r)^2\beta + 4k(-2+\theta)]^2} \tag{7-132}$$

$$\pi_t^{SMS*} = -\frac{k(a-c_m\beta)^2[(c_m-c_r)^2\beta + 4k(-3+2\theta)]}{\beta[(c_m-c_r)^2\beta + 4k(-2+\theta)]^2} \tag{7-133}$$

$$V_m^{SMS*} = -\frac{2k^2(a-c_m\beta)^2(-2+\theta)}{\beta[(c_m-c_r)^2\beta + 4k(-2+\theta)]^2} \tag{7-134}$$

$$V_t^{SMS*} = -\frac{k(a-c_m\beta)^2[(c_m-c_r)^2\beta + 6k(-2+\theta)]}{\beta[(c_m-c_r)^2\beta + 4k(-2+\theta)]^2} \tag{7-135}$$

命题8 为确保 SMS 模型中各种表达式具有一定的经济意义,需满足 $0 \leq r_s^{SMS} \leq 1, k > \frac{(c_m-c_r)^2\beta}{4(\theta-2)}$。

3. 制造商与零售商的 Nash 均衡博弈模型(SMN 模型)

在 SMN 模型中,制造商与零售商市场地位同等,决策权相同,同时给出自己的决策变量 w^{SMN}、m^{SMN} 和 r_s^{SMN}。详细求解过程与 MMN 模型类似,故省略,具体结果如式(7-136)至式(7-146)所示:

$$w^{SMN*} = \frac{-ab(b-c_m+c_r)\beta + c_m\beta(-4k+b^2\beta) + 2ak(-1+\theta)}{\beta[b(c_m-c_r)\beta + 2k(-3+\theta)]} \tag{7-136}$$

$$m^{SMN*} = \frac{(2k-b^2\beta)(-a+c_m\beta)}{\beta[b(c_m-c_r)\beta + 2k(-3+\theta)]} \tag{7-137}$$

$$p^{SMN*} = \frac{a + \dfrac{2k(a-c_m\beta)}{b(c_m-c_r)\beta + 2k(-3+\theta)}}{\beta} \tag{7-138}$$

$$r_s^{SMN*} = \frac{-ab + bc_m\beta}{b(c_m-c_r)\beta + 2k(-3+\theta)} \tag{7-139}$$

$$q^{SMN*} = -\frac{2k(a-c_m\beta)}{b(c_m-c_r)\beta + 2k(-3+\theta)} \tag{7-140}$$

$$\pi_m^{SMN*} = -\frac{4k^2(a-c_m\beta)^2(-1+\theta)}{\beta[b(c_m-c_r)\beta + 2k(-3+\theta)]^2} \tag{7-141}$$

$$\pi_s^{SMN*} = \frac{k(4k-b^2\beta)(a-c_m\beta)^2}{\beta[b(c_m-c_r)\beta + 2k(-3+\theta)]^2} \tag{7-142}$$

$$CS^{SMN*} = \frac{2k^2(a-c_m\beta)^2}{\beta[b(c_m-c_r)\beta + 2k(-3+\theta)]^2} \quad (7-143)$$

$$\pi_t^{SMN*} = -\frac{k(a-c_m\beta)^2[b^2\beta + 4k(-2+\theta)]}{\beta[b(c_m-c_r)\beta + 2k(-3+\theta)]^2} \quad (7-144)$$

$$V_m^{SMN*} = -\frac{2k^2(a-c_m\beta)^2(-2+\theta)}{\beta[b(c_m-c_r)\beta + 2k(-3+\theta)]^2} \quad (7-145)$$

$$V_t^{SMN*} = -\frac{k(a-c_m\beta)^2[b^2\beta + 2k(-4+\theta)]}{\beta[b(c_m-c_r)\beta + 2k(-3+\theta)]^2} \quad (7-146)$$

命题9 为确保 SMN 模型中各种表达式具有一定的经济意义,需满足 $0 \leq r_s^{SMN} \leq 1, k > \frac{b^2\beta}{4}$。

(三) 零售商实施企业社会责任战略时零售商回收博弈模型

当零售商实施企业社会责任战略时,其以追求社会福利最大化时获得的效用为决策目标,此时零售商目标函数为:

$$V_s(p,r_s) = \pi_s + \theta CS \quad (7-147)$$

在这种情况下,制造商仍然追求利润最大化,其目标函数见式(7-112)。

1. 制造商主导的 Stackelberg 博弈模型(SSM 模型)

在 SSM 模型中,主导制造商首先根据自身利润最大化决定其决策变量 w^{SSM};随后,实施企业社会责任战略的零售商再根据制造商决策决定其决策变量 p^{SSM} 和 r_s^{SSM}。详细求解过程与 MSM 模型类似,故省略,具体结果如式(7-148)至式(7-157)所示:

$$w^{SSM*} = \frac{c_m\beta[b^2\beta + 2k(-2+\theta)] + a[-b(b-2c_m+2c_r)\beta + 2k(-2+\theta)]}{2\beta[b(c_m-c_r)\beta + 2k(-2+\theta)]} \quad (7-148)$$

$$p^{SSM*} = \frac{a + \dfrac{k(a-c_m\beta)}{b(c_m-c_r)\beta + 2k(-2+\theta)}}{\beta} \quad (7-149)$$

$$r_s^{SSM*} = \frac{-ab + bc_m\beta}{2b(c_m-c_r)\beta + 4k(-2+\theta)} \quad (7-150)$$

$$q^{SSM*} = -\frac{k(a-c_m\beta)}{b(c_m-c_r)\beta + 2k(-2+\theta)} \quad (7-151)$$

$$CS^{SSM*} = \frac{k^2(a-c_m\beta)^2}{2\beta[b(c_m-c_r)\beta+2k(-2+\theta)]^2} \quad (7-152)$$

$$\pi_m^{SSM*} = -\frac{k(a-c_m\beta)^2}{2\beta[b(c_m-c_r)\beta+2k(-2+\theta)]} \quad (7-153)$$

$$\pi_s^{SSM*} = -\frac{k(a-c_m\beta)^2[b^2\beta+4k(-1+\theta)]}{4\beta[b(c_m-c_r)\beta+2k(-2+\theta)]^2} \quad (7-154)$$

$$V_s^{SSM*} = -\frac{k(a-c_m\beta)^2[b^2\beta+2k(-2+\theta)]}{4\beta[b(c_m-c_r)\beta+2k(-2+\theta)]^2} \quad (7-155)$$

$$\pi_t^{SSM*} = -\frac{k(a-c_m\beta)^2[b(b+2c_m-2c_r)\beta+4k(-3+2\theta)]}{4\beta[b(c_m-c_r)\beta+2k(-2+\theta)]^2} \quad (7-156)$$

$$V_t^{SSM*} = -\frac{k(a-c_m\beta)^2[b(b+2c_m-2c_r)\beta+6k(-2+\theta)]}{4\beta[b(c_m-c_r)\beta+2k(-2+\theta)]^2} \quad (7-157)$$

命题10 为确保 SSM 模型中各种表达式具有一定的经济意义,需满足 $0 \leqslant r_s^{SSM} \leqslant 1, k > \frac{b^2\beta}{2(2-\theta)}$。

2. 零售商主导的 Stackelberg 博弈模型(SSS 模型)

在 SSS 模型中,主导零售商首先根据自身利润最大化决定其决策变量 m^{SSS} 和 r_s^{SSS};随后,考虑企业社会责任战略的制造商根据零售商的决策确定其决策变量 w^{SSS}。详细求解过程与 MSS 模型类似,故省略,具体结果如式(7-158)至式(7-168)所示:

$$m^{SSS*} = \frac{(a-c_m\beta)[b(c_m-c_r)\beta+2k(-2+\theta)]}{\beta[(c_m-c_r)^2\beta+2k(-4+\theta)]} \quad (7-158)$$

$$w^{SSS*} = \frac{-2ak-a(c_m-c_r)(b-c_m+c_r)\beta+c_m\beta[b(c_m-c_r)\beta+2k(-3+\theta)]}{\beta[(c_m-c_r)^2\beta+2k(-4+\theta)]} \quad (7-159)$$

$$r_s^{SSS*} = \frac{(c_m-c_r)(-a+c_m\beta)}{(c_m-c_r)^2\beta+2k(-4+\theta)} \quad (7-160)$$

$$p^{SSS*} = \frac{a(c_m-c_r)^2\beta-2c_mk\beta+2ak(-3+\theta)}{\beta[(c_m-c_r)^2\beta+2k(-4+\theta)]} \quad (7-161)$$

$$q^{SSS*} = -\frac{2k(a - c_m\beta)}{(c_m - c_r)^2\beta + 2k(-4 + \theta)} \tag{7-162}$$

$$\pi_m^{SSS*} = \frac{4k^2(a - c_m\beta)^2}{\beta[(c_m - c_r)^2\beta + 2k(-4 + \theta)]^2} \tag{7-163}$$

$$\pi_s^{SSS*} = -\frac{k(a - c_m\beta)^2[(c_m - c_r)^2\beta + 4k(-2 + \theta)]}{\beta[(c_m - c_r)^2\beta + 2k(-4 + \theta)]^2} \tag{7-164}$$

$$CS^{SSS*} = \frac{2k^2(a - c_m\beta)^2}{\beta[(c_m - c_r)^2\beta + 2k(-4 + \theta)]^2} \tag{7-165}$$

$$V_s^{SSS*} = -\frac{k(a - c_m\beta)^2}{\beta[(c_m - c_r)^2\beta + 2k(-4 + \theta)]} \tag{7-166}$$

$$\pi_t^{SSS*} = -\frac{k(a - c_m\beta)^2[(c_m - c_r)^2\beta + 4k(-3 + \theta)]}{\beta[(c_m - c_r)^2\beta + 2k(-4 + \theta)]^2} \tag{7-167}$$

$$V_t^{SSS*} = -\frac{k(a - c_m\beta)^2[(c_m - c_r)^2\beta + 2k(-6 + \theta)]}{\beta[(c_m - c_r)^2\beta + 2k(-4 + \theta)]^2} \tag{7-168}$$

命题 11 为确保 SSS 模型中各种表达式具有一定的经济意义,需满足 $0 \leq r_s^{SSS} \leq 1$, $k > \frac{(c_m - c_r)^2\beta}{2(4 - \theta)}$。

3. 制造商与零售商的 Nash 均衡博弈模型(SSN 模型)

在 SSN 模型中,制造商与零售商市场地位同等,决策权相同,同时给出自己的决策变量 w^{SSN}、m^{SSN} 和 r_s^{SSN}。详细求解过程与 MSN 模型类似,故省略,具体结果如式(7-136)至式(7-146)所示:

$$w^{SSN*} = \frac{-2ak - ab(b - c_m + cr)\beta + c_m\beta[b^2\beta + 2k(-2 + \theta)]}{\beta[b(c_m - cr)\beta + 2k(-3 + \theta)]} \tag{7-169}$$

$$m^{SSN*} = \frac{(a - c_m\beta)[b^2\beta + 2k(-1 + \theta)]}{\beta[b(c_m - c_r)\beta + 2k(-3 + \theta)]} \tag{7-170}$$

$$r_s^{SSN*} = \frac{-ab + bc_m\beta}{b(c_m - c_r)\beta + 2k(-3 + \theta)} \tag{7-171}$$

$$p^{SSN*} = \frac{a + \dfrac{2k(a - c_m\beta)}{b(c_m - c_r)\beta + 2k(-3 + \theta)}}{\beta} \tag{7-172}$$

$$q^{SSN*} = -\frac{2k(a - c_m\beta)}{b(c_m - c_r)\beta + 2k(-3 + \theta)} \tag{7-173}$$

$$\pi_m^{SSN*} = \frac{4k^2(a-c_m\beta)^2}{\beta[b(c_m-c_r)\beta+2k(-3+\theta)]^2} \quad (7-174)$$

$$\pi_s^{SSN*} = -\frac{k(a-c_m\beta)^2[b^2\beta+4k(-1+\theta)]}{\beta[b(c_m-c_r)\beta+2k(-3+\theta)]^2} \quad (7-175)$$

$$\pi_t^{SSN*} = -\frac{k(a-c_m\beta)^2[b^2\beta+4k(-2+\theta)]}{\beta[b(c_m-c_r)\beta+2k(-3+\theta)]^2} \quad (7-176)$$

$$CS^{SSN*} = \frac{2k^2(a-c_m\beta)^2}{\beta[b(c_m-c_r)\beta+2k(-3+\theta)]^2} \quad (7-177)$$

$$V_s^{SSN*} = -\frac{k(a-c_m\beta)^2[b^2\beta+2k(-2+\theta)]}{\beta[b(c_m-c_r)\beta+2k(-3+\theta)]^2} \quad (7-178)$$

$$V_t^{SSN*} = -\frac{k(a-c_m\beta)^2[b^2\beta+2k(-4+\theta)]}{\beta[b(c_m-c_r)\beta+2k(-3+\theta)]^2} \quad (7-179)$$

命题12 为确保 SSN 模型中各种表达式具有一定的经济意义,需满足 $0 \leq r_s^{SSN} \leq 1, k > \frac{b^2\beta}{2(2-\theta)}$。

(四)考虑社会责任战略的零售商回收博弈均衡结果分析

1. 成员企业实施社会责任战略程度的影响分析

(1)制造商实施社会责任战略程度的影响分析。通过对制造商实施企业社会责任(CSR)战略时三种权力结构下参数 θ 的边际分析,可得出以下结论:

性质5 当制造商实施企业社会责任战略时,①对任意的权力结构,$\frac{\partial w^{D*}}{\partial \theta} < 0, \frac{\partial p^{D*}}{\partial \theta} < 0, \frac{\partial q^{D*}}{\partial \theta} > 0, \frac{\partial r_s^{D*}}{\partial \theta} > 0$,其中,$D = \{SMM, SMS, SMN\}$。②在制造商主导或 Nash 均衡博弈的权力结构下,$\frac{\partial m^{SMM*}}{\partial \theta} > 0, \frac{\partial m^{SMN*}}{\partial \theta} > 0$;零售商主导博弈权力结构下,当 $0 < b \leq \frac{c_m-c_r}{2}$ 时,$\frac{\partial m^{SMS*}}{\partial \theta} \geq 0$;当 $\frac{c_m-c_r}{2} < b \leq c_m-c_r$ 时,$\frac{\partial m^{SMS*}}{\partial \theta} < 0$。

其证明过程与性质1、2类似,故省略。

性质5表明,零售商回收、制造商在实施企业社会责任(CSR)方面的改进对整个系统产生了多方面影响。随着制造商 CSR 程度的增强,批发价格和零售价格下降,市场需求和废品回收率上升。在制造商主导或 Nash 均衡权力结构下,零售商的单位利润随 CSR 程度增强而增大。然而,在自身主导权力结构下,零售商的单位利润受到回收转移价格的影响。当回收转移价格较低时,零售商的单位利润随 CSR 程度增强而增加;但当回收转移价格较高时,零售商的单位利润可能随 CSR 程度增强而减少。这表明制造商的 CSR 实施程度和回收转移价格对零售商的利润产生显著影响,强调了上下游系统中各环节之间的复杂相互关系和影响。

性质 6 当制造商实施企业社会责任战略时,①对任意的权力结构,$\frac{\partial \pi_s^{D*}}{\partial \theta} > 0, \frac{\partial V_m^{D*}}{\partial \theta} > 0, \frac{\partial \pi_t^{D*}}{\partial \theta} > 0, \frac{\partial V_s^{D*}}{\partial \theta} > 0, \frac{\partial CS^{D*}}{\partial \theta} > 0$,其中,$D = \{SMM, SMS, SMN\}$。②在制造商主导或 Nash 均衡博弈的权力结构下,当 $0 \leq \theta \leq \frac{\beta(c_m - c_r)^2}{4k}$ 时,$\frac{\partial \pi_m^{SMM*}}{\partial \theta} \geq 0$;当 $\frac{\beta(c_m - c_r)^2}{4k} < \theta \leq 1$ 时,$\frac{\partial \pi_m^{SMS*}}{\partial \theta} < 0$。

其证明过程与性质 1、2 类似,故省略。

性质 6 表明,在零售商回收、制造商实施企业社会责任战略(CSR)的企业上下游系统中,随着制造商实施 CSR 程度 θ 的增强,系统各方的利润和效用均呈增加趋势。具体而言,制造商通过降低价格使零售商受益,从而刺激零售商降低向消费者的价格,实现促进消费和提高消费者剩余的目标。废旧产品回收水平的提高被视为零售商体现 CSR 行为的方式,反映了企业履行 CSR 的效果。此外,不同的权力结构对制造商利润的影响也得到探讨,其中在零售商主导权力结构下,制造商实施 CSR 程度较低时,其利润随 CSR 增强而增大;但在 CSR 程度相对较高时,利润则随 CSR 增强而减小。总体而言,研究突显了实施 CSR 对整个上下游系统的积极影响,涵盖了经济效益、消费者满意度和社会贡献。

(2)零售商实施社会责任战略程度的影响分析。

性质 7 当零售商实施企业社会责任战略时,①对任意的权力结构,$\frac{\partial p^{D*}}{\partial \theta} < 0, \frac{\partial m^{D*}}{\partial \theta} < 0, \frac{\partial q^{D*}}{\partial \theta} > 0, \frac{\partial r_s^{D*}}{\partial \theta} > 0$,其中,$D = \{SMM, SMS, SMN\}$。②在制造商主导的权力结构下,$\frac{\partial w^{SSM*}}{\partial \theta} < 0$;零售商主导博弈权力或 Nash 均

衡博弈结构下，$\frac{\partial w^{SSS*}}{\partial \theta} > 0$，$\frac{\partial w^{SSN*}}{\partial \theta} > 0$。

其证明过程与性质1、2类似，故省略。

性质7表明，在零售商回收且实施企业社会责任战略(CSR)的企业上下游系统中，随着参数 θ 的增强，零售商的零售价格 p^* 和单位利润 m^* 均减小，同时市场需求 q^* 和废旧产品回收率 r_s^* 增加。这表明零售商通过降低价格和利润来促进废旧产品回收，同时满足日益增长的对具有 CSR 的产品的市场需求。另外，制造商的批发价格在自身主导权力结构下随 θ 的增强而减小，而在零售商主导或 Nash 均衡权力结构下则增大。这突显了实施 CSR 对零售商和制造商行为的影响，特别是在不同权力结构下的变化。

性质8 当零售商实施企业社会责任战略时，①对任意的权力结构，$\frac{\partial \pi_m^{D*}}{\partial \theta} > 0$，$\frac{\partial \pi_t^{D*}}{\partial \theta} > 0$，$\frac{\partial V_s^{D*}}{\partial \theta} > 0$，$\frac{\partial CS^{D*}}{\partial \theta} > 0$，其中，$D = \{SSM, SSS, SSN\}$。②在零售商主导或 Nash 均衡博弈的权力结构下，$\frac{\partial \pi_s^{SSS*}}{\partial \theta} < 0$，$\frac{\partial \pi_s^{SSN*}}{\partial \theta} < 0$；当 $0 \leq \theta \leq \frac{\beta b(c_m - c_r - b)}{2k}$ 时，$\frac{\partial \pi_s^{SSM*}}{\partial \theta} \geq 0$；当 $\frac{\beta b(c_m - c_r - b)}{2k} < \theta < \frac{2k - \beta b^2}{2k}$ 时，$\frac{\partial \pi_s^{SSM*}}{\partial \theta} < 0$。③在制造商或零售商主导博弈的权力结构下，$\frac{\partial V_s^{SSM*}}{\partial \theta} > 0$，$\frac{\partial V_s^{SSS*}}{\partial \theta} > 0$；在 Nash 均衡博弈的权力结构下，当 $0 \leq b \leq \frac{2(c_m - c_r)}{3}$ 时，$\frac{\partial V_s^{SSN*}}{\partial \theta} \geq 0$，当 $\frac{2(c_m - c_r)}{3} < b < c_m - c_r$ 及 $0 \leq \theta \leq \frac{\beta b(c_m - c_r - b)}{2k}$ 时，$\frac{\partial V_s^{SSN*}}{\partial \theta} \geq 0$，当 $\frac{2(c_m - c_r)}{3} < b < c_m - c_r$ 及 $\frac{\beta b(c_m - c_r - b)}{2k} < \theta < \frac{2k - \beta b^2}{2k}$ 时，$\frac{\partial V_s^{SSN*}}{\partial \theta} < 0$。

其证明过程与性质1、2类似，故省略。

性质8表明，关于零售商回收和实施企业社会责任战略(CSR)的企业上下游系统中得出了几个重要结论。首先，无论零售商处于何种渠道权力结构下，当他们回收和实施企业社会责任(CSR)时，随着这一行为的强化，整个系统的利润、总体效用以及消费者剩余都呈现增加的趋势。这一结果与当制造商进行回收时的结果相一致，表明了零售商在推行 CSR 时所带来的积极影响。其次，在不同的权力结构下，零售商对于 CSR 的实施程度对其自身利润和效用产生了不同的影响。在零售商主导或者达到 Nash 均衡的权力结构下,随着 CSR 程度的增强,零售商的利润逐渐减小。然而在制造商主导的权力结构下,当 CSR 程度较低时,零售商的利润会随着 CSR 程度的增强而增加,但在 CSR 程度较高时,则会出现利润减少的情况。此外,在制造商或零售商主导的权力结构下,零售商的效用随着 CSR 程度的增强而增加;而在 Nash 均衡权力结构下,零售商的效用受制于制造商设定的回收转移价格。当回收转移价格较低时,随着 CSR 程度的增强,零售商的效用会增加;而当回收转移价格较高且零售商的 CSR 程度相对较低时,零售商的效用会随着 CSR 程度的增强而增加,但当 CSR 程度较高时,则会出现效用减小的情况。

2. 不同成员企业实施企业社会责任战略时三种权力结构的比较分析

(1)制造商实施社会责任战略时三种权力结构的比较分析。通过比较制造商在实施企业社会责任(CSR)时三种不同权力结构下的均衡结果以及各成员企业的利润与效用,可以得出以下结论:

结论 10 当制造商实施企业社会责任战略时,对比三种不同权力结构下的均衡结果可以发现:①产品批发价格满足 $w^{SMM*} < w^{SMN*} < w^{SMS*}$;②产品零售价格和市场需求满足:若 $0 \leq b \leq \dfrac{c_m - c_r}{2}$,当 $0 \leq \theta \leq \dfrac{2k - \beta(c_m - c_r)(c_m - c_r - b)}{2k}$ 时,$p^{SMM*} > p^{SMN*} \geq p^{SMS*}$,$q^{SMM*} < q^{SMS*} \leq q^{SMN*}$;当 $\dfrac{2k - \beta(c_m - c_r)(c_m - c_r - b)}{2k} < \theta \leq 1$ 时,$p^{SMM*} > p^{SMN*} > p^{SMS*}$,$q^{SMM*} < q^{SMN*} < q^{SMS*}$;若 $\dfrac{c_m - c_r}{2} < b < c_m - c_r$,当 $0 \leq \theta \leq \dfrac{\beta(c_m - c_r)(2b - c_m - c_r)}{2k}$ 时,$p^{SMS*} \geq p^{SMM*} > p^{SMN*}$,$q^{SMS*} \leq q^{SMM*} < q^{SMN*}$,当 $\dfrac{\beta(c_m - c_r)(2b - c_m - c_r)}{2k} < \theta \leq \dfrac{2k - b\beta(c_m - c_r)(c_m - c_r - b)}{2k}$ 时,$p^{SMM*} > p^{SMS*} \geq p^{SMN*}$,$q^{SMM*} < q^{SMS*} \leq q^{SMN*}$,当 $\dfrac{2k - b\beta(c_m - c_r)(c_m - c_r - b)}{2k} < \theta \leq 1$ 时,$p^{SMM*} > p^{SMN*} \geq p^{SMS*}$,$q^{SMM*} < q^{SMN*} \leq q^{SMS*}$。③零售商单位利润满足:若 $0 \leq b \leq \dfrac{c_m - c_r}{2}$,$m^{SMS*} > m^{SMN*} >$

m^{SMM*} 恒成立；若 $\frac{c_m - c_r}{2} < b < c_m - c_r$，则当 $0 \leqslant \theta \leqslant$

$\frac{3k - \beta b(c_m - c_r - b) - \sqrt{k^2 - 2k\beta(c_m - c_r - b)^2 + \beta^2 b^2 (c_m - c_r - b)^2}}{2k}$ 时，

$m^{SMS*} > m^{SMN*} > m^{SMM*}$；当

$\frac{3k - \beta b(c_m - c_r - b) - \sqrt{k^2 - 2k\beta(c_m - c_r - b)^2 + \beta^2 b^2 (c_m - c_r - b)^2}}{2k} < \theta \leqslant 1$ 时，$m^{SMN*} >$

$m^{SMS*} > m^{SMM*}$。

证明过程与结论 1 类似，故省略。

结论 10 表明，在零售商和制造商实施企业社会责任（CSR）时，渠道权力结构对产品批发价格具有显著影响。结果表明，当零售商处于主导地位时，产品批发价格倾向于最低；而当制造商处于主导地位时，价格则更高。双方达到 Nash 均衡时，产品批发价格位于两者之间，与制造商回收模式下的情况一致。此外，零售商的零售价格、单位利润以及新产品市场需求与废旧产品回收率之间存在复杂关系，受制造商 CSR 程度和回收转移价格的影响。这表明，在考虑企业社会责任时，需要综合考虑制造商的回收政策。最后，研究强调了渠道权力结构变化对上下游企业成员决策的重要影响。选择最有利于零售商回收和考虑 CSR 的系统中的权力结构时，必须综合考虑回收转移价格、成员实施 CSR 程度等多方面因素，以确保制定最优决策。综合来看，这些结论凸显了渠道权力结构、CSR 程度和回收转移价格对上下游企业决策的复杂影响，为参与系统的各方提供了指导，并有助于他们制定最佳策略以应对不同情境。

结论 11 当制造商实施企业社会责任战略时，对比三种不同权力结构下的均衡结果可以发现：①零售商利润满足：$\pi_s^{SMS*} > \pi_s^{SMN*} > \pi_s^{SMM*}$。②制造商利润和效用满足：当 $0 \leqslant \theta \leqslant \frac{2k - \beta(c_m - c_r)(c_m - c_r - b)}{2k}$ 时，$\pi_m^{SMM*} >$

$\pi_m^{SMN*} > \pi_m^{SMS*}$，$V_m^{SMM*} > V_m^{SMN*} \geqslant V_m^{SMS*}$；当 $\frac{2k - \beta(c_m - c_r)(c_m - c_r - b)}{2k} <$

$\theta \leqslant 1$ 时，$\pi_m^{SMM*} > \pi_m^{SMS*} > \pi_m^{SMN*}$，$V_m^{SMM*} > V_m^{SMS*} \geqslant V_m^{SMN*}$。消费者剩余满足：若 $0 \leqslant b \leqslant \frac{c_m - c_r}{2}$，当 $0 \leqslant \theta \leqslant \frac{2k - b\beta(c_m - c_r)(c_m - c_r - b)}{2k}$ 时，$CS^{SMN*} \geqslant$

$CS^{SMM*} \geq CS^{SMS*}$,当 $\dfrac{b(c_m - c_r)(2b - c_m - c_r)}{2k} < \theta < \dfrac{2k - b\beta(c_m - c_r)(c_m - c_r - b)}{2k}$ 时,$CS^{SMN*} > CS^{SMS*} > CS^{SMM*}$,当 $\dfrac{2k - b\beta(c_m - c_r)(c_m - c_r - b)}{2k} < \theta \leq 1$ 时,$CS^{SMS*} > CS^{SMN*} > CS^{SMM*}$。

证明过程与结论 2 类似,故省略。

结论 11 表明,零售商回收和制造商实施企业社会责任战略(CSR)对利润分配产生显著影响。零售商在自身主导的权力结构下,不论制造商的 CSR 实施程度如何,始终能获得最大利润,而制造商在自身主导的权力结构下则始终取得最大的利润与效用。此外,消费者剩余的变化不仅与制造商实施 CSR 的程度相关,还受到制造商给予零售商回收转移价格的影响。总体而言,权力结构、CSR 实施程度和消费者剩余之间呈现出复杂而相互关联的模式,对零售商和制造商的利润及效用产生深远影响。

结论 12 当制造商实施企业社会责任战略时,对比三种不同权力结构下的均衡结果可以发现:①在制造商主导博弈的权力结构下,当 $0 \leq \theta \leq \dfrac{4k - \beta b(2c_m - 2c_r - b)}{4k}$ 时,$\pi_m^{SMM*} \geq \pi_s^{SMM*}$;当 $\dfrac{4k - \beta(c_m - c_r)^2}{4k} < \theta \leq 1$ 时,$\pi_m^{SMM*} < \pi_s^{SMM*}$。②在零售商主导博弈的权力结构下,$\pi_s^{SMS*} < \pi_m^{SMS*}$。③在 Nash 均衡博弈的权力结构下,当 $0 \leq \theta \leq \dfrac{\beta b^2}{4k}$ 时,$\pi_m^{SMN*} \geq \pi_s^{SMN*}$;当 $\dfrac{\beta b^2}{4k} < \theta \leq 1$ 时,$\pi_m^{SMN*} < \pi_s^{SMN*}$。

证明过程与结论 3 类似,故省略。

结论 12 表明,在不同的渠道结构下,制造商和零售商之间的利润分配受到企业社会责任战略(CSR)的影响。在制造商主导的渠道结构中,利润分配取决于 CSR 的实施程度:当 CSR 实施较低时,制造商通常获得更大的利润份额,而当 CSR 实施程度较高时,零售商则能获得更多利润。然而,在由零售商主导的情况下,零售商始终能够获得比制造商更多的利润,无论 CSR 程度如何。此外,在纳什均衡权力结构下,制造商和零售商之间的利润关系也受 CSR 实施程度的影响:较低程度的 CSR 使制造商处于更有利的地位,而较高程度的 CSR 则可能使零售商获得更多利润。这些结论与制造商回收模式下的研究结果一致,强调了在制定渠道结构和 CSR 策略时需要综合考虑各方利益。因此,为了实现长期可持续的商业关系,商业决策应当兼顾渠道结构和 CSR 程度,以促进企业的长期发展和成功。

(2)零售商实施社会责任战略时三种权力结构的比较分析。通过比较零售商在实施企业社会责任(CSR)时三种不同权力结构下的均衡结果以及各成员企业的利润与效用,可以得出以下结论:

结论 13 当零售商实施企业社会责任战略时,对比三种不同权力结构下的均衡结果可以发现:①产品批发价格满足 $0 \leq \theta \leq \dfrac{2k - b\beta(c_m - c_r)}{2k}$ 时,$w^{SSM*} < w^{SSN*} < w^{SSS*}$;当 $\dfrac{2k - b\beta(c_m - c_r)}{2k} < \theta \leq \dfrac{2k - \beta b^2}{2k}$ 时,$w^{SSN*} < w^{SSM*} < w^{SSS*}$。②产品零售价格和市场需求满足:若 $0 \leq b \leq \dfrac{c_m - c_r}{2}$,当 $0 \leq \theta \leq \dfrac{\beta(c_m - c_r)(c_m - c_r - 2b)}{2k}$ 时,$p^{SSM*} \geq p^{SSS*} > p^{SSN*}$,$q^{SSM*} \leq q^{SSS*} < q^{SMN*}$,当 $\dfrac{\beta(c_m - c_r)(c_m - c_r - 2b)}{2k} < \theta \leq \dfrac{2k - \beta b(c_m - c_r)}{2k}$ 时,$p^{SSS*} > p^{SSM*} \geq p^{SSN*}$,$q^{SSS*} < q^{SSM*} \leq q^{SSN*}$,当 $\dfrac{2k - \beta b(c_m - c_r)}{2k} < \theta < \dfrac{2k - \beta b^2}{2k}$ 时,$p^{SSS*} > p^{SSM*} \geq p^{SSN*}$,$q^{SSS*} < q^{SSN*} < q^{SSM*}$;若 $\dfrac{c_m - c_r}{2} < b < c_m - c_r$,当 $0 \leq \theta \leq \dfrac{2k - \beta b(c_m - c_r)}{2k}$ 时,$p^{SSS*} > p^{SSM*} \geq p^{SSN*}$,$q^{SSS*} < q^{SSM*} \leq q^{SSN*}$,当 $\dfrac{2k - \beta b(c_m - c_r)}{2k} < \theta < \dfrac{2k - \beta b^2}{2k}$ 时,$p^{SSS*} > p^{SSN*} \geq p^{SSM*}$,$q^{SSS*} < q^{SSN*} < q^{SSM*}$。③零售商单位利润满足:当 $0 \leq \theta \leq \dfrac{2k - \beta b(c_m - c_r)}{2k}$ 时,$m^{SSS*} > m^{SSN*} > m^{SSM*}$;当 $\dfrac{2k - \beta b(c_m - c_r)}{2k} < \theta < \dfrac{2k - \beta b^2}{2k}$ 时,$m^{SSS*} > m^{SSM*} > m^{SSN*}$。

证明过程与结论 1 类似,故省略。

结论 13 表明,在零售商主导的权力结构下,当零售商积极实施企业社会责任(CSR)时,产品的批发价格通常最低。但是,当 CSR 程度相对较低时,在 Nash 均衡下,批发价格却较在制造商主导情况下更低。相反地,当 CSR 程度较高时,在制造商主导的权力结构下,批发价格反而更低。这表明制造商在考虑到零售商的积极 CSR 举措时,可能会对价格进行一定程度的让步,以促进产品的流通。此外,零售价格、市场需求和废旧产品回收率之间的关系受到零售商的 CSR 程度和制造商回收价格的共同影响,这强调了在价格和市场运作方面,CSR 的程度和回收政策的制定都扮演着重要角色。对零售商单位利润的比较显示,零售商在自身主导权力结构下通常能够获得更高的利润。特别是在 CSR 程度相对较低时,Nash 均衡下的权力结构对其更为有利。然而,当 CSR 程度较高时,制造商主导的权力结构更有利于零售商。综合而言,这些结论突显了零售商在实施 CSR、权力结构和获利之间的复杂相互关系。因此,为了在市场中取得竞争优势,零售商需要认真思考如何平衡 CSR 实践、权力结构和利润目标。

结论 14 当零售商实施企业社会责任战略时,对比三种不同权力结构下的均衡结果可以发现:①制造商利润满足:$\pi_m^{SSM*} > \pi_m^{SSN*} > \pi_m^{SSS*}$。②零售商利润和效用分别满足:当 $0 \leq \theta \leq \dfrac{2k - \beta b(c_m - c_r)}{2k}$ 时,$\pi_s^{SSS*} > \pi_s^{SSN*} > \pi_s^{SSM*}$,$V_s^{SSS*} > V_s^{SSN*} > V_s^{SSM*}$;当 $\dfrac{2k - \beta b(c_m - c_r)}{2k} < \theta \leq \dfrac{2k - \beta b^2}{2k}$ 时,$\pi_s^{SSS*} > \pi_s^{SSM*} > \pi_s^{SSN*}$,$V_s^{SSS*} > V_s^{SSM*} > V_s^{SSN*}$。③消费者剩余满足:若 $0 \leq b \leq \dfrac{c_m - c_r}{2}$,当 $0 \leq \theta \leq \dfrac{\beta(c_m - c_r)(c_m - c_r - 2b)}{2k}$ 时,$CS^{SSM*} < CS^{SSS*} \leq CS^{SSN*}$,当 $\dfrac{\beta(c_m - c_r)(c_m - c_r - 2b)}{2k} < \theta \leq \dfrac{2k - \beta b(c_m - c_r)}{2k}$ 时,$CS^{SSS*} < CS^{SSM*} \leq CS^{SSN*}$,当 $\dfrac{2k - \beta b(c_m - c_r)}{2k} < \theta < \dfrac{2k - \beta b^2}{2k}$ 时,$CS^{SSS*} < CS^{SSN*} \leq CS^{SSM*}$;若 $\dfrac{c_m - c_r}{2} < b < c_m - c_r$,当 $0 \leq \theta \leq \dfrac{2k - \beta b(c_m - c_r)}{2k}$ 时,$CS^{SSS*} < CS^{SSM*} \leq CS^{SSN*}$,当 $\dfrac{2k - \beta b(c_m - c_r)}{2k} < \theta < \dfrac{2k - \beta b^2}{2k}$ 时,$CS^{SSS*} < CS^{SSN*} \leq CS^{SSM*}$。

证明过程与结论 2 类似,故省略。

结论 14 表明,在零售商自身主导的权力结构下,无论其采取何种程度的 CSR 举措,制造商始终能够获得最大的利润,其次是达到纳什均衡的情况,而制造商在零售商主导时的利润最小。此外,零售商在自身主导权力结构下,无论实施 CSR 的程度如何,都能够获得最大的利润和效用。然而,当零售商的 CSR 实施程度较低时,相对于制造商主导的权力结构,零售商在纳什均衡状态下的利润和效用更大;而当 CSR 实施程度较高时,则在制造商主导的权力结构下,利润和效用更大。综合考虑零售商 CSR 实施程度和回收转移价格的双重影响,是确保社会福利最大化的关键因素,以此最大化消费者剩余。这些发现突显了在零售业中权力结构对于 CSR 影响的复杂性,强调了需要综合考虑不同因素来促进社会福利的最大化。

结论 15 当零售商实施企业社会责任战略时,对比三种不同权力结构下的均衡结果可以发现:① 在制造商主导博弈的权力结构下,$\pi_m^{SSM*} > \pi_s^{SSM*}$。② 在零售商主导博弈的权力结构下,当 $0 \leqslant \theta \leqslant \dfrac{4k - \beta(c_m - c_r)^2}{4k}$ 时,$\pi_m^{SSS*} \leqslant \pi_s^{SSS*}$;当 $\dfrac{4k - \beta(c_m - c_r)^2}{4k} < \theta \leqslant 1$ 时,$\pi_m^{SSS*} > \pi_s^{SSS*}$。③ 在 Nash 均衡博弈的权力结构下,$\pi_m^{SSN*} > \pi_s^{SSN*}$。

证明过程与结论 3 类似,故省略。

结论 15 表明,在企业的上下游系统中,当制造商主导或处于 Nash 均衡的权力结构下,零售商实施企业社会责任战略(CSR)时,未实施 CSR 的制造商通常能够获得更多的利润。然而,当零售商拥有主导地位并且其 CSR 实施程度较低时,零售商的利润将高于制造商;相反,如果零售商实施 CSR 的程度较高,那么其获得的利润将少于制造商。这表明,只有在零售商处于主导地位并且实施 CSR 程度相对较低时,零售商才可能获得比其他成员更多的利润,这可能减弱了零售商实施 CSR 的积极性。为了确保企业上下游系统的稳定和有效运行,建议那些未实施 CSR 的企业成员应将因为"搭便车"而获得的一部分利润分享给实施 CSR 的企业成员。这种共享利润的做法可以促使更多的企业参与 CSR,从而增强整个系统的可持续性。这些结论突显了在企业上下游系统中实施 CSR 的复杂性,并提出了共享利润的方法,以鼓励更多企业参与 CSR,从而增强系统的可持续性。

3. 不同权力结构下的社会责任战略实施策略分析

结论 16 在制造商主导博弈的权力结构下,① $w^{SMM*} < w^{SSM*}$, $p^{SMM*} > p^{SSM*}$, $q^{SMM*} < q^{SSM*}$, $r_s^{SMM*} < r_s^{SSM*}$;② $\pi_m^{SMM*} < \pi_m^{SSM*}$, $\pi_s^{SMM*} < \pi_s^{SSM*}$, $\pi_t^{SMM*} < \pi_t^{SSM*}$, $V_s^{SMM*} < V_s^{SSM*}$, $CS^{SMM*} < CS^{SSM*}$。

结论 16 表明,在制造商主导的权力结构下,相较于制造商实施企业社会责任战略(CSR),零售商在实施 CSR 时带来了多方面积极效果。零售商的新产品零售价格更低,市场需求扩大,废品回收水平更高,同时制造商和零售商在对方实施 CSR 时均获得更多利润。从系统整体利润和社会福利最大化的角度看,零售商实施 CSR 模式更有利,而消费者剩余也更大。综合而言,从产品价格、市场需求、废品回收、系统利润和社会福利等多个角度来看,零售商实施 CSR 的效果明显优于制造商。

结论 17 在零售商主导博弈的权力结构下,① $w^{SMS*} < w^{SSS*}$, $p^{SMS*} < p^{SSS*}$, $q^{SMS*} > q^{SSS*}$, $r_s^{SMS*} > r_s^{SSS*}$;② $\pi_m^{SMS*} < \pi_m^{SSS*}$, $\pi_s^{SMS*} > \pi_s^{SSS*}$, $\pi_t^{SMS*} > \pi_t^{SSS*}$, $V_s^{SMS*} > V_s^{SSS*}$, $CS^{SMS*} > CS^{SSS*}$。

结论 17 表明,在零售商主导的权力结构下,制造商实施企业社会责任(CSR)模式相比其他方式更为有利。首先,从降低产品零售价格的角度来看,制造商能够通过采取 CSR 措施来降低产品生产成本,从而提高产品的竞争力。其次,CSR 有助于提升产品的认可度和市场形象,从而吸引更多的消费者,进而扩大市场需求。再次,通过实施 CSR,制造商能够建立更完善的废旧产品回收体系,提高回收效率和规模,进而减少资源浪费。从次,CSR 也有助于提升产品质量和品牌形象,促进销售量和利润的提升,从而增加整体系统的利润。最后,通过减少环境污染、改善劳工条件等社会问题,CSR 有助于提升整体社会福利水平。因此,无论是从降低产品零售价格、扩大市场需求、提高废旧产品回收水平,还是增加系统总利润以及提高社会福利的角度来看,制造商实施 CSR 模式都表现出更为积极的效果。

结论 18 在 Nash 均衡博弈的权力结构下,① $w^{SMN*} < w^{SSN*}$, $p^{SMN*} = p^{SSN*}$, $q^{SMN*} = q^{SSN*}$, $r_s^{SMN*} = r_s^{SSN*}$;② $\pi_m^{SMN*} < \pi_m^{SSN*}$, $\pi_s^{SMN*} > \pi_s^{SSN*}$, $\pi_t^{SMN*} = \pi_t^{SSN*}$, $V_s^{SMN*} = V_s^{SSN*}$, $CS^{SMN*} = CS^{SSN*}$。

结论 18 表明,在制造商和零售商之间达到 Nash 均衡的权力结构下,企业社会责任(CSR)的实施方式并不会对产品的零售价格、市场需求或者废旧产品回收水平产生任何影响。这意味着,无论是采取哪种 CSR 实施策略,产品的价格和市场需求都不会受到影响,废旧产品的回收水平也不会改变。此外,两种不同的 CSR 实施模式下,系统的总利润、总效用以及消费者剩余都保持不变。尽管如此,这两种模式可能会对制造商和零售商的利润产生影响,与制造商进行回收时得出的结论一致。因此,总体而言,在制造商和零售商之间处于纳什均衡的权力结构下,CSR 实施主体的不同并不会改变产品的零售价格、市场需求或者废旧产品回收水平。但是,这两种不同的 CSR 实施方式可能会对双方的利润产生影响,而系统的总利润、总效用以及消费者剩余则保持不变。

对比三种渠道权力结构下的最优企业社会责任战略(CSR)决策发现,在企业的上下游系统中,跟随者在实施企业社会责任方面的表现往往优于主导者。这种实践在产品市场表现和社会声誉等方面都取得了显著成绩。然而,尽管跟随者在 CSR 方面取得了成功,他们仍然面临着自身利润较低的劣势,并且在实施 CSR 时需要更多地让利于其他利益相关者,导致利润进一步下降。因此,渠道跟随者需要谨慎权衡 CSR 的程度,以确保不仅有利于自身利益,还有利于整个上下游系统的稳定运作。与此同时,无论市场中是否存在渠道主导者,每个企业都追求利润最大化。研究显示,即使是主导者也希望其他成员企业实施 CSR,因为这有助于为整个生态系统带来更多的利润。因此,对于渠道跟随者而言,平衡 CSR 实施程度与利润之间的关系至关重要。他们需要确保在追求利润最大化的同时,不损害企业及整个上下游系统的稳定运作。

(五)数值模拟分析

下文依然通过数值模拟对上述结论进行分析和验证,具体参数设置符合上述假设,设需求函数为 $q = 260 - 2p$,$c_m = 50$,$c_r = 20$,$k = 4000$。

在这一小节中,首先对制造商与零售商分别实施企业社会责任战略(CSR)的程度进行分析。制造商实施 CSR 程度 θ 及回收转移价格 b 对不同权力结构下均衡结果的影响如图 7-7 所示;零售商实施 CSR 程度 θ 及回收转移价格 b 对不同权力结构下均衡结果的影响如图 7-8 所示。

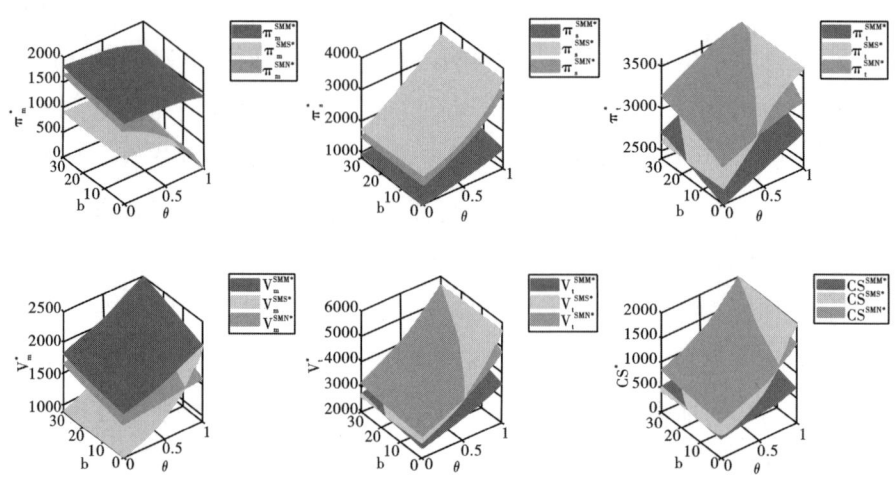

图 7-7 制造商实施 CSR 程度 θ 及回收转移价格 b 对不同权力结构下均衡结果的影响

由图 7-7 可知，制造商加强企业社会责任战略（CSR）在多个方面产生积极影响，包括提升效用、增加零售商利润、促进系统总利润的增长、增加总体效用以及增加消费者剩余。然而，需要注意的是，制造商自身的利润并没有在大多数情况下获得实质性的增益。比较不同权力结构下的情况表明，当零售商处于主导地位时，他们能够获得更高的利润；而当制造商主导时，零售商的利润最低，而 Nash 均衡状态则处于中间位置。另外，发现制造商在自身主导时获得更高的利润和效用，而在 Nash 均衡状态下，采用较低程度的 CSR 策略更为有利。进一步地分析揭示了 CSR 程度对不同权力结构的影响。具体来说，当制造商实施较低程度的 CSR 时，Nash 均衡状态有助于整体系统获得更大的利润、效用以及消费者剩余。但当制造商实施较高程度的 CSR 时，零售商主导的权力结构则更有利于制造商。这项综合分析为我们提供了深入了解在不同情境下 CSR 对各方利益的影响的重要洞察。对决策者而言，这些洞察可为他们制定和调整 CSR 实施策略提供有价值的参考。

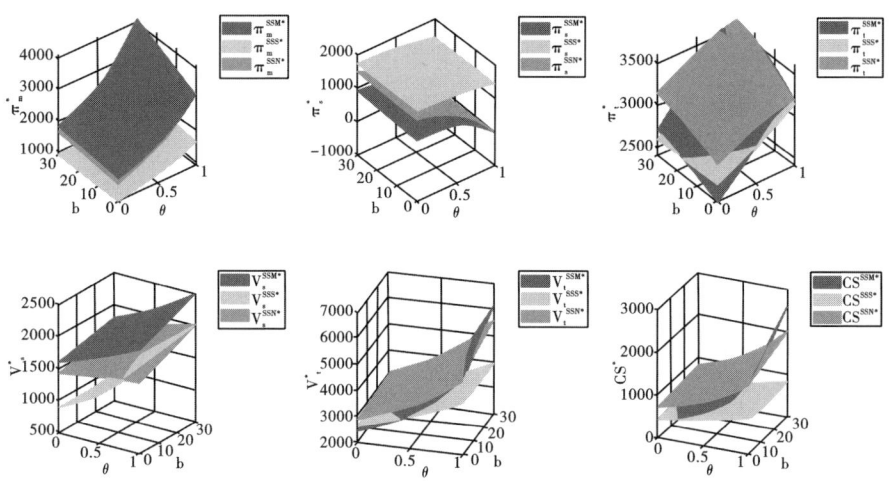

图 7-8　零售商实施 CSR 程度 θ 及回收转移价格 b 对不同权力结构下均衡结果的影响

通过对图 7-8 的分析可知,不论零售渠道的权力结构如何,提高零售商的 CSR 实践对整个系统都具有积极作用,包括增加制造商利润、系统整体总利润、总效用以及提升消费者剩余。然而,值得注意的是,这种 CSR 实践水平的提高对零售商自身利润的影响并不显著,甚至可能是负面的。此外,研究发现,制造商主导的权力结构能够使其获得最大的利润,而零售商主导的情况下制造商的利润最小。对于零售商而言,拥有自身主导地位的权力结构对其利润和效用的最大化最为有利。虽然在大多数情况下,整个系统的总体利润、总体效用以及消费者剩余在 Nash 均衡的权力结构下达到最大化,但在某些情况下,制造商主导的结构可能更有利。总体而言,对于整个系统而言,零售商主导的权力结构是最不利的,这一结论为企业在制定 CSR 策略和权力结构时提供了重要的见解和指导。

此外,进一步比较成员企业利润与效用在三种权力结构下的关系,发现制造商在其自身主导下通常能够获得最大利润,而零售商主导时的利润较小。对零售商实施企业社会责任(CSR)的程度进行考察发现,当其 CSR 实践较低时,其利润和效用相对受到较大影响,而实施较高水平的 CSR 时,则在制造商主导的权力结构下获得更大的利润和效用。最终的分析突出了在供应链中实现权力平衡的重要性,因为在 Nash 均衡的权力结构下,系统的总利润、总效用以及消费者剩余通常达到最大化。这一研究为企业制定 CSR 策略和权力结构提供了全面的指导,强调了需要综合考虑各种因素以确保整个系统的利益最大化。

第八章
对策建议及管理启示

随着社会的不断发展和企业的日益全球化,企业社会责任(CSR)已经成为商业领域不可忽视的重要议题。企业在追求经济效益的同时,还需要考虑其在社会和环境方面的影响,积极承担社会责任。下面将针对政府、企业和消费者层面对企业提出一系列建议,以促使企业可以全面地履行社会责任。

一、政府层面

为推动企业社会责任的可持续发展,建议政府采取一系列措施。首先,通过制定法规,要求企业在整个上下游中考虑社会和环境可持续性,包括原材料采购、生产回收、物流等各个环节,形成更加负责任和可持续的商业模式。其次,政府可实施激励政策,如税收优惠,以鼓励企业更积极地投入社会福利和公益事业,从而提高企业社会声誉。在员工权益方面,政府可以推动企业建立健全的员工培训机制、提供多元福利计划,确保员工的工作环境安全卫生,从而提高员工的满意度和忠诚度。同时,政府可通过奖励制度鼓励企业推出绿色产品和服务,促使绿色技术的广泛应用,推动整个行业向环保方向发展。最后,为确保科技发展符合社会价值和伦理规范,政府可倡导企业在技术创新中考虑伦理和社会责任,并制定相关技术伦理框架,以确保技术的安全、公平和透明。此外,政府应提倡企业加强数字隐私保护,确保客户和员工的个人信息安全。这一综合框架有助于实现企业社会责任的可持续发展目标,提高社会福祉,同时确保企业在其经营中充分考虑社会和环境的因素。

二、企业层面

从企业角度看，可从制造商和零售商两方面进行分析。在制定企业社会责任战略时，制造商应首先积极贯彻废弃产品回收的管理条例，将生产者责任延伸为回收责任。除了与零售企业密切协作构建回收渠道外，制造商还可与社会企业或非政府组织合作，以扩大废弃产品回收网络。同样重要的是，制造商需要投资研究和发展创新技术，以提高废弃产品的回收率和资源再利用率。这包括设计易于拆解和回收的产品，采用环保材料，并引入先进的回收工艺。

从零售商的角度来看，除了积极参与制造商的回收计划外，零售商应该利用其与消费者近距离接触的地理优势，提高消费者的环保意识。零售商可以通过推动可持续消费教育，提供关于环保选择的信息，并通过促销活动激励消费者参与回收计划。在履行制造商提出的协调契约时，零售商可以与制造商共同设定可持续发展的 CSR 目标，并建立定期的沟通机制，以确保整个上下游系统的利益最大化。

制造商和零售商应该在企业上下游系统的各个环节建立紧密合作，形成一个共同推动可持续发展的联盟。通过这种协同努力，这些企业可以在履行社会责任的同时，为员工、商业伙伴、消费者以及政府等多个维度创造价值，为可持续发展做出积极贡献。

三、消费者层面

消费者在促使企业实施社会责任方面也发挥着至关重要的作用。首先，通过有意识地选择支持实施社会责任的企业，消费者可以通过购买行为直接表达对这些企业的支持。同时，了解企业的社会责任政策和实践，可以使消费者更加明智地做出购买决策。通过积极参与企业组织的社会活动，如环保宣传、废品回收等，消费者可以在个体层面贡献社会责任的力量。此外，通过分享所了解到的企业社会责任信息，消费者可以在社交媒体等平台上扩大对社会责任实践的影响力，激发更广泛的社会关注。选择购买可持续发展的产品，如使用环保材料、易于回收的产品，也是消费者在影响企业社会责任方面的一种有力方式。通过这些行为,消费者可以共同推动企业更积极地履行社会责任,共同努力创造一个更加可持续、环保和富有社会责任的商业环境。

参考文献

[1] 李占峰. 社会现代化进程中国有企业社会责任研究[D]. 华东理工大学,2011.

[2] 殷格非. 中国式现代化与中国特色企业社会责任[J]. 可持续发展经济导刊,2023(6):41-44.

[3] 邱子键. 第三次分配:困境、完善与实现:基于企业社会责任的重构[J]. 当代经济管理,2022,44(9):23-29.

[4] 李海舰,杜爽. 企业社会责任与共同富裕关系研究[J]. 东南学术,2022(5):125-140,247.

[5] 李钧. 企业社会责任与经营绩效:动态能力的中介效应[J]. 学术论坛,2022,45(3):48-59.

[6] 朱锦程,李亚洲. 中国式现代化背景下文旅企业伦理责任探析:基于江苏文旅企业伦理责任与社会责任关联视角的考察[J]. 江苏师范大学学报(哲学社会科学版),2023,49(6):94-103.

[7] 韩奉璋,吴泗宗. 绿色发展与企业管理观念的更新[J]. 江苏行政学院学报,2017(6):41-46.

[8] 刘乐. 企业社会责任与"一带一路"建设[J]. 当代亚太,2023(5):35-70,166-167.

[9] 祝继高,王谊,汤谷良. "一带一路"倡议下中央企业履行社会责任研究:基于战略性社会责任和反应性社会责任的视角[J]. 中国工业经济,2019(9):174-192.

[10] 周梓洵,张闫龙,周欣雨. 企业结对帮扶能助力县域经济增长吗:来自扶贫工作信息披露准自然实验的证据[J]. 中国农村经济,2023(10):49-66.

[11] 侯井榕. 中央企业社会责任促进民族团结进步:基于广西百色华润希望

小镇的个案分析[J].广西民族研究,2023(3):24-36.

[12] 肖红军,阳镇.共益企业:社会责任实践的合意性组织范式[J].中国工业经济,2018(7):174-192.

[13] 肖红军,阳镇,商慧辰.混合型组织:概念与类别再探究[J].外国经济与管理,2022,44(1):84-104.

[14] 肖红军,阳镇,商慧辰.混合型组织生成的范式解构:创生式与转化式的多向演绎[J].上海财经大学学报,2022,24(1):76-91.

[15] 肖红军,阳镇,王欣.央地产业政策协同、企业社会责任与企业绿色技术创新[J].中山大学学报(社会科学版),2023,63(1):177-193.

[16] 肖红军,阳镇,凌鸿程.企业社会责任具有绿色创新效应吗[J].经济学动态,2022(8):117-132.

[17] 赵天骄,肖翔,姜钰羡.企业社会责任与企业投资水平:基于企业生命周期的视角[J].北京理工大学学报(社会科学版),2019,21(6):107-115.

[18] 肖翔,赵天骄,贾丽桓.社会责任信息披露与融资成本[J].北京工商大学学报(社会科学版),2019,34(5):69-80,103.

[19] 赵天骄,肖翔,张冰石.利益相关者网络特征与民营企业社会责任绩效[J].管理学报,2019,16(3):397-407.

[20] 赵天骄,肖翔,张冰石.企业社会责任对资本配置效率的动态影响效应:基于公司治理视角的实证研究[J].山西财经大学学报,2018,40(11):66-80.

[21] 刘建秋,宋献中.契约理论视角下企业社会责任的层次与动因:基于问卷调查的分析[J].财政研究,2012(6):68-71.

[22] 刘建秋,宋献中.企业社会责任契约的层次、范围与边界研究:基于可持续发展背景[J].河北经贸大学学报,2011,32(6):37-42.

[23] 姚梦迪,谭明方.新金字塔:企业社会责任的内容与层次[J].中南民族大学学报(人文社会科学版),2024(1):1-8.

[24] 吴畏,葛建华.分析师关注、员工社会比较与企业慈善捐赠[J].当代财经,2024(3):1-15.

[25] 曾润喜,汤雨佳.企业社会责任助推文化传媒企业经济价值提升的理论逻辑与作用机制[J].出版广角,2023(10):25-30,36.

[26] 舒欢,李晴岚.企业社会责任如何影响企业价值:以房地产上市公司为例[J].统计与决策,2022,38(24):169-173.

[27] 刘刚,唐寅,殷建瓴.分析师关注度视角下企业社会责任对绩效的影响机理:基于机器学习与文本分析的研究[J].中国软科学,2024(2):156-166.

[28] 周梓洵,张闫龙,周欣雨.企业结对帮扶能助力县域经济增长吗:来自扶贫工作信息披露准自然实验的证据[J].中国农村经济,2023(10):49-66.

[29] 姚海鑫,王选乔,王鹏.社会责任信息披露提升高管薪酬契约有效性研究:基于信息披露的监督治理效应[J].管理学刊,2023,36(2):80-98.

[30] 周翔,张武康.油气行业企业社会责任与企业绩效关系实证研究[J].西安财经大学学报,2021,34(6):108-117.

[31] 张雪,韦鸿.企业社会责任、技术创新与企业绩效[J].统计与决策,2021,37(5):157-161.

[32] 陈景岭.可持续发展中企业环境责任与社会责任行为的跨期特征研究[J].城市与环境研究,2023(4):94-104.

[33] 肖红军,阳镇.可持续性商业模式创新:研究回顾与展望[J].外国经济与管理,2020,42(9):3-18.

[34] 吴满意.从美国生物技术企业市场定价得到的管理启示[J].生产力研究,2008(1):103-105.

[35] 刘泱,赵曙明.价值观、文化管理与企业领导行为[J].改革,2015(8):96-102.

[36] 张新民.负债与股东权益:企业的资本引入战略[J].财务与会计,2015(21):24-27.

[37] 王秀丽,张新民.企业利润结构的特征与质量分析[J].会计研究,2005(9):63-68,96.

[38] 郭砚君,祁大伟.基于自组织理论的企业领导模式创新研究[J].现代管

理科学,2016(7):103-105.

[39] 郭砚君,祁大伟.企业发展战略的思考:新境遇下的回应机制[J].现代管理科学,2015(10):76-78.

[40] 王艳冬.强化现代企业信息资源管理的战略思考[J].天津大学学报(社会科学版),2008(5):401-404.

[41] 马新智,郑石桥.民营企业战略管理现状与原因的实证分析[J].统计与决策,2010(22):179-181.

[42] 杨娟.企业知识问题的战略分析:以提高核心竞争力为导向[J].图书情报工作,2006(11):39-42.

[43] 丁玲,吴金希.企业生态位演化研究:联想跨国并购案例[J].科研管理,2019,40(10):151-160.

[44] 姜忠辉,赵伟.企业竞争优势研究范式的比较分析[J].商业研究,2010(7):90-95.

[45] 朱廷柏,李宁.竞争优势:公司治理与战略管理互动的视角[J].经济体制改革,2005(5):44-47.

[46] 刘献君,陈志忠.论战略管理与大学发展[J].高等教育研究,2016,37(3):13-20.

[47] 张子刚,程志勇.平衡计分卡(BSC)在战略管理中的应用研究[J].科技管理研究,2005(1):125-128.

[48] 王是,王津成,石巍.试论技术创新与企业战略[J].科学管理研究,2004(6):26-28.

[49] 徐鸣雷,栾庆伟.基于BSC的企业战略实施控制指标体系研究[J].科学学与科学技术管理,2004(7):142-144.

[50] 殷格非,李伟阳,吴福顺.中国企业社会责任发展的阶段分析[J].WTO经济导刊,2007(Z1):98-102.

[51] 殷格非,于志宏,赵钧.中国CSR推进"五位一体"模式[J].WTO经济导刊,2014(8):53-55.

[52] 华惠毅.企业的社会责任:访南化公司催化剂厂[J].瞭望周刊,1985(38):21-22.

[53] 谢军,苏勇.论跨国公司的社会责任[J].天府新论,2006(6):40-44.

[54] 黄群慧,刘晶晶.中国企业管理研究会动态:2006年会长、理事长工作在京召开[J].经济管理,2006(12):96.

[55] 袁家方.企业社会责任[M].北京,海洋出版社,1990.

[56] 殷格非,管竹笋,贾丽.新纪元的开启:中国企业社会责任发展历程研究(1978—2019)(三)[J].可持续发展经济导刊,2020(3):53-56.

[57] 马博,辛春林.企业社会责任的演变:企业社会责任思想的起源与发展之一[J].化工管理,2012(3):86-88.

[58] 崔新健.企业社会责任概念的辨析[J].社会科学,2007(12):28-33.

[59] 卢代富.国外企业社会责任界说述评[J].现代法学,2001(3):137-144.

[60] 郑若娟.西方企业社会责任理论研究进展:基于概念演进的视角[J].国外社会科学,2006(2):34-39.

[61] 王秋丞.商业企业的社会责任[J].江苏商业管理干部学院学报,1987(2):21-23.

[62] 徐淳厚.试论商业企业的社会责任[J].经济纵横,1987(9):44-47.

[63] 吴克烈.企业社会责任初探[J].企业经济,1989(8):7-11.

[64] 董慧.企业伦理责任:企业伦理学的基础和核心[J].理论月刊,2001(7):30-31.

[65] 萧瀚.全球化视野中的企业伦理:读《有约束力的关系:对企业伦理学的一种社会契约论的研究》[J].开放时代,2002(2):130-133.

[66] 托马斯·唐纳森,托马斯·邓菲.有约束力的关系:对企业伦理学的一种社会契约论的研究[M].上海社会科学院出版社,2001.

[67] 齐丽云,苏爽.中国石油的企业社会责任演进过程:基于组织意义建构和制度整合视角的案例研究[J].管理案例研究与评论,2018,11(6):565-576.

[68] 陈佳贵.新中国管理学60年[M].北京:中国财政经济出版社,2009.

[69] 苏勇,刘国华.中国管理学发展进程:1978—2008[J].经济管理,2009(1):164-172.

[70] 张晓东.中国管理发展报告[M].北京:社会科学文献出版社,2015.

[71]夏文澜.企业战略内涵刍议[J].现代经济信息,2018(1):113.

[72]迈克尔·波特.竞争战略[M].李明轩,邱如美,译.北京:中信出版社,2014.

[73]潘俊贤.重塑战略定位[M].北京:新华出版社,2016.

[74]裴中阳.战略定位[M].北京:中国经济出版社,2014.

[75]约翰 R.韦尔斯.战略的智慧:经典版[M].王洋,译.北京:机械工业出版社,2018.

[76]唐东方.战略规划三部曲[M].北京:中国经济出版社,2013.

[77]黄信灶,行金玲.波士顿矩阵在区域产业选择中的应用[J].经济研究导刊,2008(2):158-159.

[78]丁家云,谭艳华.管理学[M].合肥:中国科学技术大学出版社,2008.

[79]海因茨·韦里克,哈罗德·孔茨.管理学:全球化视角[M].英文影印版.北京:经济科学出版社,2005.

[80]乔治·恩德勒.公司社会责任究竟意味着什么?[N].文汇报.2006-02-19.

[81]李晓琳.中国特色国有企业社会责任论[D].吉林大学,2015.

[82]王蕙.我国国有企业履行社会责任问题研究[D].上海师范大学,2019.

[83]肖红军,阳镇.中国企业社会责任40年:历史演进、逻辑演化与未来展望[J].经济学家,2018(11):22-31.

[84]郭洪涛.国有企业经济目标和社会目标间的权衡:基于企业社会责任发展历程的分析[J].现代经济探讨,2012(3):10-13.

[85]宋旭.所有权性质、政治关联与中国企业社会责任履行[D].西北大学,2017.

[86]肖红军.国有企业社会责任的发展与演进:40年回顾和深度透视[J].经济管理,2018,40(10):5-26.

[87]兰小欢.置身事内:中国政府与经济发展[M].上海人民出版社,2021.

[88]沈志渔,刘兴国,周小虎.基于社会责任的国有企业改革研究[J].中国工业经济,2008(9):141-149.

[89]徐侠侠,岑道权,司成铭.我国企业社会责任的历史演变过程[J].阿坝

师范学院学报,2016,33(4):28-30.

[90] 王海兵,杨蕙馨.中国民营经济改革与发展40年:回顾与展望[J].经济与管理研究,2018(4):3-14.

[91] 陈永杰.2006年中国民营经济发展分析[J].中国工业经济,2007(11):15-22.

[92] 郭朝先.民营经济发展30年[J].中国工运,2009(2):45-53.

[93] 习近平.关于《中共中央关于全面深化改革若干重大问题的决定》的说明[J].求是,2013(22):19-27.

[94] 殷格非.国有企业如何更好履行社会责任?[J].WTO经济导刊,2016(8):40-42.

[95] 王国忠.美国企业社会责任实践的经济效果分析[D].吉林大学,2013.

[96] 田雪莹,叶明海.企业慈善捐赠行为的研究综述:现实发展和理论演进[J].科技与经济,2009,22(1):60-63.

[97] 刘晋飞.内部治理、盈利能力和成长能力与企业社会责任的实证研究:基于我国电力行业上市公司的经验数据[J].上海管理科学,2013,35(4):69-75.

[98] 余锋.共创城市可持续发展 助力中国"双碳"目标[J].世界环境,2022(4):26-29.

[99] 邓泽宏.国外非政府组织与企业社会责任监管:以美国、欧盟的NGO为考察对象[J].求索,2011(11):51-53.

[100] 章竞.企业社会责任视角下的公司治理完善研究[D].福建师范大学,2013.

[101] 陈志军,闵亦杰.家族控制与企业社会责任:基于社会情感财富理论的解释[J].经济管理,2015(4):42-50.

[102] 王建明.环境信息披露、行业差异和外部制度压力相关性研究:来自我国沪市上市公司环境信息披露的经验证据[J].会计研究,2008(6):54-62.

[103] 刁芸菲.企业社会责任履行、媒体关注与精准扶贫:基于上市公司的实证分析[J].理论数学,2023,13(10):2825-2837.

[104] 黄擎,唐睿婷,杨宝.国有企业促进全体人民共同富裕的"五个关键路径"[J].航空财会,2023,5(5):37-41.

[105] 李锦.加快做强做优做大国有企业推进共同富裕[J].现代国企研究,2021(12):62-67.

[106] 张林刚,施小维,熊焰.海外背景董事对企业社会责任缺失行为的改善作用[J].哈尔滨商业大学学报(社会科学版),2020(1):34-49.

[107] 卫武,夏清华,贺伟,等.企业的可见性和脆弱性有助于提升对利益相关者压力的认知及其反应吗?[J].管理世界,2013(11):101-117.

[108] 张钢,张小军.企业绿色创新战略的驱动因素:多案例比较研究[J].浙江大学学报(人文社会科学版),2014,44(1):113-124.

[109] 卞雅莉.环境创新动因、创新战略与企业经济绩效[J].科技进步与对策,2013,30(16):79-84.

[110] 潘奇.企业慈善捐赠的形成机制及其价值机理研究[D].浙江大学,2011.

[111] 谢梦珍.企业社会责任与经济平稳、可持续增长问题探讨[J].商业时代,2011(5):80-81.

[112] 刘宝.企业社会责任与企业竞争力:兼论从微观、中观、宏观三个层面共同推进企业社会责任竞争力[J].四川经济管理学院学报,2010(2):3-6.

[113] 李健.温州民营企业社会责任的内部效应及外部影响因素[J].温州职业技术学院学报,2013(1):12-15.

[114] 薛天山.企业社会责任的动力机制研究:经济驱动抑或制度推进[J].软科学,2016(8):88-91.

[115] 杨树旺,孟楠.经济发展水平、公司治理与企业社会责任信息披露:来自中国上市公司的经验证据[J].湖北社会科学,2016(1):80-84.

[116] 周中胜,何德旭,李正.制度环境与企业社会责任履行:来自中国上市公司的经验证据[J].中国软科学,2012(10):59-68.

[117] 陶莹,董大勇.制度环境与企业社会责任信息披露关系的实证研究[J].中国注册会计师,2013(12):63-68.

[118] 殷红.媒体监督、媒体治理与企业社会责任:伊利股份产品质量问题案例分析[J].财会通讯,2015(19):12-15.

[119] 靳小翠.制度背景影响企业社会责任的实证研究[J].财政监督,2016(3):93-98.

[120] 何丹,汤婷,陈晓涵.制度环境、机构投资者持股与企业社会责任[J].投资研究,2018,37(2):122-146.

[121] 王晶晶,范飞龙.企业社会责任的经济学分析[J].皖西学院学报,2003(3):52-56.

[122] 陈定洋,郝欣富,唐华.制度环境变迁与中国企业社会责任路径[J].中国人口·资源与环境,2011(8):49-54.

[123] 沈奇泰松,蔡宁,孙文文.制度环境对企业社会责任的驱动机制:基于多案例的探索分析[J].自然辩证法研究,2012(2):113-119.

[124] 刘敏.外部压力、公司绩效与社会责任信息披露[D].辽宁大学,2012.

[125] 陶莹,董大勇.制度环境与企业社会责任信息披露关系的实证研究[J].中国注册会计师,2013(12):63-68.

[126] 马胡杰,徐泰玲,石岿然.社会资本、制度环境与企业社会责任:基于2009—2011年A股上市公司面板数据[J].首都经济贸易大学学报,2013,15(3):85-94.

[127] 张胜荣,汪兴东.法律法规、政府干预、民间组织对企业社会责任行为的影响及对策建议:基于225个农业企业样本的实证研究[J].西部经济管理论坛,2014,25(1):1-7.

[128] 邹洁,武常岐.制度理论视角下企业社会责任的选择性参与[J].经济与管理研究,2015,36(9):110-120.

[129] 徐超,陈继祥.战略性企业社会责任的评价[J].上海企业,2005(5):21-23.

[130] 陈明,刘跃所.企业责任型战略的界定与实施方略[J].企业研究,2006(5):69-71.

[131] 张秀玉.企业战略管理[M].北京:北京大学出版社,2002.

[132] 翟华云.预算软约束下外部融资需求对企业社会责任披露的影响[J].

中国人口·资源与环境,2010,20(9):111-117.

[133]孙健,王百强,曹丰,等.公司战略影响盈余管理吗[J].管理世界,2016(3):160-169.

[134]沈泽.基于消费者视角的企业社会责任对企业声誉的影响研究:三个行业的比较分析[D].浙江大学,2006.

[135]刘靓.企业声誉的构成及其驱动因素测量研究[D].浙江大学,2005.

[136]任巧巧.企业的社会责任与企业声誉[J].经济管理,2005(19):16-20.

[137] CARSON T. Friedman's theory of corporate socialresponsibility[J]. Business & Professional Ethics Journal,1993:3-32.

[138] HERZIG C,MOON J. Discourses on corporate social ir/responsibility in the financialsector[J]. Journal of Business Research, 2013, 66 (10): 1870-1880.

[139] HILL R P,AINSCOUGH T,SHANK T,et al. Corporate social responsibility and socially responsible investing: A global perspective[J]. Journal of business ethics,2007,70:165-174.

[140] SMITH A D. Making the case for the competitive advantage of corporate socialresponsibility[J]. Business Strategy Series,2007,8(3):186-195.

[141] FRIEDMAN M. The Social Responsibility of Business is to Increase itsProfits[J]. 1970.

[142] FREEMAN R E. Strategic management: A stakeholderapproach[M]. Cambridge university press,2010.

[143] AFSAR B, UMRANI W A. Corporate social responsibility and pro-environmental behavior at workplace: The role of moral reflectiveness, coworker advocacy, and environmental commitment[J]. Corporate Social Responsibility and Environmental Management,2020,27(1):109-125.

[144] FIESELER C. On the corporate social responsibility perceptions of equity analysts[J]. Business Ethics: A European Review, 2011, 20 (2): 131-147.

[145] ELKINGTON J,ROWLANDS I H. Cannibals with forks: The triple bottom

line of 21st centurybusiness[J]. Alternatives Journal,1999,25(4):42.

[146] ARCHIE B. Carroll. Corporate Social Responsibility: Evolution of a Definitional Construct[J]. Business and Society,SAGE Publications Inc,1999,38(3):268-295.

[147] AMO-MENSAH,M. and TENCH,R. "Transnational Corporate Social Responsibility: Fact, Fiction or Failure?", The Critical State of Corporate Social Responsibility in Europe (Critical Studies on Corporate Responsibility, Governance and Sustainability, Vol. 12), Emerald Publishing Limited,Leeds,2018,139-159.

[148] WOROKINASIH S, ZAINI M L Z B M. The mediating role of corporatesocial responsibility (CSR) disclosure on good corporate governance (GCG) and firm value. A technical note[J]. Australasian Accounting,Business and Finance Journal,2020,14(1):88-96.

[149] MARIĆ S,BERBER N,SLAVIĆ A,et al. The Mediating Role of Employee Commitment in the Relationship Between Corporate Social Responsibility and Firm Performance in Serbia[J]. SAGE Open,2021,11(3).

[150] BARROW C J. Social impact assessment: anintroduction [J]. (No Title),2000.

[151] NIELSEN A E, THOMSEN C. Corporate social responsibility (CSR) management and marketing communication: Research streams and themes [J]. Hermes – Journal of Language and Communication in Business, 2012 (49):49-65.

[152] RAZA A,FARRUKH M,IQBAL M K,et al. Corporate social responsibility andemployees' voluntary pro-environmental behavior: The role of organizational pride and employee engagement[J]. Corporate Social Responsibility and Environmental Management,2021,28(3):1104-1116.

[153] MCGUIRE J B, SUNDGREN A, SCHNEEWEIS T. Corporate social responsibility and firm financialperformance[J]. Academy of management Journal,1988,31(4):854-872.

[154] FREDERICK W C. From CSR1 to CSR2: The maturing of business-and-societythought[J]. Business & society, 1994, 33(2): 150-164.

[155] MOHR L A, WEBB D J, HARRIS K E. Do consumers expect companies to be socially responsible? The impact of corporate social responsibility on buying behavior[J]. Journal of Consumer affairs, 2001, 35(1): 45-72.

[156] MOIR L. What do we mean by corporate social responsibility? [J]. Corporate Governance: The international journal of business in society, 2001, 1(2): 16-22.

[157] SCHWARTZ M S, CARROLL A B. Corporate social responsibility: A three-domainapproach [J]. Business ethics quarterly, 2003, 13(4): 503-530.

[158] ZHANG S, LIU Y, ZHANG Y. Enterprise strategic management framework based on stakeholder satisfactionand contribution[C]//2009 International Conference on Information Management, Innovation Management and Industrial Engineering. IEEE, 2009, 3: 87-91.

[159] JIA J, LIU Z. Study on demand forecasting of enterprise management human resources based on MRA-OLS[C]//2010 International Conference on Management and Service Science. IEEE, 2010: 1-4.

[160] CHEN C, ZHOU X. Impact of Enterprise Strategic Mode on Technological Innovation Under Information Technology [C]//International Conference on Cognitive based Information Processing and Applications (CIPA 2021) Volume 1. Springer Singapore, 2022: 290-299.

[161] ZAKHAROVA A A. Decision making models on the basis of expert knowledge for an engineering enterprise strategicmanagement[J]. Applied Mechanics and Materials, 2015, 770: 645-650.

[162] MURRAY K B, MONTANARI J B. Strategic management of the socially responsible firm: Integrating management and marketingtheory[J]. Academy of management review, 1986, 11(4): 815-827.

[163] SOUSA FILHO J M, WANDERLEY L S O, GÓMEZ C P, et al. Strategic

corporatesocial responsibility management for competitive advantage[J]. BAR-Brazilian Administration Review,2010,7:294-309.

[164] HAHN R. ISO 26000 and the standardization of strategic management processes for sustainability and corporate socialresponsibility[J]. Business strategy and the environment,2013,22(7):442-455.

[165] MAQBOOL S,ZAMEER M N. Corporate social responsibility and financial performance:An empirical analysis of Indianbanks[J]. Future Business Journal,2018,4(1):84-93.

[166] MEYER,JOHN W, BRIANA ROWAN. Institutionalized Organizations : Forma Structure as Myth and Ceremony [J]. American Journal of Sociology,1997,83(2):340-363.

[167] SCOTT, W RICHARD, MARTIN RUEF, PETER J MENDEL, CAROL A CARONNA. Institutional Change and Healthcare Organizations: From Professional Dominance to Managed Care [M]. University of Chicago Press,2000.

[168] DIMAGGIO,PAUL J,WALTER W POWELL. The Iron Cage Revisited :Institutional Isomorphism and Collective Rationality in Organizational Fields [J]. American Sociological Review,1983:147-16

[169] DODD,E M. For Whom are Corporate Managers Trustees? [J]. Harvard Business Review,1932,45(7).

[170] BOWEN, H R. Social Responsibility of Businessman [M]. New York: Harper,1953.

[171] DAVIS,K. Can Business Can Afford to lgnore Social Responsibility? [J]. California Management Review,1960.

[172] FRIEDMAN, M. The social Responsibility of Business is to Increase its Profits[N]. The New York Times Magazine,1970(13).

[173] CARROLL,A B. A three-dimensional Conceptual Model of Corporate Performance[J]. Academy of Management Review,1979,4(4).

[174] CARROLL,A B. The Pyramid of Corporate Social Responsibility:Toward

the Moral Management of Oaganizational Stakeholders [J]. Business Horizon,1991(7-8).

[175] DAHLSRUD, A. How corporate Social Responsibility is Defined: An Analysis of 37 Definitions [J]. Corporate Social Responsibility and Environmental Management,2006.

[176] SETHI, S. P. Dimensions of Corporate Social Performance: An analytical-Framework[J]. California Management Review,1975.

[177] PAUL D, W W P. The Iron Cage Revisited: Institutional Isomorphism and Collective Rationality in Organizational Fields[J]. Journal of Economic Sociology,2010,11(1).

[178] KERTZMAN E, JANSSEN R, RUSTER M. E-business in health care: does it contribute to strengthen consumer interest? [J]. Health policy,2003, 64(1).

[179] LEPPAN A T. Leadership styles and CSR practice: an examination of sensemaking, institutional drivers and CSR leadership[J]. Development and Learning in Organizations: An International Journal,2010,24(5).

[180] CAMPBELL L J. Why Would Corporations Behave in Socially Responsible Ways? An Institutional Theory of Corporate Social Responsibility[J]. The Academy of Management Review,2007,32(3):946-967.

[181] MARGOLIS D J, WALSH P J. Misery Loves Companies: Rethinking Social Initiatives by Business [J]. Administrative Science Quarterly, 2003, 48(2):268-305.

[182] AGUILERA V R, RUPP E D, WILLIAMS A C, et al. Putting the S Back in Corporate Social Responsibility: A Multilevel Theory of Social Change in Organizations[J]. The Academy of Management Review, 2007, 32(3): 836-863.

[183] BORGHINI S. The IEBM Handbook of OrganizationalBehaviour [J]. Leadership Organization Development Journal,2002,23(4):232-233.

[184] MATTEN D, MOON J. Implicit and Explicit CSR: A Conceptual Framework

for a Comparative Understanding of Corporate Social Responsibility[J]. The Academy of Management Review,2008,33(2):404-424.

[185]SCHULTZ, FRIEDERIKE, WEHMEIER, et al. Institutionalization of corporate social responsibility within corporate communications [J]. Corporate Communications,2010,15(1):9-29.

[186]JOHNK SHANK, VIJAY GOVINDARAJAN. Strategic CostManagement [M]. The Fress,1993.

[187]FRIEDMAN M. The Social Responsibility of Business is to Increase itsProfits[J].1970.

[188]FREEMAN R E. Strategic management: A stakeholderapproach [M]. Cambridge university press,2010.

[189]AFSAR B, UMRANI W A. Corporate social responsibility and pro-environmental behavior at workplace: The role of moral reflectiveness, coworker advocacy, and environmentalcommitment [J]. Corporate Social Responsibility and Environmental Management,2020,27(1):109-125.

[190]FIESELER C. On the corporate social responsibility perceptions of equityanalysts[J]. Business Ethics: A European Review,2011,20(2): 131-147.

[191]AAMIR SARWAR, MAMDOUH ABDULAZIZ SALEH AL-FARYAN, MADIHA SALEEM. Corporate Governance and Corporate Performance with a Mediating Role of Corporate Social Responsibility—Case Study of Companies Listed on Saudi Arabian Exchange[J]. Theoretical Economics Letters,2022,12(4):1137-1175

[192]AMO-MENSAH,M and TENCH,R. "Transnational Corporate Responsibility: Fact, Fiction or Failure?", The Critical State of Corporate Social Responsibility in Europe (Critical Studies on Corporate Responsibility, Governance and Sustainability, Vol. 12), Emerald Publishing Limited,Leeds,2018,139-159.

[193]ELKINGTON J,ROWLANDS I H. Cannibals with forks:The triple bottom

line of 21st century business[J]. Alternatives Journal,1999,25(4):42.

[194]ARCHIE B. CARROLL. Corporate Social Responsibility: Evolution of a Definitional Construct[J]. Business and Society, SAGE Publications Inc, 1999,38(3):268-295

[195]GLAVAS A, PIDERIT S K. How does doing good matter? Effects of corporate citizenship onemployees[J]. Journal of Corporate Citizenship, 2009 (36):51-70.

[196]YAW BREW, CHAI JUNWU, SAMUEL ADDAE-BOATENG. Corporate Social Responsibility Activities of Mining Companies: The Views of the Local Communities in Ghana [J]. American Journal of Industrial and Business Management,2015,5(6):457-465.

[197]EUROPEAN COMMISSION. Directorate - General for Employment. Promoting a European framework for corporate socialresponsibility [M]. Office for Official Publications of the European Communities,2001.

[198]FENG K, LI X. Research on the Influencing Factors of Corporate Social Responsibility Disclosure [J]. Open Journal of Social Sciences, 2021, 9 (3):1.

[199]FERRY, W H. Forms ofirresponsibility[J]. The Annals of the American Academy of Political and Social Science,1962,343(1):65-74.

[200]ARMSTRONG,J S. Social Irresponsibility inManagement [J]. Journal of Business Research,1977,5(3):185-213.

[201]BAUCUS, M S, NEAR, J P. Can illegal corporate behavior be predicted? An event history analysis [J]. Academy of Management Journal, 1991, 34(1):9-36.

[202]DABOUB, A J. Top management team characteristics and corporate illegal activity[J]. Academy of Management Review,1995,20(1):138-170.

[203]STAW, B M, SZWAJKOWSKI, E. The scarcity-munificence component of organizational environments and the commission of illegal acts [J]. Administrative Science Quarterly,1975,20(3):345-354.

[204] BALCH, D, ARMSTRONG, R. Ethical marginality: The Icarus syndrome and banality of wrongdoing[J]. Journal of Business Ethics, 2010, 92(2): 291-303.

[205] ANAND, V. Business as usual: The acceptance and perpetuation of corruption inorganizations[J]. Academy of Management Executive, 2004, 18(2):39-53.

[206] PALMER, D, MAHER, M W. Developing the process model of collective corruption[J]. Journal of Management Inquiry, 2006, 15(4):363-370.

[207] BOULOUTA, I. Hidden connections: The link between board gender diversity and corporate socialperformance[J]. Journal of Business Ethics, 2013, 113(2):185-197.

[208] PEARCE, C L, GIACALONE, R A. Teams behaving badly: Factors associated with anti-citizenship behavior in teams[J]. Journal of Applied Social Psychology, 2003, 33(1):58-75.

[209] FREEMAN, R. Strategic Management: A Stakeholder Perspective [M]. Englewood Cliffs, NJ: Prentice-Hall, 1984.

[210] VAZQUEZ-BRUST, D A, LISTON-HEYES, C, PLAZA-ÚBEDA, J. A., et al. Stakeholders Pressures and Strategic Prioritisation: An Empirical Analysis of Environmental Responses in Argentinean Firms[J]. Journal of Business Ethics, 2010, 91(2):171-192.

[211] EGRI, C P, YU, J S. The Influence of Stakeholder Pressures on Corporate Social Responsibility in EastAsia [J]. IACMR Conference, Hong Kong, 2012.

[212] GONZÁLEZ-BENITO, J, GONZÁLEZ - BENITO, ÓSCAR. A Study of Determinant Factors of Stakeholder Environmental Pressure Perceived by Industrial Companies[J]. Business Strategy and the Environment, 2010, 19(3):164-181.

[213] FREDERICK, W C. Business and Society, Corporate Strategy, Public Policy, Ethics[M]. McGraw2 Hill Book Co, 1988.

[214] CLARKSON, M. A Stakeholder Framework for Analyzing and Evaluating CorporateSocialPerformance[J]. Academy of Management Review, 1995, 20(1):92-117.

[215] HENRIQUES I, SADORSKY P. The Relationshp between Environmental Commitment andManagerial Perceptions of Stakeholder Importance[J]. Academy of Management Journal, 1999, 42(1):87-99.

[216] TIAN, Q, LIU, Y. The Interactive Effect of Stakeholder Pressure and Ethical Leadership on Corporate Social Responsibility[C]. IACMR Conference, HongKong, 2012.

[217] WOLF, J. The Relationship Between Sustainable Supply Chain Management, Stakeholder Pressure and Corporate SustainabilityPerformance[J]. Journal of Business Ethics, 2014, 119(3):317-328.

[218] FERNANDEZ-FEIJOO, B, ROMERO, S, RUIZ, S. Effect of Stakeholders' Pressure on Transparency of Sustainability Reports within the GRI Framework[J]. Journal of Business Ethics, 2014, 122(1):53-63.

[219] ANA S, BRANCA, JOAQUIM P. Pinaand Margarida Catalao – Lopes. Corporate Environmental responsibility and Macroeconomic Environment[J]. Financing. Environment and health and Science, 1970, 10 (15):223-228.

[220] VILDAN DURMAZ, SAVA S. Ates and Gurcan Duman. CSR As A Tool To Cope With Economic Crises: The Case of TEI[J]. Procedia Social and Behavioral Science, 2011(24):1418-1426.

[221] PINKSTON T, A CARROLL. Corporate citizenship perspectives and foreign directinvestment in the U. S. [J]. Journal of Business Ethics, 1994, 13 (3):157-16.

[222] VISSER W. Corporate social responsibility in developing countries[R]. In A. Crane etal. (eds.), The Oxford Handbook of Corporate Social Responsibility (Oxford University Press, Oxford), 2008:473-479.

[223] RAMSAMY B, Yeung M. Chinese consumers' perception of corporate social

responsibility (CSR) [J]. Journal of Business Ethics, 2009, 88 (Supplement 1):119-132.

[224] HUSTED B W, D B, ALLEN. Corporate social responsibility in the multinational enterprise:Strategic and institutionalapproaches[J]. Journal of International Business Studies,2006,37(6):838-849.

[225] GARDBERG N A, C J FOMBRUN. Corporate citizenship: creating intangible assets across institutional environments [J]. Academy of Management Review,2006,31:329-346.

[226] OLBERG M. Measuring the Immeasurable? Constructing an index of CSR Practice and CSR Performance in 20Countries[J]. Scandinavian Journal of Management,2009,25(1):10-25.

[227] MAIGNAN I, RALSTON D A. Corporate Social Responsibility in Europe and the U.S.:Insights from Businesses' Self-presentations[J]. Journal of International Business Studies,2002,volume 33(3):497-514.

[228] MILES R E. SNOW C C, MEYER A D, et al. Organizational strategy, structure,andprocess[M]. Organizational strategy, structure, and process. McGraw-Hill,1978:546-562.

[229] MILES,R E,C C SNOW. Organizational Strategy, Structure and Process [M]. Stanford,CA:Stanford University Press,2003.

[230] MYERS S C MAJLUF N S. Corporate financing and investment decisions when firms have information that investors do not have[J]. Journal of Financial Economics,1984,13(2):187-221.

[231] FORMBRUN,C J,SHANLEY,M. What's in a name? Reputation Building and Corporate Strategy [J]. Academy of Management Journal, 1990, 33 (2):233-258.

[232] WILLIAMS, R J, BARRETT, J D. Corporate Philanthropy, Criminal, Activity,and Firm Reputation:Is There a Link? [M]. Journal of Business Ethics,2000(26):341-350.

[233] BRAMMER,S,PAVELIN,S. Building a Good Reputation[J]. European

Management Journal,2004（12）:704-713.

[234] BOWEN, F E. Environmental Visibility: A Trigger of Green Organizational Responsiveness[J]. Business Strategy and the Environmental, 2000(9): 92-107.

[235] HENRI S, ANE T. The Impact of Corporate Social Responsibility on Firm Value:The Role of CustomerAwareness[J]. Management Science, 2013, 59(5).

[236] PANDA S, MODAK N M, LEOPOLDO E C B. Coordinating a socially responsible closed-loop supply chain with productrecycling[J]. 2017.

[237] GUIDE V D R, HARRISON T P, VAN WASSENHOVE L N. The Challenge of Closed-Loop SupplyChains[J]. Interfaces, 2003, 33(6): 3-6.

[238] KAYA O, UREK B. A mixed integer nonlinear programming model and heuristic solutions for location, inventory and pricing decisions in a closed loop supplychain [J]. Computers & Operations Research, 2016, 65: 93-103.

[239] HEDIGER W. Welfare and capital-theoretic foundations of corporate social responsibility and corporate sustainability [J]. The Journal of Socio-Economics, 2010, 39(4):518-526.

[240] BOLVIG I. Firm-provided social concerns-just another compensating wage differentials story? [J]. International Journal of Manpower, 2005, 26(7/8):673-704.

[241] PANDA S, MODAK N M, PRADHAN D. Corporate social responsibility, channel coordination and profit division in a two echelon supplychain[J]. International Journal of Management Science and Engineering Management, 2016, 11(1):22-33.

[242] MODAK N M, KAZEMI N, CáRDENAS-BARRóN L E. Investigating structure of a two-echelon closed-loop supply chain using social work donation as a Corporate Social Responsibilitypractice [J]. International

Journal of Production Economics,2019,207:19-33.

[243] CRUZ J M. Dynamics of supply chain networks with corporate social responsibility through integrated environmental decision-making [J]. European Journal of Operational Research,2008,184(3):1005-1031.

[244] NEMATOLLAHI M, HOSSEINI-MOTLAGH S M, HEYDARI J. Coordination of social responsibility and order quantity in a two-echelon supply chain: A collaborative decision-making perspective [J]. International Journal of Production Economics,2017,184:107-121.

[245] RAZA S A. Supply chain coordination under a revenue-sharing contract with corporate social responsibility and partial demand information[J]. International Journal of Production Economics,2018,205:1-14.

[246] BELTRATTI A. The Complementarity between Corporate Governance and Corporate Social Responsibility [J]. The Geneva Papers on Risk and Insurance-Issues and Practice,2005,30(3):373-386.

[247] DONG J, JIANG L, LU W, et al. Closed-loop supply chain models with product remanufacturing under random demand[J]. Optimization,2021,70(1):27-53.

[248] SAVASKAN R C, VAN WASSENHOVE L N. Reverse Channel Design: The Case of CompetingRetailers [J]. Management Science,2006,52(1):1-14.